Alexander Holst und Antje Wolf

Kreuzfahrthäfen im Wettbewerb

Alexander Holst und Antje Wolf

Kreuzfahrthäfen im Wettbewerb

DE GRUYTER
OLDENBOURG

ISBN 978-3-11-047795-5
e-ISBN (PDF) 978-3-11-048066-5
e-ISBN (EPUB) 978-3-11-047830-3

Library of Congress Cataloging-in-Publication Data
A CIP catalog record for this book has been applied for at the Library of Congress.

Bibliografische Information der Deutschen Nationalbibliothek
Die Deutsche Nationalbibliothek verzeichnet diese Publikation in der Deutschen Nationalbibliografie; detaillierte bibliografische Daten sind im Internet über http://dnb.dnb.de abrufbar.

Einbandabbildung: Alexander Holst
Satz: Meta Systems Publishing & Printservices GmbH, Wustermark
Druck und Bindung: CPI books GmbH, Leck
♾ Gedruckt auf säurefreiem Papier
Printed in Germany

www.degruyter.com

Vorwort

Die Ostsee wird bei Passagieren und Anbietern immer beliebter. Der Hauptgrund dafür ist ihre weltweit einmalige kulturelle Vielfalt: Hier sind auf engem Raum zehn verschiedene Länder angeordnet, die sich in ihrer Geschichte, Kultur und wirtschaftlichen Entwicklung zum Teil erheblich unterscheiden. Nur in dieser Region ist es möglich, während einer siebentägigen Kreuzfahrt sechs Hauptstädte (Oslo, Kopenhagen, Stockholm, Helsinki, Riga und Tallin) sowie St. Petersburg anzulaufen. Außerdem bietet Warnemünde die Möglichkeit eines Tagesausfluges nach Berlin. Die Sehenswürdigkeiten und das kulturelle Angebot in diesen Städten bilden das Hauptmotiv der meisten Ostseekreuzfahrten (vgl. Breitzmann 2010, S. 82; Künstner 2008, S. 50).

Darüber hinaus beruht die Attraktivität dieses Fahrtgebiets auch auf den abwechslungsreichen Landschafts- und Küstenformen: Vor den schwedischen Küsten liegen die Schärengärten, in Norwegen die Fjorde und im Baltikum erstrecken sich Landschaften wie die Kurische Nehrung. Die Sicherheit und die weitestgehend politisch stabile Lage in den Anrainerstaaten sind weitere positive Aspekte. Auch das milde Klima trägt zur Attraktivität der Region bei: In den Sommermonaten liegt die durchschnittliche Lufttemperatur zwischen 20 °C und 25 °C, und bedingt durch die Nähe zum Polarkreis ist es im Norden fast durchgehend hell. Die klimatischen Bedingungen sind auch der Hauptgrund, warum die Ostsee eine reine Sommerdestination ist. Im Winter können Bereiche der Ostsee zufrieren, das gilt besonders für den Botnischen und den Finnischen Meerbusen sowie küstennahe Regionen (vgl. Künstner 2008, S. 49; Haahti et al. 2013, S. 126).

Der Markt für Ostseekreuzfahrten hat sich in den letzten Jahren stark verändert: Früher dominierten kleinere und mittelgroße Reedereien, die das Revier mit traditionellen kleinen oder mittelgroßen Schiffen befuhren. Daher galt die Ostsee als Zielgebiet für klassische und hochpreisige Kreuzfahrten. Später begannen auch andere Anbieter mit neueren und größeren Schiffen Ostseekreuzfahrten anzubieten. Dadurch wurde die Region zunehmend auch für jüngere und internationale Zielgruppen attraktiv. Dieser Wandel zog eine Verlängerung der Saison von drei auf fünf Monate nach sich (vgl. Haahti et al. 2013, S. 126).

Innerhalb der letzten zehn Jahre hat sich auch Westeuropa zu einem bekannten und beliebten Zielgebiet für Kreuzfahrten entwickelt. Wurde die Europäische Atlantikküste früher hauptsächlich im Zuge von Positionierungsfahrten durchquert, so hat sie sich, u. a. durch das Engagement der Hafenkooperation Atlantic Alliance, inzwischen als eigenständiges Fahrtgebiet etabliert. Davon profitieren auch die Häfen an oder nahe der Nordsee, wie Hamburg und Bremerhaven.

Unterstützt wird dieses Wachstum durch den anhaltenden Boom der Kreuzschifffahrt in Deutschland und Europa. Die Entwicklung von einem Nischen- zu einem Massenmarkt und die immer größer werdende Anzahl an angebotenen Routen und Konzepten haben starken Einfluss auf die Entwicklung der Häfen genom-

https://doi.org/10.1515/9783110480665-202

men. In den Anfängen der Kreuzfahrt stellten Anläufe von Kreuzfahrtschiffen für die meisten Häfen nur ein Zusatzgeschäft dar, dem von den Hafenverwaltungsgesellschaften neben der umsatzstarken Fracht- und Container-Schifffahrt sowie dem Fährverkehr keine große Bedeutung beigemessen wurde. Mit dem zunehmenden Marktvolumen und der stetig steigenden Zahl der Anläufe und Passagiere änderte sich diese Wahrnehmung. Spätestens seit dem Jahr 2003 – die Passagierzahlen stiegen innerhalb eines Jahres in der Ostseeregion um 42 % – erkannten die meisten Häfen das wirtschaftliche Potenzial dieses Geschäftsfeldes und bemühen sich seitdem aktiv, die Zahl der jährlichen Anläufe von Kreuzfahrtschiffen durch Investitionen in Infrastruktur und Marketing zu erhöhen. In der Folge traten weitere, kleinere Häfen wie beispielsweise Wismar in den Markt ein und versuchten, sich mit deutlich geringeren Hafengebühren gegenüber den großen und bekannten Häfen durchzusetzen (vgl. Breitzmann 2010, S. 82 ff.; Martin und Boekhoff 2015; Cruise Baltic 2017a, S. 1).

Diese beschriebenen Entwicklungen führten dazu, dass nicht nur die verschiedenen Reedereien miteinander konkurrieren, sondern auch zwischen den Kreuzfahrthäfen ein Wettbewerb um Kreuzfahrtschiffe und Passagiere entstanden ist. Das gilt in erster Linie für Häfen, die so dicht beieinanderliegen, dass die Reedereien in der Regel auf jeder Reise höchstens einen dieser anlaufen. Der Wettbewerb findet jedoch auch zwischen weiter voneinander entfernt liegenden Häfen statt, da während einer ein- oder zweiwöchigen Kreuzfahrt immer nur ein kleiner Teil aller in diesem Fahrtgebiet liegenden Destinationen besucht werden kann.

Dieses Buch setzt sich im Folgenden damit auseinander, welche Faktoren für den Erfolg eines Kreuzfahrthafens im Wettbewerb mit anderen Häfen entscheidend sind, auf welche Aspekte die Reedereien bei der Auswahl der anzulaufenden Häfen besonderen Wert legen und wie diese zu gewichten sind. In der wissenschaftlichen Literatur findet bislang nur eine geringfügige Auseinandersetzung mit diesen Faktoren statt, die die Akzeptanz und die Nutzung eines Kreuzfahrthafens durch die Reedereien beeinflussen. So werden in Schäfer (1998, S. 132), Butler (2003, S. 148 f.), Schulz und Auer (2010, S. 105) und Freyer (2015, S. 253) zwar Faktoren angeführt – diese sind zum einen jedoch lückenhaft, zum anderen fehlt in den meisten Fällen eine hinreichende Erläuterung der Relevanz und der Auswirkungen dieser Faktoren. Lekakou et al. (2009) und Bayazit et al. (2015) haben in empirischen Studien die wichtigsten Wettbewerbsfaktoren für Turnaround-Häfen untersucht. Allerdings werden dort keine Bezüge zu bestimmten Häfen hergestellt. Das vorliegende Buch zielt darauf ab, diese Lücke in der Tourismusforschung zu schließen. Dazu werden die herausgearbeiteten Wettbewerbsfaktoren ganz konkret auf die vier wichtigsten deutschen Kreuzfahrthäfen angewandt und diese einem Benchmark unterzogen.

Hamburg, im Juli 2017 — Alexander Holst und Antje Wolf

Inhalt

Abbildungsverzeichnis

https://doi.org/10.1515/9783110480665-204

Tabellenverzeichnis

https://doi.org/10.1515/9783110480665-205

1 Geografische Lage der untersuchten Häfen

Die geografische Lage stellt einen wesentlichen Faktor dar, der Auswirkungen auf den wirtschaftlichen Erfolg bzw. Misserfolg eines Hafenstandortes haben kann.

Abb. 1.1 zeigt das Gebiet der deutschen Nord- und Ostseeküste von der niederländischen bis zur polnischen Grenze mit den vier Hafenstädten Hamburg, Bremerhaven, Kiel und Warnemünde.

Lage Hamburgs

Hamburg liegt nicht am Meer oder in Küstennähe, sondern weiter landeinwärts an der Unterelbe. Über diese ist die Stadt an die Nordsee angebunden und kann auch von großen Passagier- und Frachtschiffen erreicht werden. Die Entfernung zur Nordsee beträgt ca. 90 km (sowohl Luftlinie als auch Schifffahrtsweg). Tatsächlich liegt Hamburg in der Luftlinie dichter an der Ostsee als an der Nordsee: Lübeck-Travemünde ist nur ca. 75 km entfernt. Hier existiert keine schiffbare Verbindung. Der größte Teil der Stadt liegt am nördlichen Ufer der Elbe, einige Stadtteile liegen am südlichen Ufer, auf der Elbinsel Wilhelmsburg und der Halbinsel Finkenwerder.

Mit 1,8 Mio. Einwohnern ist Hamburg wesentlich größer als die drei Vergleichshäfen; sie ist zweitgrößte Stadt Deutschlands. In der Metropolregion Hamburg, die neben der Stadt 17 umliegende Landkreise in Niedersachsen, Schleswig-Holstein und Mecklenburg-Vorpommern umfasst, leben etwa 5 Mio. Menschen (vgl. Metropolregion Hamburg 2015, o.S.). Diese hohe Zahl an potenziellen Interessenten/Kunden stellt für Hamburg ein wichtiges Marketingargumentdar, um verbraucherorientierte Wirtschaftsbetriebe davon zu überzeugen, sich in der Metropolregion

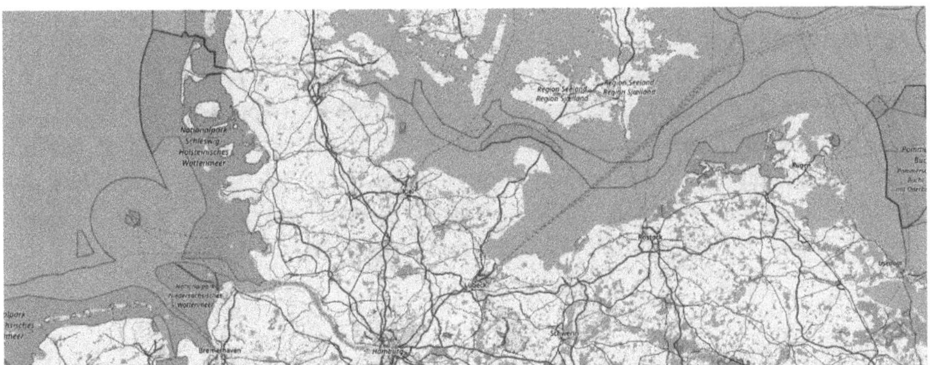

Abb. 1.1: Übersichtskarte der deutschen Küstenlinien von Ostfriesland bis Usedom (Quelle: OpenStreetMap 2015; bearbeitet).

https://doi.org/10.1515/9783110480665-001

anzusiedeln. Auch für die Kreuzfahrtbranche ist dieses Argument bedeutsam, da es mit dem Trend des *Homecruising* korrespondiert, d. h. seine Kreuzfahrt möglichst in der Nähe des eigenen Wohnortes zu beginnen und zu beenden, ohne eine weite An- und Abreise in Kauf nehmen zu müssen.

Lage Bremerhavens

Bremerhaven liegt als einziger der vier Häfen direkt an der Nordsee, im Elbe-Weser-Dreieck. Die Stadt hat derzeit ca. 111.000 Einwohner (Stand: 01.07.2015; vgl. Statistisches Landesamt Bremen 2015, S. 3) und ist damit die einzige deutsche Großstadt an der Nordsee. Gemeinsam mit der Stadt Bremen, die etwa 52 km weiter südlich weseraufwärts liegt, bildet Bremerhaven den Stadtstaat Bremen, das flächenmäßig kleinste und einwohnerschwächste deutsche Bundesland. Landseitig ist Bremerhaven vom niedersächsischen Landkreis Cuxhaven umschlossen.

Lage Kiels

Kiel, die Landeshauptstadt von Schleswig-Holstein, hat etwa 241.500 Einwohner und weist somit Großstadtstatus auf (Stand 31.12.2013; vgl. Statistikamt Nord 2014, S. 4). Sie liegt am südlichen Ende der etwa 17 km langen Kieler Förde und am Eingang des Nord-Ostsee-Kanals, der am meisten befahrenen künstlichen Wasserstraße der Welt. Für den Umschlag von Containern und Fracht ist der Kanal von entscheidender Bedeutung, für die Kreuzschifffahrt in Kiel spielt er keine Rolle, da er von der Mehrheit der Kreuzfahrtschiffe nicht befahren werden kann. Die wenigen Schiffe, die ihn passieren können, legen gewöhnlich nicht in Kiel an. Sie nutzen den Tag für die Kanalpassage und fahren anschließend über Nacht weiter zu einer anderen Destination (vgl. Heinisch 2015).

Lage Warnemündes

Der Hafen liegt im Rostocker Stadtteil Warnemünde. Die Hansestadt Rostock hat etwa 204.000 Einwohner und ist die größte Stadt Mecklenburg-Vorpommerns, sowohl gemessen an der Einwohnerzahl als auch an der Fläche (Stand 31.12.2014; vgl. Statistisches Amt Mecklenburg-Vorpommern 2015, S. 42). Die Stadt zieht sich auf einer Länge von knapp 20 km an beiden Ufern der Warnow entlang, einem kleinen Fluss, der im Stadtteil Warnemünde in die Ostsee mündet.

Entfernungen zwischen den Häfen

Kiel und Rostock-Warnemünde liegen in der Luftlinie ca. 130 km voneinander entfernt. Auf dem Seeweg beträgt die Distanz ca. 85 Seemeilen, das entspricht etwa 157 km. Zu beachten ist dabei, dass die meisten Kreuzfahrtschiffe, die von Kiel aus in das Baltikum fahren (oder umgekehrt), einen Bogen um Fehmarn fahren müssen, um den Fehmarnbelt zu passieren. Die Abkürzung durch den Fehmarnsund ist ihnen versperrt, da die Durchfahrtshöhe der Fehmarnsundbrücke mit 23 m für sie zu niedrig ist. (Dieser Umweg ist mit eingerechnet.)

Hamburg und Bremerhaven liegen Luftlinie weniger als 100 km auseinander. Auf dem Seeweg ist diese Distanz deutlich größer, was vorrangig an der langen Revierfahrt von Hamburg bis zur Elbmündung liegt (knapp 50 Seemeilen, ca. 90 km). Auf dem Seeweg beträgt die Entfernung ca. 100 Seemeilen (etwa 185 km).

Interessant sind die Distanzen von Kiel bis zur Deutschen Bucht und der Elbmündung: Der direkte Weg umfasst nur knapp 100 km (53 Seemeilen) und führt durch den Nord-Ostsee-Kanal bis Brunsbüttel. Allerdings können die meisten Kreuzfahrtschiffe diese Abkürzung nicht nutzen, weil sie zu breit und zu hoch für den Kanal sind. Daher müssen sie einen Umweg von etwa 900 km fahren, um bei Skagen die Nordspitze Dänemarks zu umrunden (vgl. Fröhling 2015, S. 9 ff.).

2 Geschichtliche Entwicklung der Häfen

Aus der Historie der Häfen kann nachvollzogen werden, wie sich die vier Häfen zu dem entwickelt haben, was sie heute sind, wie ihre jeweilige Profilierung als Turnaround- oder Stopover-Hafen (vgl. auch Kap. 3.2) entstanden ist und welche Stärken und Schwächen die Hafen-Infrastruktur jeweils aufweist.

2.1 Entwicklung Hamburgs

Die Hamburger Kreuzfahrtgeschichte ist in vielerlei Hinsicht außergewöhnlich. Hamburg kann als die Geburtsstadt der Kreuzfahrtbranche bezeichnet werden; hier hatte die Kreuzfahrt im Jahr 1891 ihren Ursprung.

Die zweimalige Erfindung der Kreuzfahrt

Der Hamburger Reeder Robert Miles Sloman war der Sohn eines englischen Fährkapitäns, der regelmäßig zwischen Hamburg und London verkehrte. Bereits in jungen Jahren gründete er mit fünf Segelschiffen sein eigenes Schifffahrtsunternehmen, das er in den Folgejahren zur größten Reederei Hamburgs ausbaute. Ab 1836 war die Auswanderung über Hamburg nach Amerika offiziell zugelassen. Sloman erkannte das große wirtschaftliche Potenzial in einem Liniendienst von Hamburg nach New York. Neun Jahre später, 1845, war er auch der erste deutsche Reeder, der ein Dampfschiff über den Nordatlantik in die Neue Welt fahren ließ. Im gleichen Jahr kam er auf die Idee, mit einer seiner großen Fregatten eine Expedition rund um die Welt anzubieten. Die Fregatte Germania sollte von Hamburg aus während der Weltreise u. a. Lissabon, Rio de Janeiro, Hongkong und Madagaskar anlaufen. Dies wäre die erste Kreuzfahrt der Schifffahrtsgeschichte geworden. Doch die Reise wurde abgesagt, weil sich nicht genügend Passagiere dafür fanden. Anscheinend kam Slomans Idee zu früh (vgl. Wiese 2011, S. 15).

Etwa 45 Jahre später suchte der Direktor der Hamburger Reederei HAPAG, Albert Ballin, nach Möglichkeiten, seine Passagierschiffe wirtschaftlich besser zu nutzen. Im Winter lohnten sich die Fahrten über den stürmischen und rauen Nordatlantik nicht; die Schiffe lagen ungenutzt im Hafen und verursachten Verluste. Daher kam Ballin 1891 auf die Idee, sie stattdessen für Vergnügungsreisen in wärmeren Gebieten einzusetzen. Im Gegensatz zu Sloman fand Ballin für seine erste Reise ausreichend Kunden. Die erste Kreuzfahrt der Geschichte wurde 1891 mit der Augusta Victoria durchgeführt.[1] Diese war mit knapp 110 m Länge und einer Vermessung von 7.250 BRT zur damaligen Zeit das größte Passagierschiff der Welt. Die

1 In der Literatur wird teilweise von Auguste Victoria gesprochen. Diesen Namen erhielt das Schiff jedoch erst nach einem Umbau im Winter 1896/1897 (vgl. Wiese 2011, S. 17).

https://doi.org/10.1515/9783110480665-002

erste Reise dauerte etwa zwei Monate und es waren 241 Passagiere an Bord. Die Route führte von Cuxhaven, das damals zu Hamburg gehörte, via Southampton, Gibraltar und Genua nach Kairo, weiter über Jerusalem, Damaskus und Konstantinopel (Istanbul) nach Athen. Anschließend ging es über Malta, Neapel und Lissabon nach Hamburg. In Häfen mit längeren Liegezeiten wurden Ausflugsprogramme angeboten (vgl. Wiese 2011, S. 15 ff.).

Hamburg verpasst den Anschluss

Dennoch spielte Hamburg im internationalen Kreuzfahrtgeschäft lange Zeit keine nennenswerte Rolle; ebenso wenig das Kreuzfahrtgeschäft für Hamburg. Im 20. Jahrhundert verkehrten von dort aus zwar große Oceanliner wie die Queen Mary und die Queen Mary 2 nach England und Nordamerika, doch das waren dem Konzept nach Fährverbindungen, keine Vergnügungsreisen. Anläufe von Kreuzfahrtschiffen waren und blieben eine Seltenheit, auch zur Jahrtausendwende, als das Geschäft vor allem auf den amerikanischen und britischen Quellmärkten zunehmend Fahrt aufnahm.

In Europa hatten sich vor allem das Mittelmeer, die Ostsee und die norwegischen Fjorde als Zielgebiete etabliert. Grundsätzlich wäre es möglich gewesen, Reisen in die Ostsee und nach Norwegen in Hamburg starten oder enden zu lassen, aber es gab immer andere Häfen, die näher am eigentlichen Zielgebiet lagen und daher für die Reedereien attraktiver waren. Außerdem war Kopenhagen für amerikanische Passagiere deutlich einfacher zu erreichen – dies ist bis heute so.

Hinzu kam, dass es seitens der Hamburger Politik und der Tourismusbehörden nur wenige Bestrebungen gab, die Hafeninfrastruktur zu verbessern oder das Marketing effektiver zu gestalten. Die wenigen Kreuzfahrtschiffe legten an der Überseebrücke im Zentrum des Hafens an. Diese war 1929 als Erweiterung der St. Pauli-Landungsbrücken gebaut worden und diente ursprünglich der Abfertigung der großen Oceanliner, die von Hamburg aus nach Nordamerika fuhren. Ein Kreuzfahrtterminal gab es lange Zeit nicht, das erste wurde im Jahr 2004 in der Hafencity eröffnet, einem gerade im Bau befindlichen neuen Stadtteil östlich der Innenstadt. Einige Jahre zuvor mussten die Gäste der Cunard Line noch im Schuppen 73, einem alten Lagerhaus im Freihafen, an Bord gehen (vgl. Wiese 2011, S. 21; Schmidt 2015, S. 182). So verpasste Hamburg zunächst den Beginn des weltweiten Kreuzfahrtbooms.

Erst durch die Gründung des Hamburg Cruise Center e.V. (HCC)[2] im Jahr 1998[3] wurde „das Kreuzfahrtgeschäft in Hamburg wieder zum Leben“ (Hamburg Cruise Center 2016, o.S.) erweckt. Diese Formulierung beschreibt die damalige Situation

2 Das Hamburg Cruise Center wurde 2017 in Hamburg Cruise Net e.V. (HCN) umbenannt.

3 Obwohl zu jener Zeit pro Jahr nur etwa zwanzig Kreuzfahrtschiffe mit insgesamt ca. 10.000 Passagieren den Hafen ansteuerten (vgl. Hertel 2013, o.S.).

der Kreuzfahrtbranche in der Hansestadt sehr genau – das Kreuzfahrtgeschäft existierte bis dato nicht.

Durchbruch der Kreuzfahrt in Hamburg und Deutschland

Sechs Jahre später, im April 2004, wurde das erste Kreuzfahrtterminal in der Stadt eröffnet, das *Cruise Center Hafencity.* Die Stadt wollte sich den Reedereien damit offensiv als Turnaround-Destination empfehlen. Nur drei Monate später, am 19. Juli 2004, erlebte die Stadt den Anlauf der Queen Mary 2,[4] ein Event, dass als Durchbruch auf dem Kreuzfahrtmarkt galt, in die Stadtgeschichte einging und weltweit für mediale Aufmerksamkeit sorgte. In den Medien wurde es als „eine Art Erweckungsereignis für den Kreuzfahrttourismus in Deutschland" (Hertel 2013, o.S.) kommuniziert. Während das Schiff elbaufwärts fuhr und in den Hafen einlief, säumten hunderttausende Schaulustige die Ufer der Elbe, von Blankenese bis zum Liegeplatz in der Hafencity.

Das enorme Interesse der Hamburger und Besucher an der Queen Mary 2 spiegelte sich nachhaltig in den Buchungen von Cunard Line wieder. Aufgrund dessen beschloss Cunard Line, Hamburg von nun an häufiger als Turnaround-Hafen mit ihrem Flaggschiff anzulaufen. Wenig später folgten auch andere Reedereien. Die Entwicklung auf dem Weltmarkt spielte der Hansestadt dabei in die Karten: Da Kreuzfahrten zunehmend mehr Nachfrage generierten, suchten sowohl Reedereien als auch Passagiere nach neuen Zielen. So etablierten sich in Europa weitere Zielgebiete, u. a. die Europäische Atlantikküste, die britischen Inseln, Island und (für Expeditionskreuzfahrtschiffe) Grönland. Für diese Reviere bot Hamburg, wie auch Bremerhaven, eine sehr gute Ausgangsbasis (vgl. Wiese 2011, S. 42).

2.2 Entwicklung Bremerhavens

Im Gegensatz zu den meisten anderen mitteleuropäischen Hafenstädten weist Bremerhaven keine lange maritime Tradition auf. Zur Zeit der Hanse, der Blütezeit zahlreicher nordeuropäischer Hafenstädte, existierte Bremerhaven noch nicht, ebenso wenig der dortige Hafen. Beides entstand erst um 1830, als Bremen einen neuen Hafen benötigte. Dafür, dass die maritime Geschichte dieser Stadt so jung ist, war sie umso intensiver. In den 1820er-Jahren war die Weser so stark verschlickt, dass größere Frachtschiffe nicht mehr bis nach Bremen fahren konnten. Daher kaufte der damalige Bremer Bürgermeister ein Stück Land an der Wesermündung, um dort einen neuen Hafen zu bauen – Bremerhaven. Das Problem der Verschlickung der Weser konnte erst ca. 60 Jahre später gelöst werden, wodurch Bremen wieder zur Seehafenstadt wurde (vgl. Garbrecht 2010, o.S.).

---

4 Die Queen Mary 2 war das damals größte und teuerste Schiff der Welt und Flaggschiff der Cunard Line.

Ende des 18. Jahrhunderts hatte die Auswandererwelle begonnen; die Menschen verließen Europa, um in Nordamerika (oder später auch Australien) ein neues Leben zu beginnen. Bei den Reedereien, die die Überfahrt in die Neue Welt anboten, hatte sich Bremen bereits als Einstiegshafen etabliert. Allerdings stieß dieser Mitte des 19. Jahrhunderts an seine Kapazitätsgrenzen. Zu diesem Zeitpunkt kamen die neugebauten Hafenanlagen an der Wesermündung gerade recht: Gemeinsam entwickelten sich Bremen und Bremerhaven zu den wichtigsten europäischen Einstiegshäfen für Auswanderer. Anfangs wurden die Überfahrten noch mit Segelschiffen durchgeführt. 1857 wurde der Norddeutsche Lloyd gegründet, der von nun an mit seinen Dampfschiffen den Markt beherrschte (vgl. Garbrecht 2010, o.S.).

Transatlantischer Linienverkehr als Vorläufer der Kreuzfahrt

Bald ergab sich für die Reedereien ein neues Geschäftsfeld: ein transatlantischer Linienverkehr von Bremerhaven in die nordamerikanischen Großstädte. Vorreiter war wiederum der Norddeutsche Lloyd. Ähnlich wie in Hamburg starteten von hier große Oceanliner zu Fahrten nach New York und in weitere Städte an der amerikanischen Ostküste. Parallel dazu entwickelte sich Bremerhaven auch zu einem bedeutenden Standort für die Schiffbauindustrie. Die rasch ansteigenden Passagierzahlen und die wachsende Größe der Schiffe erforderten den Bau von neuen Anlegestellen. So entstand im Jahr 1927 die Columbuskaje, eine etwa 1 km lange Kaimauer. Benannt war sie nach dem Passagierschiff *Columbus*, dem Flaggschiff des Norddeutschen Lloyd. Dieses kam bereits seit 1924 regelmäßig nach Bremerhaven, hatte dort bislang aber keinen Liegeplatz. Der Hinweis auf Christoph Kolumbus sollte zudem eine Verbindung in die Neue Welt signalisieren (vgl. Brahms und Herold 2015; Stapel 2009, o.S.).

Die Kaje wurde als Ausgangspunkt der Dampfschiffe berühmt, die im Transatlantikverkehr nach Amerika fuhren. Ein großer Teil der europäischen Auswandererströme verlief über Bremerhaven. Zusammen mit der alten und später der neuen Lloydhalle begann hier für über acht Mio. Menschen ihre Seereise in ein neues Leben. Neben der Columbuskaje entstand der Columbusbahnhof. Dieser wurde gebaut, um den Hafen an das europäische Bahnnetz anzuschließen. So wurde dieser Ort zu einem Umsteigeplatz für die zahlreichen Auswanderer, die vor allem aus den östlichen Teilen des deutschen Reiches kamen und via Bremerhaven nach Amerika oder Australien auswanderten (vgl. Brahms und Herold 2015; Stapel 2009, o.S.).

Die Schiffe wurden mit der Zeit immer komfortabler. Neben den Reisenden, für die die Überfahrt nach Amerika ein notwendiger Transferweg darstellte, gab es immer mehr Passagiere, die die Passage ausschließlich oder hauptsächlich zum Vergnügen bzw. zu Urlaubszwecken durchführten. So etablierten sich im Laufe der Zeit auch in Bremerhaven die klassischen Kreuzfahrten auf den bekannten Oceanlinern. Später folgten auch Anbieter moderner Kreuzfahrten (vgl. hierzu den Exkurs in Kap. 7.1). Dadurch entwickelte sich Bremerhaven neben Kiel und Warnemünde zur dritten deutschen Kreuzfahrtdestination. Die Abfertigung der Passagiere fand zu dieser Zeit noch in einem Teil des Columbusbahnhofs an der Columbuskaje statt. Dessen Nutzung endete im Jahr 2003, als wenige 100 Meter weiter das *Columbus Cruise Center Bremerhaven* (CCCB) eröffnet wurde. Dieses gilt bis heute als modernstes Kreuzfahrtterminal Europas und eines der am besten ausgestatteten weltweit (vgl. Brahms und Herold 2015). Wie bereits erwähnt, spielte Hamburg zu diesem Zeitpunkt auf dem Kreuzfahrtmarkt keine nennenswerte Rolle.

Im Jahr 2008 konnte das CCCB MSC Cruises als neuen Kunden gewinnen, wodurch die Zahl der Passagiere in Bremerhaven kurzfristig auf über 100.000 pro Jahr anstieg. Die Reederei nutzte den Hafen vor allem als Durchgangsort für Landausflüge nach Hamburg. Doch zwei Jahre später machten der Ausbau der A1 zwischen Bremen und Hamburg und die damit verbundenen Staus und Streckensperrungen den Transfer praktisch unmöglich. Zur gleichen Zeit wurde im Bremerhavener Hafen die Kaiserschleuse umgebaut, die zwischen dem Kreuzfahrtterminal und der Innenstadt liegt. Daher zog sich MSC Cruises wieder aus Bremerhaven zurück und verlagerte die Schiffsanläufe nach Hamburg. Dies führte dazu, dass die Anlauf- und Passagierzahlen wieder auf das Niveau sanken, das der Hafen zuvor ohne MSC Cruises erzielt hatte (vgl. Kamjunke-Weber 2016).

Gründung des Columbus Cruise Center Wismar

Im Jahr 2012 gründete das CCCB gemeinsam mit der Seehafen Wismar GmbH in Wismar das Columbus Cruise Center Wismar (CCCW). Für den Wismarer Hafen bedeutete dies den Einstieg in das Kreuzfahrtgeschäft, das CCCB konnte seinen Aktionsrahmen um einen zusätzlichen Standort erweitern. Die Seehafen Wismar GmbH stellt die Infrastruktur zur Verfügung, während das CCCB die Erfahrung im Kreuzfahrtgeschäft einbringt. Hintergrund dieser Kooperation war die Überlegung, dass kleine Häfen flexibel sein und teils andere Wege gehen müssen als etwa Hamburg oder Kopenhagen, um wirtschaftlich rentabel zu arbeiten.

Die Kooperation bietet beiden Häfen Vorteile bei der Neukunden-Gewinnung. Durch ihr Engagement in der Ostseeregion konnte das CCCB schon Reedereien an Bremerhaven binden, die zuvor die Nordsee nicht befahren wollten und nun doch für Nordseekreuzfahrten und damit verbundenen Anläufe in Bremerhaven gewonnen werden konnten. Andere Reedereien, die schon seit längerem Bremerhaven anlaufen, testen nun für Ostseereisen auch Wismar als Hafenstandort, weil sie mit dem Management aus Bremerhaven bereits vertraut sind (vgl. Kamjunke-Weber 2016).

2.3 Entwicklung Kiels

Aufgrund seiner günstigen geografischen Lage westlich der Ostsee entwickelte sich Kiel bereits im Mittelalter zu einem wichtigen Handelszentrum, auch wenn der

Standort – bezogen auf den Fernhandel – nicht mit Lübeck und Flensburg mithalten konnte. Kiel war zeitweise Mitglied in der Hanse; es bestanden Handelsbeziehungen nach Skandinavien, in das Baltikum und nach Russland. Später erkannte auch die deutsche Marine die strategisch günstige Lage dieser Stadt und erbaute dort ihren größten und bedeutendsten Ostseestützpunkt. Der große Flächenbedarf der Marine bremste jahrelang die Entwicklung des Handelshafens, allerdings siedelten sich dennoch verschiedene Werften an (vgl. Schlennstedt 2004, S. 75). Kiel ist bis heute ein wichtiger Handelshafen im internationalen Seeverkehr. Das Kerngeschäft ist der Fracht- und Ro-Ro-Fährverkehr[5].

Tradition als Fährhafen

Im Jahr 1961 nahm die norwegische Jahre Line als erste Fährlinie ihren Betrieb zwischen Kiel und Oslo auf. Es folgten weitere Verbindungen nach Göteborg und Bagenkop in Dänemark. Nach Ende des Kalten Krieges entstanden zusätzlich regelmäßige Linienverbindungen für den kombinierten Passagier- und Frachtverkehr nach Russland und in das Baltikum (vgl. Schlennstedt 2004, S. 78). Zur gleichen Zeit wurde der Markt der Ostseefähren zusätzlich durch einen anderen Aspekt stark beeinflusst: Die fallenden Preise im Luftverkehr sorgten für einen erheblichen Rückgang der Passagierzahlen auf den Fähren nach Skandinavien. Zusätzlich verstärkt wurde dies durch die Einstellung des zollfreien Einkaufs auf Fährschiffen innerhalb der EU im Jahr 1999.

Diese beiden Aspekte führten dazu, dass die Zahl der Fährpassagiere pro Jahr in Kiel um ca. 40 % zurückging. In der Folge wurden einige Strecken eingestellt, beispielsweise sämtliche Fahrten nach Dänemark. Auch konzentrierten die Reedereien nun ihr Angebot auf die Beförderung von Containern, Trailern und LKWs (vgl. Schlennstedt 2004, S. 23). Eine weitere Folge dieser veränderten Marktbedingungen war die Entstehung der *Cruise Ferries*, die im Exkurs in Kap. 7.1 beschrieben wird. An dieser Stelle sei nur kurz auf die Color-Line-Fähre von Kiel nach Oslo verwiesen, die in dieser Hinsicht als Best-Practice-Beispiel gilt.

Weiterentwicklung zum Kreuzfahrthafen

In den 1990er-Jahren entwickelte sich Kiel zu einem erfolgreichen Kreuzfahrthafen. Dies wurde u. a. durch die politischen Entwicklungen in Osteuropa in dieser Zeit begünstigt: Nach dem Zusammenbruch der Sowjetunion und der Öffnung der östlichen Ostsee-Anrainerstaaten war das Interesse, diese Länder zu bereisen, bei Westeuropäern und Amerikanern enorm. Da zahlreiche sehenswerte Städte direkt an

---

5 Ro-Ro: „Roll-on/Roll-off"-Fähren verfügen über zwei Ladeklappen jeweils vorne und hinten. So können Fahrzeuge und unbegleitete Trailer vorwärts auf- und vorwärts abfahren und müssen nicht rückwärts rangieren.

der Küste lagen, bot es sich an, sie per Schiff zu erkunden. Neben den Amerikanern stieg auch bei den Deutschen das Interesse an Kreuzfahrten. Für diese war wiederum von Vorteil, ihre Reise sprichwörtlich *vor der Haustür* beginnen zu können, ohne erst per Flug anreisen zu müssen. Die Reedereien suchten folglich einen Hafen, der für deutsche Reisende gut erreichbar war. Kiel bot diesbezüglich zahlreiche Vorteile: Die Stadt hatte durch ihre Tradition in der Fährschifffahrt bereits fundierte Erfahrungen in der Logistik und Organisation, z. B. in Bezug auf das Handling großer Passagierzahlen. Zudem war der Hafen für die Fährschiffe gut ausgebaut: Es gab genügend Platz, ausreichend lange Liegeplätze und auch Fährterminals. So konnte sich Kiel von Beginn an rasch als Start- und Zielhafen für deutsche Passagiere etablieren (vgl. Waters o.J.a, o.S.; Schlennstedt 2004, S. 75).

2.4 Entwicklung Warnemündes

Die Geschichte des Rostocker Hafens ist von einem Wechsel aus Höhen und Tiefen geprägt, insbesondere in Bezug auf seine Bedeutung für den Seehandel: In der Hansezeit entwickelte sich Rostock zu einer wichtigen Hafenstadt mit Handelsbeziehungen bis nach England und Südeuropa. Nach dem Niedergang der Hanse verlor der Rostocker Hafen an Ansehen. Im 19. Jahrhundert entwickelte dieser sich erneut zu einem der bedeutendsten Ostseehäfen, büßte seine Stellung aber bereits Anfang des 20. Jahrhunderts wieder ein und wurde nahezu bedeutungslos (vgl. Schlennstedt 2004, S. 127 f.).

Tradition als DDR-Handelshafen

Nach dem Zweiten Weltkrieg beschloss die Regierung der neu gegründeten DDR, eine eigene Flotte von Handelsschiffen aufzubauen. Wenig später entschied das Zentralkomitee der SED, bei Petersdorf an der nordöstlichen Warnow einen neuen Überseehafen zu errichten. Dieser sollte Wismar als Haupthandelshafen des Landes ablösen. Damit der neue Hafen auch für große Seeschiffe erreichbar war, musste u. a. ein 10,5 m tiefer Zufahrtskanal ausgehoben werden, der später mehrfach erweitert wurde. Es handelt sich hierbei um den Seekanal, an dem sich heute auch die Anlegestellen für Kreuzfahrtschiffe in Warnemünde befinden. In dieser Zeit kam auch der Schiffbauindustrie in Rostock eine wichtige Rolle zu; die bereits bestehenden Werften wurden stark erweitert, so entstand beispielsweise die traditionsreiche Neptun-Werft in Warnemünde (vgl. Nuhn 1997, S. 14).

Entwicklung nach der deutschen Wiedervereinigung

Nach der deutschen Wiedervereinigung und dem Zusammenbruch der Sowjetunion geriet der Hafen durch Misswirtschaft und schlechte Organisation in wirtschaftliche Schwierigkeiten. Die Infrastrukturanlagen waren überdimensioniert, die Suprastruktur veraltet und schlecht gewartet. Zeitweise drohte den inzwischen privatisierten Hafenbetrieben die Insolvenz. Um die Existenz des Hafens zu bewahren und ihn an die westeuropäische Marktwirtschaft anzupassen, musste dieser grundlegend umstrukturiert werden. Ab Mitte der 1990er-Jahre wurden von Warnemünde und dem Rostocker Überseehafen aus immer mehr Ro-Ro-Fährlinien nach Skandinavien und in das Baltikum in Betrieb genommen. Dabei kam dem Standort u. a. zugute, dass die Fahrzeiten nach Ostdänemark, Schweden und in die östliche Ostsee wesentlich kürzer sind als von Kiel oder Lübeck-Travemünde aus, sodass einige Reedereien ihre Fährverbindungen hierher verlegten (vgl. Nuhn 1997, S. 15 f.; Künstner 2008, S. 49).

Der Ursprung des Kreuzfahrttourismus in Rostock-Warnemünde gestaltete sich anders als in den bereits beschriebenen Destinationen: Mitte der 1990er-Jahre wurden auf dem US-amerikanischen Markt Ostseekreuzfahrten immer beliebter. Das lag nicht zuletzt am Ende des Kalten Krieges und der Öffnung der ehemaligen Ostblock-Staaten für westliche Touristen. Die Reedereien integrierten die geschichtsträchtige neue deutsche Hauptstadt Berlin in ihre Routen, da dies ein gutes Verkaufsargument für die Reisen darstellte (und dies bis heute auf dem amerikanischen Markt ist). Bei ihrer Suche nach einem geeigneten Hafen entschieden sie sich für Warnemünde. So entstand der dortige Kreuzfahrthafen. Der Name *Berlin Harbour* oder *Port of Berlin* hat sich im amerikanischen Markt bis heute gehalten (vgl. Breitzmann 2010, S. 84). In der jüngeren Vergangenheit hat der Kreuzfahrttourismus in Warnemünde noch einmal an Bedeutung gewonnen. Grund dafür ist zum einen das starke Wachstum der Branche auf dem deutschen Quellmarkt insgesamt, zum anderen die Entwicklung, dass immer mehr ausländische Reedereien Warnemünde als Teilreisewechsel-Hafen nutzen (vgl. auch Kap. 8.4) und somit vor Ort zusätzliche Passagierströme generieren.

3 Hafenfunktionen

Hafenfunktionen können aus zwei unterschiedlichen Blickwinkeln betrachtet werden: zum einen aus wirtschaftstheoretischer Sicht, bei der die volkswirtschaftliche Bedeutung des Hafens im Fokus steht. Zum anderen aus Sicht der Reedereien[6]: Hier geht es um die Frage, warum vor, während und nach einer Kreuzfahrt Häfen angelaufen werden.

3.1 Hafenfunktionen aus wirtschaftstheoretischer Sicht

Nach Biebig et al. (2008, S. 33 f.) können die Funktionen der Seeverkehrswirtschaft und der Seehäfen nicht allgemeingültig definiert werden. Vielmehr obliegt es den einzelnen Gesellschaften, selbst festzulegen, welche Ziele sie mit ihrer Seeverkehrs- und Hafenpolitik verfolgen wollen. Dies beinhaltet, dass Staaten (und ggf. auch Kommunen) eigene Schwerpunkte setzen können. In einigen Fällen stehen Güterumschlag und Außenhandel im Vordergrund (z. B. in Hamburg und Rotterdam). Bei anderen, vor allem kleinen Häfen stellt der Hauptzweck die Versorgung der lokalen Bevölkerung dar; entweder durch Fischfang oder (auf Inseln) durch die Anbindung an das Festland. Wiederum andere Häfen dienen überwiegend dem Tourismus oder der nationalen Verteidigung.

Die Funktionen der deutschen Seehäfen sind nach Biebig et al. (2008, S. 35) in erster Linie:

- Abwicklung des deutschen Außenhandels,
- Schnittstelle im internationalen Güterverkehr,
- Verlagerung des Gütertransports vom Land- auf den Seeweg,
- Drehscheiben des Passagierverkehrs,
- Erbringung von diversen Dienstleistungen verschiedenster Art,
- bedeutende Industriestandorte.

Trotz der eben genannten nationalen Unterschiede lassen sich einige wesentliche volks- und regionalwirtschaftliche Aufgaben definieren, die für die meisten Häfen Gültigkeit besitzen. Künstner (2008, S. 38) spricht von der Transfer-, Wirtschaftlichkeits-, Industrie- und Logistikfunktion. Demnach ist die **Transferfunktion** die wichtigste Aufgabe eines Hafens, d. h. sein Existenzzweck: Sie umfasst den Um-

6 Kreuzfahrten werden sowohl von Reedereien angeboten, die Eigener oder zumindest Betreiber der Schiffe sind, als auch von Reiseveranstaltern, die die Schiffe für einen bestimmten Zeitraum chartern. Darüber hinaus gibt es vereinzelt noch weitere Formen wie beispielsweise Schiffsmakler (Künstner 2008, S. 32). Im Folgenden wird mehrheitlich der Terminus „Reederei“ verwendet. Mit diesem sind dann zugleich alle Formen von Anbietern gemeint.

https://doi.org/10.1515/9783110480665-003

schlag von Gütern und den Transfer von Personen von einem Wasserverkehrsmittel auf ein Landverkehrsmittel oder umgekehrt (vgl. Künstner 2008, S. 37). Zu ergänzen ist, dass insbesondere beim Containertransport auch der Umschlag von einem Schiff auf ein anderes ein üblicher Vorgang ist. Dieser Fall tritt insbesondere dann ein, wenn Güter aus Übersee über Binnengewässer weitertransportiert werden sollen, beispielsweise elbaufwärts oder durch den Nord-Ostsee-Kanal.

Die **wirtschaftliche Funktion** eines Seehafens umfasst heutzutage in erster Linie die Distribution und Lagerung von Waren. In früheren Jahrhunderten waren Häfen zudem auch wichtige Handelsplätze, an denen Fernkaufleute ihre Waren auf Märkten kauften und verkauften. Diese Funktion hat mittlerweile weitestgehend an Bedeutung verloren.

Eine weitere nachrangige Aufgabe ist die **Industriefunktion**. Diese besagt, dass Hafenstädte bevorzugte Standorte für hafennahe bzw. transportintensive Industriezweige sind, etwa die mineralölverarbeitende und chemische Industrie, die Eisen- und Stahlindustrie sowie die Getreide- und Holzverarbeitung (vgl. Künstner 2008, S. 37). Kern dieses Aspektes ist, dass große Häfen eine wichtige Rolle für die regionale Wirtschaft und die Volkswirtschaft des jeweiligen Landes spielen, weil sie u. a. Arbeitsplätze schaffen.

Eine weitere Funktion, die vor allem in der jüngeren Vergangenheit in den Häfen an Bedeutung gewonnen hat, ist die **Logistikfunktion**. Dabei gehen die im Hafen angebotenen Leistungen weit über das reine Be- und Entladen von Schiffen hinaus. Der Hafen wird zum Mittelpunkt und zur Schaltzentrale der gesamten Transportkette. Die angebotenen Leistungen umfassen auch die Lagerung, Distribution, Weiterverarbeitung und Sortierung der Waren (vgl. Künstner 2008, S. 37 f.).

Übertragung der allgemeinen Hafenfunktionen auf die Kreuzschifffahrt

Diese vier Hauptfunktionen von Seehäfen beziehen sich zunächst in erster Linie auf die Fracht- und Containerschifffahrt, sie lassen sich jedoch – leicht modifiziert – auch auf die Kreuzschifffahrt übertragen:

Im Vordergrund steht auch hier die **Transferfunktion**, in diesem Fall bezogen auf die Passagiere und die Besatzung des Schiffs. Jeder Hafen muss diesen die Möglichkeit bieten, das Schiff zu betreten oder zu verlassen und auf andere (land- oder wasserseitige) Transportmittel umzusteigen.

Die **Wirtschaftlichkeitsfunktion** bezieht sich laut Künstner (2008, S. 38) nur auf das Hafengelände bzw. das Terminal: „Die Wirtschaftlichkeitsfunktion eines Kreuzfahrthafens liegt vor allem in der Möglichkeit für Kreuzfahrtpassagiere, sich auf dem Hafengelände aufhalten zu können [...], z. B. vor dem Einsteigen in ein Kreuzfahrtschiff oder während langer Wartezeiten beim Einchecken." Eine *wirtschaftliche Relevanz* ergibt sich aus diesem Aufenthalt nur dann, wenn die Passagiere auf dem Hafengelände auch Umsätze generieren. Dies ist nur möglich, wenn auf dem Hafengelände gastronomische Einrichtungen oder Geschäfte vorhanden sind, was allerdings nicht in allen Kreuzfahrthäfen der Fall ist. Im Umkehrschluss würde dies bedeuten, dass gemäß dieser Definition ein Hafen ohne eigene Gastronomie- und Einzelhandelsbetriebe keine wirtschaftliche Funktion erfüllt. Allerdings zahlen die Reedereien Hafengebühren; damit wird die wirtschaftliche Funktion per se erfüllt. Zudem werden sämtliche Umsätze, die Kreuzfahrtpassagiere außerhalb des begrenzten Hafenareals generieren, nicht mehr der wirtschaftlichen Bedeutung des Hafens zugerechnet. Aus diesem Grund muss bei der Wirtschaftlichkeitsfunktion die Destination (in der Regel die Hafenstadt) als Ganzes betrachtet werden, um ein realistisches Bild zu erhalten. Der größte Teil der Wertschöpfung (vgl. auch Kap. 12.1), die die Kreuzfahrtpassagiere in einer Destination generieren, fällt üblicherweise nicht direkt im Hafen, sondern in den gastronomischen Betrieben, dem Einzelhandel etc. *in der Stadt* an. Diese räumliche Diskrepanz ändert letztlich nichts daran, dass der Hafen diese Wertschöpfung mitverursacht hat, da die Passagiere ohne ihn nicht in die Stadt gekommen wären.

Die **Industriefunktion** bezieht sich vor allem auf die Ansiedlung branchenverwandter Unternehmen auf dem Hafengelände oder in dessen unmittelbarer Nähe. Bei Kreuzfahrthäfen sind dies in erster Linie Anbieter von Landausflügen, Transportunternehmen und Souvenirhändler (vgl. Künstner 2008, S. 38).

Zu der **Logistikfunktion** eines Kreuzfahrthafens zählen u. a. die Versorgung der Schiffe mit Proviant und Frischwasser sowie die Entsorgung von Abwasser und Abfällen. Darüber hinaus fallen auch Reparaturen an den Schiffen sowie Lieferung und Austausch von Ausrüstungsgegenständen unter diese Funktion.

3.2 Hafenfunktionen aus Reedereisicht

Aus Sicht der Reedereien hängen die Funktionen wesentlich von der Art der Nutzung ab, d. h., ob der Hafen auf der Reise als Ein- und Ausstiegshafen fungiert oder als Stopover-Hafen angelaufen wird. In der Literatur werden verschiedene Termini für diese Nutzungsarten angeführt. Der gebräuchlichste Begriff ist der des *Turnaround-Hafens* für Ein- und Ausschiffungshäfen, der auch im weiteren Verlauf verwendet wird. Hier beginnt oder endet die Reise für die Passagiere (vgl. Schäfer 1998, S. 130). Andere Autoren sprechen vom *Base Port*. Der Vorgang an sich wird als *Turnaround*, *Change over* oder *Reisewechsel* bezeichnet (vgl. Schäfer 1998, S. 130; Künstner 2008, S. 27; Bauermeister und Benkenstein 2007). Start- und Endpunkt einer Kreuzfahrt können identisch oder unterschiedlich sein. Der erste Fall wird als *geschlossene Kette* bezeichnet, der zweite als *offene*.[7] Der englischsprachige Terminus für letztere lautet *Open Jaw*.

Die zweite Kategorie ist der Anlaufhafen oder Port of Call, welcher im Folgenden Stopover-Hafen genannt wird. Dies sind jene Häfen, in denen das Schiff im

7 Der Terminus *Kette* meint in diesem Kontext die Aneinanderreihung mehrerer Destinationen zu einer Reiseroute. Zu den Vor- und Nachteilen beider Varianten vgl. Kap. 7.3.1.

Verlauf der Reise einen ganz- oder halbtägigen Zwischenstopp einlegt, der von den Passagieren für Landausflüge genutzt werden kann (vgl. Benkenstein und Werner 2011, S. 120; Künstner 2008, S. 27).

Passagiere ein- und auszuschiffen, das Schiff mit Lebensmitteln, Frischwasser und Treibstoff zu versorgen sowie Abfälle und Abwässer zu entsorgen, sind laut Schulz und Auer (2010, S. 102) die wichtigsten Funktionen eines Kreuzfahrthafens. Außerdem wird den Passagieren die Möglichkeit gegeben, an organisierten Landausflügen teilzunehmen oder private Landgänge zu unternehmen.

Diese Auflistung der Funktionen bedarf jedoch einer weiteren Differenzierung: Die Ein- und Ausschiffung von Passagieren findet in den meisten Fällen nur einmal am Anfang und am Ende einer Reise statt, d. h. im jeweiligen Turnaround-Hafen. Die Versorgung mit Proviant wird meistens ebenfalls (nur) im Turnaround-Hafen durchgeführt. In einigen Ländern ist es gesetzlich vorgeschrieben, die angefallenen Abfälle und Abwässer bei jedem Hafenanlauf zu entsorgen. In der Regel haben die Schiffe aber ausreichende Lagerkapazitäten, weshalb dies aus logistischen Gründen nicht notwendig ist. Es ist daher aus Reedereisicht nebensächlich, ob alle unterwegs angelaufenen Häfen für die Erfüllung der Ver- und Entsorgungsfunktion ausgestattet sind. Im Gegensatz dazu werden Landausflüge im klassischen Sinne zumeist nur in den Stopover-Häfen angeboten, dort sind sie aus Sicht der Passagiere allerdings unverzichtbar. Technische Zwischenstopps, ohne Möglichkeit eines Landausfluges, werden möglichst vermieden, da sie von Passagieren als störend empfunden werden (vgl. Schäfer 1998, S. 130 f.).

4 Kategorisierung von Häfen

Biebig et al. (1980, S. 9) definieren einen Seehafen als „Komplex von Liegeplätzen für Seeschiffe, der als Knotenpunkt zwischen Binnen- und Seeverkehr den Umschlag von Gütern und Personen sicherstellt und der über die hierfür notwendigen Einrichtungen für den Umschlag, für die Lagerung, für den An- und Abtransport der Güter sowie für den Verkehr und die Abfertigung der Seeschiffe und Binnentransportmittel im Seehafenterritorium verfügt." In Anlehnung daran definiert Künstner (2008, S. 35) einen Kreuzfahrthafen als „natürlich oder künstlich geschaffener Komplex von Liegeplätzen speziell für Kreuzfahrtschiffe. Als eine Form des Passagierhafens stellt ein Kreuzfahrthafen die An- und Abreise bzw. den Ein- und Ausstieg von Kreuzfahrtgästen sicher und verfügt über die hierfür notwendigen Einrichtungen." Freyer (2015, S. 252) konkretisiert diese Definition und ergänzt, dass neben dem reinen Güter- und Personenumschlag den Passagieren in den Häfen „weitere Serviceleistungen wie Übernachtungsmöglichkeiten, Gaststättenleistungen sowie touristische Betreuung" geboten werden. Aus diesen Definitionen können verschiedene Kriterien zur Kategorisierung von Häfen abgeleitet werden. Tab. 4.1 gibt einen Überblick über die verschiedenen möglichen Kriterien zur Kategorisierung.

Tab. 4.1: Kategorisierung von (Kreuzfahrt-)Häfen (Quelle: Eigene Darstellung).

Makrostandort	**Geografische Lage**	**Art der Nutzung**	**Touristischer Entwicklungsgrad**	**Eigentumsstruktur**
kombinierte Flächennutzung	Hafen an der freien Küste	Turnaround-Hafen	aufstrebende Destination	Hafen im Eigenbetrieb der öffentlichen Hand/ Service Port
Einzelhafen	Fjordhafen	Stopover-Hafen	Schwellendestination	Autonomer Hafen/ Tool Port
Singlehafen	Flussmündungshafen	Overnight-Hafen	etablierte Destination	Gewerbegebietshafen/ Landlord Port
	Flusshafen (und weitere)		Gateway-Destination	Privater Hafen/ Fully Privatized Port

4.1 Unterscheidung nach Zugehörigkeit zu einem Makrostandort

Die Definition von Künstner (2008) deutet bereits an, dass der Kreuzfahrthafen eine Subkategorie des See- oder Flusshafens ist. Als weitere Subkategorien sind

https://doi.org/10.1515/9783110480665-004

beispielsweise Handelshäfen, Fährhäfen oder Yachthäfen zu nennen. Sie können an einem Makrostandort entweder einzeln oder als Konglomerat vorhanden sein. In manchen Fällen werden diese auch räumlich zu einem einzigen Hafenareal gekoppelt. Hier werden erste Unterschiede zwischen den analysierten Häfen deutlich: Zwar sind diese alle Bestandteile eines Makrostandortes; in Kiel sind die Anlegestellen für Kreuzfahrtschiffe jedoch teilweise mit dem Fährhafen für den Verkehr nach Skandinavien gekoppelt. So werden die Infrastrukturanlagen, wie etwa die Kaianlagen und Terminals am Norwegenkai, gemeinsam genutzt. In Rostock ist der Kreuzfahrthafen im Stadtteil Warnemünde räumlich von anderen Teilen des Hafens getrennt. Er verfügt über eigene Kaianlagen und eine gesonderte Zufahrt. Diese Form wird Einzelhafen genannt. Eine weitere Variante ist der Singlehafen, in dem nur Kreuzfahrtschiffe abgefertigt werden (vgl. Künstner 2008, S. 35 f.).

In Hamburg werden alle drei vorhandenen Terminals und die dortigen Anlegestellen ausschließlich für die Abfertigung von Kreuzfahrtschiffen genutzt. Allerdings sind sie nicht wie in Warnemünde räumlich von anderen Teilen des Hafens getrennt, sondern vielmehr über das gesamte Hafenareal verteilt. In Bremerhaven wiederum liegt das Kreuzfahrtterminal Columbus Cruise Center im Freihafen-Areal. Unabhängig davon besteht hier die Besonderheit, dass die Liegeplätze vor dem Terminal nicht nur für normale Kreuzfahrtschiffsanläufe, sondern regelmäßig zu Saisonbeginn und -ende (also im Frühjahr und im Herbst) von sogenannten Ausrüstungsschiffen der Papenburger Meyer-Werft genutzt werden. Dabei handelt es sich um Kreuzfahrtschiffsneubauten, die während eines vier- bis sechswöchigen Arbeitsaufenthaltes dort ihre Endausrüstung erhalten, so z. B. die Ovation of the Seas und die Norwegian Escape (vgl. Kamjunke-Weber 2016). Hieraus ergibt sich für den Terminalbetreiber ein zusätzliches Geschäftsfeld und für die Stadt Bremerhaven eine höhere Wertschöpfung.

4.2 Unterscheidung nach geografischen Gesichtspunkten

Ein weiteres Unterscheidungskriterium ist die geografische Lage: Der Kieler Hafen liegt an der Spitze der Kieler Förde und gilt somit als Fjordhafen. Bremerhaven an der Wesermündung und Warnemünde an der Mündung der Warnow sind hingegen sogenannte Flussmündungshäfen. Der Hamburger Hafen gehört zur weltweit relativ kleinen Gruppe der Flusshäfen, die von großen Hochseekreuzfahrtschiffen angelaufen werden können.

Weitere Varianten sind beispielsweise Buchthäfen wie Wismar oder Häfen an der freien Küste wie Visby (vgl. Künstner 2008, S. 36). Für die Reedereien ist diese Unterteilung vor allem unter zwei Gesichtspunkten relevant: Zum einen die seeseitige Erreichbarkeit, d. h. wie schnell der Hafen vom offenen Meer aus erreicht werden kann und ob Hindernisse oder Gefahrenstellen die Zufahrt erschweren. Zum anderen die touristische Attraktivität der Zufahrt.

Ein weiterer Unterscheidungsaspekt ist die Verbindung zur See. Künstner (2008, S. 36) unterscheidet zwischen *offenen Häfen*, bei denen der Wasserstand im Hafen von dem außerhalb des Hafens abhängt, und *geschlossenen Häfen*, die durch Docktore oder Dockschleusen vom Außenwasserstand unabhängig sind. Diese Charakterisierung ist jedoch problematisch, da die für die Reedereien relevante Frage, inwiefern der Hafen tideabhängig ist, nicht beantwortet wird. Gemäß dieser Charakterisierung können alle vier hier behandelten Häfen in die Kategorie der *offenen Häfen* eingeordnet werden. In der Ostsee gibt es allerdings keinen nennenswerten Tidenhub[8], wodurch der Wasserstand in Kiel und Warnemünde immer in etwa gleich bleibt. In Hamburg und Bremerhaven hängt dieser von den Gezeiten der Nordsee und der Elbe ab. Bezogen auf den Hamburger Hafen beträgt diese Differenz zwischen einem mittleren Hochwasser und einem mittleren Niedrigwasser drei bis vier Meter. Dies führt dazu, dass große Schiffe mit mehr als 12,50 m Tiefgang den Hafen nur auf der Flutwelle ansteuern oder verlassen können (vgl. Rehrmann 2014). Aus diesem Grund erscheint es sinnvoller, zwischen Tidehäfen und tideunabhängigen Häfen, anstatt zwischen offenen und geschlossenen Häfen zu differenzieren.

4.3 Unterscheidung nach der Art der Nutzung

Ausgehend von der Nutzung durch die Reedereien können die Häfen in drei Kategorien eingeteilt werden: Ein- und Ausschiffungshafen, Anlaufhafen und Overnight-Hafen (vgl. Lubatschowski 2000, S. 190). Die wichtigsten Charakteristika von Turnaround- sowie Stopover-Häfen wurden bereits in Kap. 3.2 behandelt. Einen Sonderfall bilden die Part-Turnarounds oder Teilreisewechsel. Dabei findet nicht der komplette Passagierwechsel am gleichen Tag und gleichen Ort statt, sondern dieser ist auf mindestens zwei Häfen verteilt. Zweck dieser Maßnahme ist in den meisten Fällen, durch kürzere und/oder preiswertere An- und Abreisestrecken die Kosten für Reederei und Kunde zu senken und Gästen aus verschiedenen Ländern den Zustieg in dem Hafen zu ermöglichen, der für sie jeweils am besten erreichbar ist. Für die Passagiere, die nicht an- oder abreisen, stellt der Anlauf einen normalen Stopover dar, bei dem sie Landausflüge unternehmen können. Ein konkretes Beispiel dafür wird in Kap. 8.4 beschrieben.

Die letzte Kategorie bilden die Overnight- oder Übernachtungshäfen. Bei einem *Overnight-Stay* oder *Overnight* bleibt das Schiff mitsamt seinen Passagieren eine Nacht im Hafen, anstatt zur nächsten Destination weiterzufahren. Dafür gibt es verschiedene Gründe, etwa wenn ein anvisiertes Ausflugsziel so weit vom Hafen entfernt liegt, dass die normale Liegezeit im Hafen für einen Besuch nicht ausreicht. In den meisten Fällen dient der Overnight dazu, den Passagieren den Besuch von

8 Differenz zwischen dem Wasserstand bei Ebbe und bei Flut

besonderen, in den Abendstunden stattfindenden Kulturereignissen zu ermöglichen, etwa dem Ballett in St. Petersburg oder dem Karneval in Rio de Janeiro. In der Ostseeregion werden Overnight-Stays vorrangig in St. Petersburg durchgeführt.

Übernachtungen in Häfen stellen auf Kreuzfahrten eher eine Ausnahme dar. Ursache hierfür ist u. a., dass sie der Grundidee dieser Reiseform widersprechen, d. h. morgens an Land zu gehen und eine Stadt/Region zu besuchen und nachts zur nächsten Destination weiterzufahren. Auf einer einwöchigen Reise wird daher in der Regel höchstens ein Overnight-Stay eingeplant. Auf zweiwöchigen Reisen kann es bis zu zwei Overnights geben, dies ist jedoch eher die Ausnahme. Inwiefern überhaupt Übernachtungen in Häfen angeboten werden, hängt sowohl von dem Anbieter als auch vom Fahrtgebiet ab. Bei den Passagieren sind Overnight-Aufenthalte sehr gefragt, die Reedereien sehen diese hingegen kritisch, weil die Aufenthalte mit erheblichen Umsatzeinbußen in den schiffseigenen Gastronomie- und Unterhaltungseinrichtungen verbunden sind. Bei Schiffen mit All-inclusive-Angeboten gilt das entsprechend für die zuschlagspflichtigen Bordeinrichtungen; ein weiterer Grund, warum die Reedereien nur wenige Overnights einplanen (vgl. Schäfer 1998, S. 134 f.).

Reedereien stellen folglich besonders hohe Anforderungen und Erwartungen an Overnight-Häfen, vor allem in Hinblick auf deren touristische Attraktivität. Laut Schäfer (1998, S. 135) sollten nur außergewöhnliche Destinationen für einen Overnight-Stay ausgewählt werden. Im Zweifelsfall verzichten Reedereien eher auf einen Overnight-Stay, anstatt diesen in einem Hafen durchzuführen, der ihren Anforderungen und Erwartungen nicht gerecht wird.

Um den Bedürfnissen der Passagiere zu entsprechen, werden Overnights in den meisten Fällen möglichst etwa nach der Hälfte der Reisezeit eingeplant. Es existieren jedoch auch vereinzelt Overnight-Konzepte, wie beispielsweise in Hamburg, bei dem die Übernachtung zu Beginn oder (häufiger) am Ende einer Reise in einem Turnaround-Hafen stattfindet (vgl. hierzu Kap. 7.5).

In allen vier betrachteten Häfen stellen Overnight-Stays eher eine Ausnahme dar. In Warnemünde gab es im Jahr 2016 nur drei Anläufe dieser Art, da aus Sicht der Rostock Port GmbH dafür nicht die notwendigen Voraussetzungen erfüllt sind; zudem wird kein Marketing betrieben. In Kiel gab es im Jahr 2016 vierzehn mehrtägige Aufenthalte von Kreuzfahrtschiffen. Die tatsächliche Zahl der Overnights ist indes etwas geringer. In den Statistiken der Häfen sind auch Aufenthalte erfasst, die nicht im Rahmen einer Kreuzfahrt erfolgten, so zum Beispiel etwa zwei Besuche der Mein Schiff 5. Im Gegensatz zur Rostock Port GmbH sieht die Seehafen Kiel GmbH & Co. KG großes Potenzial für mehr Overnight-Anläufe, da die Gäste während eines Anlaufs die Möglichkeit haben, mehrere Städte, wie z. B. Kiel, Lübeck und Hamburg zu besichtigen. Hierfür wird auch explizit geworben (vgl. Heinisch 2015).

Unabhängige Experten schätzen Kiels Potenzial als Overnight-Hafen hingegen deutlich geringer ein. Die Kreuzfahrten in der Ostsee dauern in der Regel maximal eine Woche. Dementsprechend legen die meisten Schiffe keine oder höchstens eine Übernachtung im Hafen ein. Damit steht Kiel in unmittelbarer Konkurrenz zu allen anderen größeren Ostseehäfen. Wenn eine Reederei vor der Entscheidung steht, eine Übernachtung in Kiel oder beispielsweise in St. Petersburg oder Tallin einzuplanen, wird die Entscheidung in den allermeisten Fällen zugunsten der Stadt ausfallen, die die höhere kulturtouristische Attraktivität aufweist.

Hinzu kommt, dass laut der Anlauf-Statistik von Cruise Baltic (2017a, S. 3) die meisten Kreuzfahrten entweder in Kopenhagen, Kiel oder Rostock beginnen und enden. Wie oben beschrieben, werden Overnights überwiegend etwa nach der Hälfte der Reisezeit eingeplant, nur selten kurz nach Beginn oder kurz vor dem Ende einer Kreuzfahrt. Aufgrund der geografischen Lage der Ostseedestinationen fände ein Anlauf in Kiel oder Warnemünde bei Fahrten ab/bis Kopenhagen jedoch meist gegen Anfang oder Ende der Reise statt, wodurch eine Übernachtung in diesen Städten aus routenplanerischer Sicht[9] seitens der Reedereien nicht sinnvoll erscheint.

Hamburg und Bremerhaven kommen aufgrund ihres sehr hohen Turnaround-Anteils nur für Turnaround-Overnights in Frage. Im Jahr 2016 gab es in Hamburg siebzehn Overnight-Anläufe. Dabei profitiert die Stadt u. a. von ihren maritimen Großevents (vgl. auch Kap. 12.2), wie dem Hafengeburtstag und den Cruise Days, die im Zwei-Jahres-Rhythmus stattfinden. In Bremerhaven gab es hingegen keinen einzigen Overnight-Anlauf. In Anbetracht des relativ geringen touristischen Angebots Bremerhavens ist hiermit auch in Zukunft nicht zu rechnen.

Da diese Kategorisierung einzig auf der Nutzung durch die Reedereien basiert, kann ein Hafen in mehr als eine Kategorie eingeordnet werden, insbesondere, wenn er von verschiedenen Reedereien angelaufen wird.

4.4 Unterscheidung nach der Organisations- und Eigentumsstruktur

Häfen unterscheiden sich auch in ihrer Eigentumsform und Organisationsstruktur. Die Anlagen können entweder im Besitz staatlicher Organe oder privater Investoren sein. Ebenso können die Verwaltung des Hafens und die Zuständigkeit für die Durchführung der Dienstleistungen für Schiffe und Passagiere entweder in der Hand von staatlichen/kommunalen Behörden oder privater Unternehmungen liegen. In der Vergangenheit haben sich vier Modelle herausgebildet, die unterschiedliche Privatisierungsgrade von Häfen beschreiben:

- Service Ports/Häfen im Eigenbetrieb der öffentlichen Hand,
- Tool Ports/autonome Häfen,
- Landlord Ports/Gewerbegebietshäfen,
- Fully privatized Ports/private Häfen.

9 unabhängig von der touristischen Eignung

Kap. 5 beschäftigt sich ausführlich mit der Organisationsstruktur von Häfen und den vier eben genannten Modellen.

4.5 Unterscheidung nach dem touristischen Entwicklungsgrad

Die folgende Kategorisierung befasst sich mit dem Entwicklungsstand einer Stadt oder Region als Kreuzfahrtdestination. Haahti et al. (2013, S. 129) bezeichnen diese als *PORTfolio-Analyse*. Bei dieser Einordnung wird jeder Kreuzfahrthafen in eine von vier Kategorien eingeteilt. Grundlage dafür sind die Qualität und Quantität der allgemeinen und touristischen Infrastruktur (z. B. Verkehrsanbindung, ÖPNV, Gastronomie) sowie das Vorhandensein von natürlichen oder künstlich geschaffenen Attraktionen. Diese vier Kategorien werden im Folgenden kurz vorgestellt und anschließend in Abb. 4.1 gegenübergestellt:

Authentic/Emerging Cruise Destinations – Aufstrebende Kreuzfahrtdestinationen: Diese Häfen sind relativ neu im Kreuzfahrtmarkt und versuchen, auf Basis möglichst geringer Kosten mit den etablierten Destinationen zu konkurrieren. Ihre größte Herausforderung liegt darin, touristische Attraktionen zu entwickeln und zu vermarkten, während sie zugleich den potenziellen Besuchern positiv auffallen wollen. Ein Beispiel aus der Ostseeregion stellt Wismar dar (vgl. Haahti et al. 2013, S. 130 f.).

Exclusive/Developing Cruise Destinations – Schwellendestinationen: Die Städte/Destinationen haben gut entwickelte und etablierte touristische Attraktionen, oftmals historisch bedingt. Nun wollen sie ihre Angebote erweitern und neue Zielgruppen ansprechen, z. B. indem sie Kreuzfahrttourismus in ihr Portfolio aufnehmen. Die wichtigste Herausforderung für diese Art von Destinationen ist die Entwicklung und Verbesserung der Infrastruktur, um eine höhere Nachfrage zu generieren, z. B. der Bau von Kreuzfahrtterminals. Dies ist beispielsweise in Oslo der Fall (vgl. Haahti et al. 2013, S. 130 f.).

Gateway Cruise Destinations – Gateway-Destinationen: Einige Städte haben bereits eine lange maritime Tradition (z. B. als Fähr- oder Handelshafen) und verfügen insofern über eine gut entwickelte Infrastruktur. Kreuzfahrttourismus wird hier vor allem als eine Möglichkeit gesehen, die existierenden Ressourcen stärker auszulasten und somit effizienter zu nutzen. Zudem sollen für die lokale Wirtschaft zusätzliche Einnahmequellen generiert werden. Die Hauptaufgaben für diese Art von Destinationen sind, sich gegenüber anderen Kreuzfahrthäfen im Markt zu positionieren und die Wahrnehmung des Kreuzfahrttourismus als Wirtschaftsfaktor in Politik und Wirtschaft zu stärken.

Established/Mature Cruise Destinations – Etablierte Kreuzfahrtdestinationen: Einige Häfen haben sich im Laufe der Zeit ein Image als *Must-see-Destination* aufgebaut. Unter einer Must-see-Destination wird ein Hafen verstanden, der aus Sicht der Passagiere auf einer Kreuzfahrt unbedingt besucht werden muss. Das

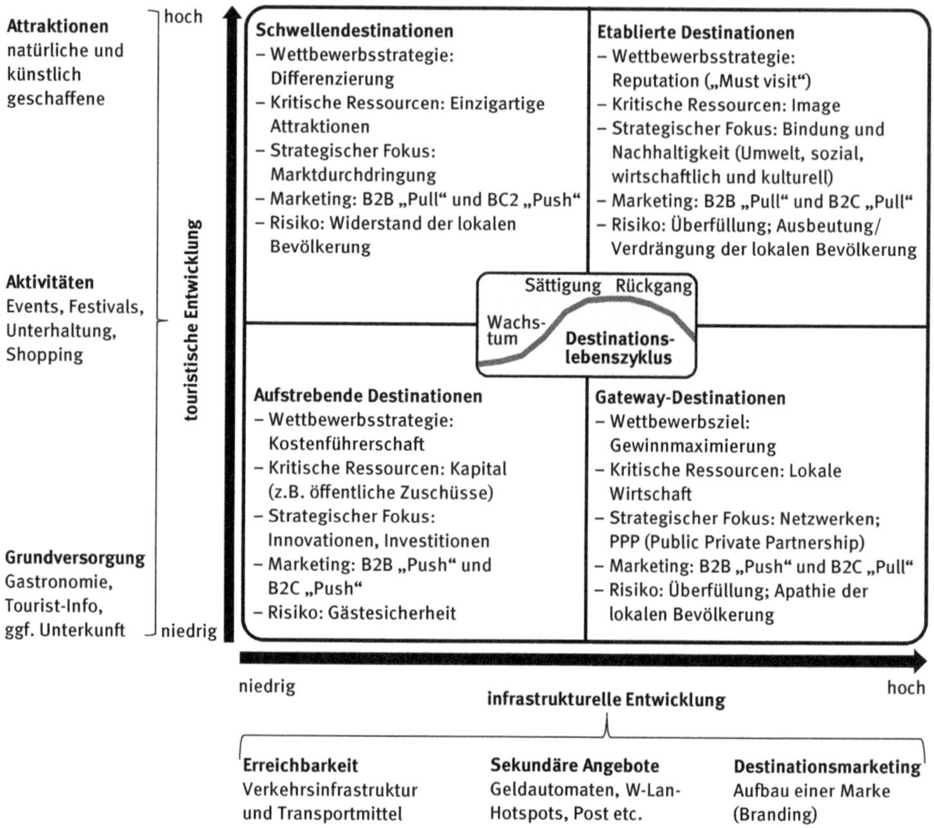

Abb. 4.1: PORTfolio-Matrix nach Haahti et al. (Quelle: Eigene Darstellung in Anlehnung an Haahti et al. 2013, S. 130).

Hauptaugenmerk der Verantwortlichen in diesen Häfen sollte darauf liegen, dieses Image zu pflegen, die Authentizität zu erhalten und den Besuchern eine gleichbleibend hohe Service- und Erlebnisqualität zu bieten. Im Ostseeraum sind dies in erster Linie Kopenhagen, St. Petersburg und Tallin, in Westeuropa Southampton und Amsterdam (vgl. Haahti et al. 2013, S. 130 f.).

Aus Sicht eines Kreuzfahrtanbieters bzw. des Routings braucht eine Kreuzfahrtregion eine Mischung aus verschiedenen Hafenarten, um attraktiv zu sein. Eine Reise, die ein unausgeglichenes Portfolio von Destinationen enthält, birgt verschiedene Risiken. Hier sind vor allem das Image des Anbieters und der ökonomische Erfolg der Reise anzuführen. Ein Fahrtgebiet, das z. B. fast nur aus etablierten Häfen und Gateway-Häfen besteht, kann rasch unter den Besucherströmen und den negativen Auswirkungen des Massentourismus leiden. Das wiederum veranlasst zunächst *Repeater*, also Gäste, die zum wiederholten Mal mit dem gleichen Anbieter oder sogar dem gleichen Schiff reisen, und als Folge dessen auch die Reedereien, sich anderen Zielgebieten zuzuwenden (vgl. Haahti et al. 2013, S. 131).

Dies bedeutet für die einzelnen Häfen, dass auch und gerade solche Destinationen erfolgreich sein können, die sich von anderen hochfrequentierten Reisezielen im gleichen Fahrtgebiet deutlich unterscheiden. So ist die Ostsee bekannt dafür, dass dort in relativ kurzer Zeit zahlreiche Städte mit Weltruf besucht werden können. Dennoch können auch verhältnismäßig kleine und unbekannte Städte ohne ein großes Angebot an Sehenswürdigkeiten für die Reedereien attraktiv sein. Denn ein Besuch dort bietet den Passagieren Abwechslung und Erholung von der Reizüberflutung und den anstrengenden Landausflügen in den großen Metropolen. In kleineren Städten haben die Passagiere weniger psychologischen Druck, in der Kürze der Zeit möglichst viele Attraktionen sehen zu müssen. Sie können zum Beispiel ihren Nachmittag in einem Café oder am Strand verbringen, ohne das Gefühl zu haben, etwas zu verpassen (vgl. Heinisch 2015). Dies kann zur Steigerung der Kundenzufriedenheit beitragen.

Allerdings gibt Mucha (2015) zu bedenken, dass Reedereien wie TUI Cruises, bei denen die landseitigen Destinationen ein wichtiger Teil des Konzepts sind, ihren Gästen ein möglichst vielfältiges Ausflugsprogramm anbieten möchten. Die Bandbreite reicht hier von einfachen Ausflügen, die keine Innenbesichtigungen beinhalten und meist aus einer Busfahrt und Fotostopps bestehen, bis hin zu aktiven Touren für besonders sportliche Gäste. Bei kleinen Destinationen ist es mitunter schwierig, diese Vielfalt zu gewährleisten, da die Kapazität an Bussen und (vor allem deutschsprachigen) Guides begrenzt ist.

Einordnung der vier Häfen

Grundsätzlich erfüllen alle vier der hier behandelten Häfen die Kriterien für eine Einordnung in die Kategorie Gateway-Destinationen. Hamburg und Bremerhaven waren lange Zeit wichtige Einstiegshäfen für Auswanderer auf dem Weg nach Amerika. Später wurden sie intensiv für den transatlantischen Linienverkehr genutzt. Kiel und Warnemünde verfügen durch ihre langjährige Tradition und wichtige Stellung im Fährverkehr nach Skandinavien über Erfahrung und Know-how in der Abfertigung von Passagieren (vgl. Haahti et al. 2013, S. 130 f.). In allen Fällen hat sich daraus der Einstieg in das Geschäftsfeld Kreuzfahrt ergeben (vgl. auch Kap. 2).

Zusätzlich können Hamburg, Kiel und Warnemünde in die Kategorie Etablierte Destinationen eingeordnet werden, zumindest in ihrem jeweiligen Kernmarkt (Turnaround in Hamburg und Kiel sowie Stopover in Warnemünde). Die Häfen haben eine klare Positionierung am Markt und sind bei den Reedereien bekannt. So werden Hamburg und Kiel bereits von fast allen Reedereien angelaufen, für die ein Reisewechsel in einem deutschen Hafen in Frage kommt. Aus diesem Grund geht die Seehafen Kiel GmbH & Co. KG davon aus, dass ein weiteres Wachstum im Turnaround-Segment in erster Linie über die steigenden Schiffsgrößen möglich ist (vgl. Heinisch 2015). Die Häfen gelten daher als etabliert.

Dies gilt in ähnlicher Form für Warnemünde als Stopover-Destination. Das größte Wachstumspotenzial besteht dort darin, den Hafen für Part-Turnarounds weiterer internationaler Reedereien zu etablieren. Die Entwicklung der Anlaufzahlen in den letzten Jahren (vgl. auch Kap. 9) deutet darauf hin, dass das Potenzial im klassischen Stopover-Geschäft weitgehend ausgeschöpft ist.

Bremerhaven ist hingegen noch immer eine klassische Gateway-Destination. Der Hafen ist zwar seit vielen Jahren im Kreuzfahrtgeschäft aktiv und konnte durch das Engagement des Terminalbetreibers CCCB seine Bekanntheit bei den internationalen Reedereien deutlich erhöhen. Dennoch fällt es dem Hafen weiterhin schwer, sich als attraktive Alternative zu Hamburg klar zu positionieren. Auch die Wahrnehmung der Kreuzschifffahrt als Wirtschaftsfaktor ist in der Politik und der Öffentlichkeit noch weniger stark ausgeprägt als in den anderen Häfen. In der Konsequenz ist es für den Terminalbetreiber und andere Akteure schwieriger, kostenintensive Projekte wie den Ausbau der Infrastruktur, für die finanzielle Unterstützung von staatlichen Stellen benötigt wird, durchzusetzen.

5 Häfen als organisatorische Einheiten

Häfen haben eine Vielzahl an organisatorischen und operativen Funktionen und Aufgaben zu erfüllen, die für den Betrieb eines Kreuzfahrthafens erforderlich sind und mit der Abfertigung der Schiffe in Verbindung stehen. Neben der Darstellung der Aufgaben und Zuständigkeiten einer ‚Port Authority' werden vier Modelle vorgestellt, die die möglichen Eigentums- und Organisationsstrukturen eines Kreuzfahrthafens widerspiegeln. Dabei handelt es sich in erster Linie um die Aufteilung zwischen staatlichen Organen und privaten Anbietern bzw. Investoren.

5.1 Organisatorische und operative Funktionen und Aufgaben in Häfen

Laut World Bank (2006, S. 80 f.) gibt es in jedem Hafen zahlreiche organisatorische und operative Funktionen und Aufgaben, die von einer oder mehreren Organisationen wahrgenommen werden:

- Eigentümer der Flächen und der Infrastruktur,
- Überwachung und ggf. Regulierung der wirtschaftlichen Aktivitäten im Hafen,
- Überwachung der Sicherheit im Hafen, Kontrolle und Durchsetzung von festgelegten Standards für Sicherheit (gemäß den ISPS-Bestimmungen) und Umweltschutz,
- Strategisches Hafenmanagement, Steuerung der langfristigen Entwicklung und Investitionsplanung,
- Betreiber von Terminals und anderen Einrichtungen für Gäste (z. B. Einzelhandel, Parkraumbewirtschaftung),
- Hafenmarketing für Reedereien (B2B) und ggf. auch Passagieren (B2C),
- Vertrieb, Verhandlungen mit Reedereien; Buchung und Disposition der Liegeplätze,
- Anbieter von nautischen Dienstleistungen (z. B. Lotsen, Vertäuung der Schiffe),
- Anbieter von Komplementärleistungen für Reedereien und Passagiere (z. B. Betankung des Schiffes, Abfall-Entsorgung, Gepäck-Handling, Sicherheitskontrolle im Terminal),
- Koordination aller an einem Schiffsanlauf beteiligten Dienstleister und Organisationen (häufig durch eine von der Reederei beauftragte Hafenagentur).

5.2 Aufgaben der Port Authority

Gewöhnlich existiert in jedem Hafen eine Hafenverwaltung, die sogenannten *Port Authority*. Dabei handelt es sich um eine Institution, die für die administrative Ver-

https://doi.org/10.1515/9783110480665-005

waltung des Hafens sowie die Koordination und Kontrolle aller dort agierenden (privaten und staatlichen) Organisationen zuständig ist. Die Port Authority kann entweder ein staatliches Organ sein, d. h. im Sinne einer Behörde oder eine private bzw. privatisierte Betreibergesellschaft. Im ersten Fall handelt es sich meist um eine kommunale Hafenbehörde, die nur für einen einzelnen Hafen verantwortlich ist. Sie kann stattdessen aber auch auf lokaler, regionaler oder nationaler Ebene angesiedelt sein. Nationale Hafenbehörden gibt es jedoch nur in sehr wenigen (kleinen) Staaten, da die Aufgaben in der Regel zu komplex und zu sehr standortbezogen sind, um sie auf nationaler Ebene effizient bewältigen zu können (vgl. World Bank 2006, S. 77).

Zu den Zuständigkeiten einer Hafenverwaltung gehören im Wesentlichen:

- Investitionen in die Infrastruktur: z. B. Instandhaltung oder Erweiterung der Anlagen,
- Finanzpolitik: umfasst z. B. die Festlegung des zu erreichenden Return on Investment (RoI); Einwerbung von Zuschüssen bei lokalen, staatlichen oder EU-Behörden,
- Preispolitik: Festlegung der Höhe, Berechnungsgrundlage und Zusammensetzung der Hafengebühren, die von den Reedereien für die Nutzung zu entrichten sind (vgl. auch Kap. 10.4),
- Lizenzierung: Auswahl, Vertragsabschluss und Überwachung von privaten Dienstleistern, die im Auftrag der Hafenverwaltung Serviceleistungen im Hafen anbieten,
- Dokumentation und Marktforschung: Sammlung und Aufbereitung statistischer Informationen über die aktuellen Aktivitäten im Hafen, z. B. die Erfassung der Passagierzahlen im Rahmen der Sekundärforschung sowie Primärforschung. Letztere ist u. a. bedeutsam, um im Rahmen der Trendforschung die Auswirkungen von Mega- und Konsumententrends auf die Kreuzfahrtindustrie abschätzen und seine strategische Planung darauf ausrichten zu können. Häufig werden externe Anbieter mit der Erstellung von Studien oder der Durchführung von Befragungen beauftragt. Zudem gehört die überwiegende Mehrheit der Häfen einer oder mehreren Hafenvereinigungen an, wie z. B. Cruise Baltic. Diese betreiben in der Regel Marktforschung für ihre Mitglieder.
- Überwachung der Arbeitsabläufe bei der Schiffsabfertigung,
- Überwachung der Einhaltung der Sicherheitsbestimmungen gemäß des ISPS-Codes[10] (vgl. auch Kap. 10.6).

Port Authorities haben oft weitreichende Kontrollfunktionen und -befugnisse rund um alle Geschehnisse im Hafen. Dies betrifft nicht nur die Abläufe an Land und die dort agierenden Akteure, sondern auch die Schiffe, die den Hafen anlaufen. Sie können beispielsweise Verhaltensregeln für ein- und auslaufende Schiffe festlegen

10 International Ship and Port Facility Security Code

und die Erfüllung bestimmter Formalitäten anordnen. Handelt es sich um staatliche Behörden, geschieht dies ggf. sogar in Form von Gesetzen. Zu den weiteren Aufgaben gehören auch die Überwachung der Einhaltung von gesetzlichen Sicherheits- und Umweltstandards. Oftmals übernimmt eine Port Authority somit innerhalb des Hafengebiets auch polizeiliche Aufgaben (vgl. World Bank 2006, S. 80).

Wenn ein Hafen und seine Funktionen in einer Stadt weiter wachsen sollen, bedarf es zumeist einer Abwägung, welche Nutzung wie viel Fläche einnehmen darf. Es gilt die unterschiedlichen Interessen von Hafenverwaltung und Kommune miteinander zu vereinen. Bei der Erfüllung ihrer planerischen Aufgaben steht die Port Authority oft in enger Abhängigkeit der Kommune und sonstigen Behörden, insbesondere dann, wenn es um die langfristige (raumplanerische) Entwicklung des Hafens geht (vgl. World Bank 2006, S. 80).

So hat sich beispielsweise die Hamburg Port Authority (HPA, früher Oberhafenamt genannt) zum Ziel gesetzt, „die unterschiedlichen Nutzungsansprüche, die an den Hamburger Hafen gerichtet sind, zu ermitteln und miteinander in Beziehung zu setzen. Die differenzierten Anforderungen, die sich aus den hafenwirtschaftlichen und städtischen Nutzungsansprüchen ergeben, gilt es verträglich und zielgerichtet neben- bzw. miteinander zu entwickeln." (Hamburg Port Authority 2017a, S. 2) Sie beschreibt ihre konkreten Aufgaben damit, „eine präzise und zuverlässige Hafeninfrastruktur, sichere Verkehrswege und effiziente, transparente Kommunikation auf dem Wasser und an Land zu gewährleisten." (Hamburg Port Authority o.J.) Weiter heißt es dort: „Mit Blick auf die Zukunft des Hamburger Hafens suchen wir innovative Ansätze, um das Wachstumspotenzial des Hafens nachhaltig zu nutzen und seine internationale Position langfristig zu stärken und auszubauen. Lösungs- und zukunftsorientiertes Denken und Handeln bestimmen unsere Arbeit in allen Bereichen und bilden die Grundlage für ein ganzheitliches Konzept für den Hamburger Hafen – jetzt und in Zukunft."

Um bei steigenden Schiffsgrößen und wachsenden Passagierzahlen weiterhin attraktiv und wirtschaftlich zu bleiben, braucht ein Hafen zunehmend Raum. Insbesondere in Innenstadtlagen sind freie Flächen knapp, oder sie sind bereits einer anderweitigen Nutzung zugeführt. Damit die strategische Entwicklung eines Hafens Erfolg hat, muss die Port Authority bei der Planung drei wichtige Kernpunkte berücksichtigen:

- Sind die eigenen Planungsvorhaben mit der Bauleitplanung (Flächennutzungsplan und Bebauungsplan) der jeweiligen Kommune kompatibel?
- Welche Auswirkungen haben diese Planungsvorhaben auf die Umwelt (vgl. auch Kap. 14.2), die Verkehrsbelastung, die Kapazität der Anlagen usw.?
- Erscheinen die Planungsvorhaben angesichts der Prognosen für die zukünftige Entwicklung der Branche und vor allem des Fahrtgebiets angemessen? Wie stellt sich die Konkurrenzsituation mit anderen Häfen in der Region dar? (vgl. World Bank 2006, S. 80).

5.3 Management-Modelle für die Eigentums- und Organisationsstruktur

Bei der Eigentumsform und der Organisationsstruktur von Häfen wird häufig zwischen der Hafeninfrastruktur und der Suprastruktur differenziert. Zur Infrastruktur gehören im Wesentlichen ortsfeste Hafenanlagen, d. h. Flächen und Verkehrswege. Die Suprastruktur umfasst alle (beweglichen und festen) Arbeitsmittel und Serviceeinrichtungen, die sich auf dem Hafengelände befinden (vgl. Biebig et al. 2008, S. 230). Tab. 5.1 gibt einen Überblick über wesentliche Komponenten der Infra- und Suprastruktur.

Die Organisationsform eines Hafens hängt von verschiedenen geografischen, wirtschaftlichen, politischen und historischen Faktoren ab. Dazu zählen u. a.:
- die geografische Lage des Hafens; innerhalb einer Stadt oder in einer ländlichen (strukturschwachen) Region,
- das Wirtschaftssystem und die sozioökonomische Struktur des Landes,
- die Art der umgeschlagenen Güter (unter der Berücksichtigung, dass zum einen an einem Makrostandort nicht nur Kreuzfahrtschiffe, sondern auch Frachtschiffe abgefertigt werden und zum anderen die Frachtschifffahrt in der Regel der Auslöser für die Entstehung des Hafens war),[11]
- die historische Entwicklung, etwa frühere koloniale Strukturen.

In der Vergangenheit haben sich vier Management-Modelle herausgebildet, in die die meisten Häfen eingeordnet werden können: Die Häfen im Eigenbetrieb der

Tab. 5.1: Bestandteile der Hafeninfrastruktur und Hafensuprastruktur (Quelle: Künstner 2008, S. 39).

Hafeninfrastruktur	Hafensuprastruktur
Seezufahrten	Passagierterminal
Hafenmolen	Transferanlagen
Schleusen	Kräne
Ankerplätze	Gabelstapler
Wasserbecken	Schlepper
Kaianlagen	Informations- und Souvenirstände
Grund und Boden	Geschäfte/Kioske
Flächenbefestigung	Gastronomie
Gleise	Toiletten
Straßen	Werkstätten
Strom- und Wasserleitungen	Müllentsorgungsanlagen

11 Eine Ausnahme bildet der Kreuzfahrthafen Saaremaa auf der gleichnamigen estländischen Insel. Dieser wurde erst 2006 eröffnet und besteht nur aus einer Pier für Passagierschiffe (vgl. Künstner 2008, S. 91).

öffentlichen Hand (*Service Ports*), autonome Häfen (*Tool Ports*), Gewerbegebietshäfen (*Landlord Ports*) und private Häfen (*Fully Privatized Ports* oder *Private Service Ports*). Die unterschiedlichen Modelle werden nachfolgend kurz erläutert. Sie unterscheiden sich im Wesentlichen durch die:

- Eigentumsverhältnisse der Flächen und Infrastruktur,
- Besitzverhältnisse von Suprastruktur und Ausrüstung,
- Ausübung der Dienstleistungen durch private oder staatliche Träger (oder beides),
- wirtschaftliche Ausrichtung, d. h. Verfolgung öffentlicher Versorgungsinteressen[12] oder privates Gewinnstreben,
- lokale, regionale oder globale Ausrichtung,
- Hafenverwaltung/Port Authority in staatlicher oder privater Hand (vgl. World Bank 2006, S. 81; Biebig et al. 2008, S. 231).

Service Port

In *Service Ports* bzw. *Häfen im Eigenbetrieb der öffentlichen Hand* besitzt, verwaltet und betreibt eine staatliche oder kommunale Aufsichtsbehörde den Hafen mitsamt aller Anlagen ohne jegliche Beteiligung von Privatunternehmen. Meistens geht dies mit einer zentralisierten Verwaltung einher, d. h., dass alle Häfen in einem Land von einem Verkehrsministerium o.ä. verwaltet werden. Diese Variante ist ein Relikt des Kommunismus und findet sich fast nur noch in planwirtschaftlich ausgerichteten (Entwicklungs-)Ländern wieder. Zahlreiche frühere Service Ports wurden im Laufe der Zeit in Landlord Ports umgewandelt. Der Vorteil eines staatlich betriebenen Hafens ist, dass alle Zuständigkeiten in einer Hand gebündelt sind. Problematisch sind oftmals die Inflexibilität öffentlicher Verwaltungsorgane und die langwierige Dauer von Veränderungsprozessen. Außerdem besteht die Gefahr von personeller und finanzieller Ressourcenverschwendung. Diese Ineffizienz wird auch dadurch verstärkt, dass es keinerlei standortinternen Wettbewerb zwischen verschiedenen Dienstleistungsanbietern gibt (vgl. World Bank 2006, S. 82; Biebig et al. 2008, S. 231).

Tool Port

Tool Ports oder *autonome Häfen* sind eine Weiterentwicklung der *Service Ports*. Die Hafenbehörde besitzt und verwaltet alle Anlagen, Gebäude und die Ausrüstung. Einige (individuell festgelegte) Aufgaben und Dienstleistungen werden jedoch an lizenzierte Privatunternehmen abgegeben, die diese dann im Auftrag der Hafenaufsichtsbehörde ausführen. Als ein Beispiel können die französischen *Ports Autonomes* angeführt werden.

---

12 Dazu kann auch gehören, die Tourismuswirtschaft in der Destination zu stärken.

Dadurch, dass sich alle Hafenanlagen in öffentlicher Hand befinden, werden auf der einen Seite unnötige Dopplungen und die gegenseitige Konkurrenz privater Anbieter vermieden. Auf der anderen Seite stehen die zumeist kleinen Privatfirmen in einem starken Abhängigkeitsverhältnis. Die größte Problematik dieser Organisationsform stellt die geteilte Verantwortung für das operative Geschäft dar. Private Firmen sind damit beauftragt, diese Leistungen anzubieten und durchzuführen, sie können aber nicht selbst über die Anschaffung, Instandhaltung oder den Austausch des dafür benötigten Equipments entscheiden, da dies in den Zuständigkeitsbereich der staatlichen Hafenbehörde fällt. Konflikte sind somit vorprogrammiert (vgl. World Bank 2006, S. 83; Biebig et al. 2008, S. 231).

Tool Ports stellen insbesondere einen Vorteil dar, wenn ein bis dato staatlicher Hafen (Service Port) zu einem Landlord Port transformiert werden soll. In dieser Situation bietet ein Tool Port eine gute Übergangslösung, da dieser privaten Unternehmen den Einstieg ermöglicht, ohne dass sie die benötigte Suprastruktur selbst finanzieren müssen (vgl. World Bank 2006, S. 82 f.).

Landlord Port

Das derzeit weltweit am weitesten verbreitete Modell ist der *Landlord Port* bzw. *Gewerbegebietshafen* und findet sich vor allem in großen und mittelgroßen Häfen wieder. Die Hafengrundstücke und seewärtigen Zufahrten befinden sich üblicherweise im Eigentum der öffentlichen Hand – zumeist einer Kommune oder einer Gebietskörperschaft. In der Regel verwaltet diese den Hafen durch die Port Authority bzw. Hafenbehörde, welche für die Infrastruktur verantwortlich ist und die Flächen an private Unternehmen verpachtet. Die Suprastruktur inkl. der meisten Gebäude gehört hingegen den privaten Unternehmen, die die Serviceleistungen anbieten (vgl. Mellwig 2011, S. 18 ff.).

Die größte Stärke dieses Modells ist, dass es die Vorteile von staatlicher und privater Organisation optimal verbindet und zugleich die jeweiligen Nachteile weitestgehend eliminiert: Um den immensen Flächenbedarf decken zu können, sind erhebliche finanzielle Mittel notwendig, die private Unternehmen zumeist nicht aufbringen können. Stattdessen kauft die öffentliche Hand die Flächen, wodurch zugleich das Risiko der Immobilienspekulation oder Zweckentfremdung des Geländes durch die privaten Investoren minimiert wird (vgl. *Fully Privatized Ports*). Im operativen Tagesgeschäft, d. h. bei der Abfertigung von Schiffen und der Bereitstellung der Serviceleistungen, ist die öffentliche Hand hingegen oft unflexibel und unwirtschaftlich. Diese Tätigkeiten werden sodann von der Privatwirtschaft übernommen.

Diese Aufteilung der Zuständigkeiten macht Landlord Ports besonders effizient: Die Unternehmen können relativ flexibel handeln und der Staat kann Entwicklungen durch gezielte Wirtschaftsförderungsmaßnahmen unterstützen. Durch Pachtverträge mit langen Laufzeiten wird den Firmen eine langfristige Perspektive geboten und es werden Anreize auch für größere Investitionen geschaffen. Die Abhängigkeit der Unternehmen von staatlichen Verwaltungsorganen ist geringer als bei den Tool Ports. Dadurch, dass sich das benötigte Equipment zumeist im Eigentum der jeweiligen Unternehmen befindet, wird zugleich das Konfliktpotenzial zwischen den beteiligten Akteuren minimiert. Ein wesentlicher Nachteil von Landlord Ports ist, dass es zu Überkapazitäten und dadurch bedingt zu einem Preisverfall für die Dienstleistungen kommen kann (vgl. World Bank 2006, S. 83; Biebig et al. 2008, S. 231).

Fully Privatized Port

Bei einem *Fully Privatized Port* oder auch *Private Service Port* handelt es sich um einen vollständig privatisierten Hafen. Dort befinden sich alle Infrastruktur- und Suprastruktureinrichtungen in Privatbesitz, inkl. der Hafenflächen. Das Modell bietet den Investoren ein Höchstmaß an Flexibilität, sodass diese schnell auf sich wandelnde Wettbewerbsbedingungen und auf veränderte Ansprüche der Kunden (z. B. der Reedereien) reagieren können. Allerdings geben Staat und Kommune mit der vollständigen Privatisierung des Hafens auch jegliche Möglichkeiten zur Einflussnahme auf, die über allgemeingültige gesetzliche Vorschriften für Unternehmen hinausgehen.

In zahlreichen Hafenstädten ist der Hafen nicht nur die wichtigste Triebkraft der lokalen Wirtschaft, sondern auch der größte (oder einer der größten) Arbeitgeber der Region. Wird dieser vollständig in die Hand privater Investoren und Betreiber gegeben, besteht die Gefahr, dass er in die Insolvenz getrieben wird, ohne dass der Staat Einfluss darauf nehmen kann. Ein weiteres Risiko ist die Monopolbildung, die auftreten kann, wenn ein privater Investor mehrheitlich Anteile an verschiedenen konkurrierenden Häfen erwirbt. Außerdem droht vor allem bei Häfen in Innenstadtlagen die Gefahr von Immobilienspekulation und Zweckentfremdung des Geländes, was wiederum mit einer Schwächung der allgemeinen Wirtschaft und dem Verlust von Arbeitsplätzen einhergehen kann. Im Extremfall kann eine vollständige Privatisierung großer und strategisch bedeutsamer Häfen auch die nationale Sicherheit beeinträchtigen, wenn diese fortan nicht mehr als Marinestützpunkte genutzt werden können. In Großbritannien und Neuseeland wurden alle Häfen nach diesem Modell privatisiert, in allen anderen Ländern stellen vollständig privatisierte Häfen eher die Ausnahme dar (vgl. World Bank 2006, S. 83; Biebig et al. 2008, S. 231).

Private Service Ports bieten jedoch auch einige Vorteile. Im Falle von Großbritannien waren die folgenden Argumente für die Privatisierung ausschlaggebend:

- Die alten Terminals und Anlagen stammten oft noch aus der Anfangszeit der Industriellen Revolution und bedurften einer dringenden Sanierung. Die Privatisierung sollte dazu beitragen, sie besser an die Bedürfnisse der Nutzer und Kunden anzupassen.
- Die Finanzierung sollte möglichst unabhängig von staatlichen Fördergeldern erfolgen.

– Die Hafenverwaltung sollte ein Höchstmaß an Rationalität und Effizienz besitzen.

Bei den *Service Ports* und den *Tool Ports* dient der (Kreuzfahrt-)Hafen in erster Linie der Wirtschaftsförderung und muss sich nicht wirtschaftlich selbst tragen. Durch die Hafengebühren u.v.m. müssen folglich keine Kosten gedeckt oder gar Gewinne erwirtschaftet werden. *Landlord Ports* dienen ebenfalls dem Gemeinwohl, müssen aber zugleich auch dem Gewinnstreben der beteiligten Privatunternehmen gerecht werden. Eine Besonderheit ist hier, dass die Hafenverwaltung bei diesem Modell zwar in der Regel nicht nach Gewinn strebt, aber unter Umständen dennoch zumindest kostendeckend arbeiten muss, wie es in Warnemünde und Kiel der Fall ist. *Fully Privatized Ports* sind nur den wirtschaftlichen Interessen ihrer Eigentümer oder den Aktionären der beteiligten Firmen verpflichtet (vgl. World Bank 2006, S. 81).

Tab. 5.2 gibt einen Überblick über die Eigentumsverhältnisse in den verschiedenen Modellen.

Tab. 5.2: Eigentumsstrukturen in den verschiedenen Management-Modellen (Quelle: Eigene Darstellung in Anlehnung an World Bank 2006, S. 85).

Modell	Infrastruktur	Suprastruktur	Dienstleister	Sonstige Funktionen
Service Port	staatlich	staatlich	staatlich	überwiegend staatlich
Tool Port	staatlich	staatlich	privat	staatlich/privat
Landlord Port	staatlich	privat	privat	staatlich/privat
Fully Privatized Port	privat	privat	privat	überwiegend privat

Der Landlord Port ist heutzutage die weltweit am meisten verbreitete Variante. Dabei agiert der öffentliche Sektor vor allem als Planer, Vermittler, Entwickler und Regulator, während private Firmen vor allem für die Bereitstellung der Dienstleistungen und das operative Geschäft zuständig sind (vgl. World Bank 2006, S. 72).

Tab. 5.3 listet zusammenfassend die wichtigsten Vor- und Nachteile der vier Management-Modelle auf.

Zusammenfassung

Trotz der zuvor angeführten Unterschiede können alle vier Häfen in die Kategorie der Landlord Ports eingeordnet werden, d. h. die Infrastruktureinrichtungen befinden sich im Eigentum einer staatlichen oder öffentlich-rechtlichen Institution, der Terminalbetrieb und das operative Geschäft liegen in den Händen privatwirtschaftlich agierender Unternehmen. Die Terminals und Hafenflächen in Rostock und Kiel gehören Firmen, die gemäß ihrer Geschäftsform beide privatrechtliche Gesellschaften sind. Inhaber bzw. Gesellschafter dieser Unternehmen sind wiederum staatliche Institutionen. Laut ihrer jeweiligen Satzung müssen sie zwar beide kosten-

Tab. 5.3: Überblick über Vor- und Nachteile der Management-Modelle (Quelle: Eigene Darstellung in Anlehnung an World Bank 2006, S. 84).

(Public) Service Port	**Tool Port**
Stärken: + Bündelung aller Zuständigkeiten und Aufgaben in einer Hand *Schwächen:* – keine oder nur minimale Beteiligung der Privatwirtschaft – Begünstigung ineffizienter Arbeitsweise durch den Mangel an standortinternem Wettbewerb – Ressourcenverschwendung und Risiko der Unterinvestition durch staatliche Abhängigkeit – mangelnde Kunden- oder Marktorientierung der angebotenen Dienstleistungen – Mangel an Innovationen	*Stärken:* + Vermeidung unnötiger Dopplungen, da öffentlicher Sektor sämtliche Investitionen tätigt *Schwächen:* – Entstehung von Konflikten und Problemen durch geteilte Verantwortung für das operative Geschäft zwischen öffentlicher Verwaltung und privaten Firmen – Risiko von Unterinvestition – Mangel an Innovationen
Landlord Port	**Fully Privatized Port**
Stärken: + operatives Geschäft vollständig in privatwirtschaftlicher Hand, Vermeidung des Problems der geteilten Verantwortung + Erhöhung der Loyalität privater Dienstleister durch eigene Investitionen in die Suprastruktur + effizientere Anpassung privater Firmen an Kundenbedürfnisse und sich ändernde Marktbedingungen *Schwächen:* – Risiko von Überkapazitäten (Preisverfall als Folge) – Erschwerung der zeitgenauen Steuerung der Kapazitäten aufgrund der Vielzahl an beteiligten Firmen	*Stärken:* + maximale Flexibilität hinsichtlich Investitionen und Arbeitsabläufen + keine direkte Einmischung der Gebietskörperschaften + bessere Orientierung der Hafenentwicklung und Preispolitik am Markt + oftmals höhere Wiederverkaufspreise für private Unternehmen nach erfolgter Sanierung der Anlagen + Begünstigung von Innovationen für die weitere Entwicklung durch privates Gewinnstreben *Schwächen:* – Verlust der Einflussnahme für Gebietskörperschaften auf die wirtschaftliche Entwicklung – Gefahr einer Monopolbildung – Gefahr von Immobilienspekulationen oder Zweckentfremdung des Geländes – hohe Kosten für die Gebietskörperschaften bei Rückkauf des Geländes

deckend wirtschaften und ihre Investitionen weitestgehend eigenfinanzieren, im Vordergrund steht jedoch nach wie vor die Entwicklung des Hafens als regionaler Wirtschaftsfaktor und nicht das private Profitstreben (vgl. Port of Kiel o.J.b, o.S.; Rostock Port, o.S.).

5.4 Privatisierung von Häfen – Beispiel Seehafen Rostock

Anhand des Rostocker Hafens wird im Folgenden exemplarisch erläutert, wie die Aufteilung der Eigentumsverhältnisse und Zuständigkeiten zwischen staatlichen und privatwirtschaftlichen Institutionen in der Praxis aussehen kann und wie sich diese im Zeitverlauf verändert haben. Zur DDR-Zeit war der Rostocker Hafen als sogenannter *Volkseigener Betrieb (VEB) Seehafen Rostock* organisiert, stand damit vollständig unter staatlicher Kontrolle. Im Mai 1990, kurz vor der deutschen Wiedervereinigung, wurde dieser Betrieb in eine Aktiengesellschaft umgewandelt, ein Jahr später in die Seehafen Rostock GmbH. Im Jahr 1994 erfolgte eine Aufteilung der Zuständigkeiten auf zwei neue und eigenständige Gesellschaften: die Seehafen Rostock Verwaltungsgesellschaft, die später unter dem Namen Hafenentwicklungsgesellschaft Rostock mbH (HERO) operierte und kürzlich in Rostock Port GmbH umbenannt wurde, sowie die Seehafen Rostock Umschlaggesellschaft (SHRU), heute Euroports Germany GmbH & Co. KG (vgl. Schlennstedt 2004, S. 131 f.).

Die Rostock Port GmbH ist Eigentümerin der Infrastruktur, d. h. des Geländes, der Kaianlagen und der Wasserflächen. Seit der erstmaligen Eröffnung des Passagier- und Kreuzfahrtterminals Rostock-Warnemünde im Mai 2002 ist sie außerdem Pächterin desselbigen. Gesellschafter dieses Unternehmens sind zu 74,9 % die Hansestadt Rostock und zu 25,1 % das Bundesland Mecklenburg-Vorpommern. Die Aufgaben dieser Gesellschaft sind die Entwicklung der Infrastruktur, die Verwaltung und Verpachtung der Flächen sowie die Vermietung der Immobilien. Sie ist außerdem dafür zuständig, durch die Ausarbeitung von neuen Konzepten, z. B. für die Hafenlogistik, die Wettbewerbsfähigkeit Rostocks zu erhalten bzw. weiter zu steigern. Eine weitere Aufgabe ist, die Zahl der im Hafen agierenden Unternehmen zu erhöhen und so den hafeninternen Wettbewerb auszubauen.

Euroports ist das führende Unternehmen für Hafenumschlag, Lagerung und Logistik im Rostocker Hafen. Mittels der Suprastruktur, d. h. der Hallen, Kräne, Silos u.v.m. führen die Gesellschaft und ihre Tochterfirmen einen Großteil des Warenumschlags im Rostocker Seehafen durch. Zwar kümmert sich eine der Tochterfirmen um die Abfertigung von Fährschiffen, einen direkten Bezug zur Kreuzschifffahrt gibt es jedoch nicht. Aus diesem Grund wird Euroports im Folgenden vernachlässigt. Zu erwähnen ist allerdings Folgendes: Mit der Aufteilung der Zuständigkeiten für die Verwaltung der Infrastruktur (Rostock Port GmbH) und den Bereich Suprastruktur (Euroports) unterscheidet sich die Organisationsstrategie des Rostocker Hafens deutlich von der des Kieler Hafens, wo nur eine einzige Gesellschaft für die verschiedenen Aufgabenbereiche zuständig ist (vgl. Schlennstedt 2004, S. 131 f.).

5.5 Einordnung der vier Häfen

Bezüglich ihrer Organisationsstruktur zeigen die vier analysierten Häfen einige Unterschiede. Die betreffen vor allem die Frage, wie viele unterschiedliche staatliche bzw. öffentlich-rechtliche Institutionen und privatwirtschaftliche Unternehmen an der Verwaltung der Hafenanlagen sowie der operativen Abwicklung der Anläufe beteiligt und wie die Zuständigkeiten aufgeteilt sind. Im Folgenden wird die gegenwärtige Organisationsform aller vier Häfen kurz erläutert:

Organisationsform Hamburg

In Hamburg sind diverse Institutionen und Unternehmen am Kreuzfahrtgeschäft beteiligt. Die Hamburg Port Authority, eine Anstalt öffentlichen Rechts, betreibt das Hafenmanagement der Stadt Hamburg und ist für alle behördlichen Belange des Hafens zuständig. Ihr gehören die meisten Infrastruktureinrichtungen im Hafengebiet, u. a. auch die Terminals in der Hafencity und in Altona (CC1 und CC2). Eigentümerin des Terminals Steinwerder (CC3) ist die im März 2014 gegründete CGH Terminaleigentumsgesellschaft mbH & Co. KG (TEG), die sich im Besitz der Hamburg Port Authority (51 % Anteil) und der Stadt Hamburg (49 %) befindet. Der zentrale Ansprechpartner für die Reedereien ist die Firma Cruise Gate Hamburg GmbH (CGH), die als Betreibergesellschaft aller drei Terminals fungiert. Sie wurde im September 2014 als Joint Venture der Hamburg Port Authority und der Flughafen Hamburg GmbH gegründet, seit Anfang 2016 ist sie eine 100-prozentige Tochtergesellschaft der Hamburg Port Authority.

Für die operativen Serviceleistungen wie das Handling des Passagiergepäcks und Versorgungsleistungen für die Schiffe hat das CGH Konzessionsverträge mit verschiedenen externen Anbietern geschlossen. Die Reedereien können zwischen diesen Dienstleistern frei wählen (vgl. Cruise Gate Hamburg 2014, o.S.). Das Standortmarketing bei den Reedereien ist einer der wesentlichen Ziele des Hamburg Cruise Net e.V. (HCN). Bei dem HCN handelt es sich um einen Zusammenschluss von mehr als 130 Unternehmen, die einen Bezug zum Kreuzfahrtstandort Hamburg haben (vgl. hierzu Kap. 13.1; vgl. hamburg.de GmbH & Co. KG 2016, o.S.).

Organisationsform Bremerhaven

In Bremerhaven sind das Kreuzfahrtterminal und das dazugehörige Gelände ebenso wie ein großer Teil der sonstigen Hafenflächen Eigentum der Stadt Bremen und als *stadtbremisches Überseehafengebiet Bremerhaven* ausgewiesen. Die allgemeine Verwaltung des Hafens obliegt der Bremenports GmbH & Co. KG, einer privatrechtlich organisierten Hafenmanagementgesellschaft, die sich zu 100 % im Besitz der Stadt Bremen befindet. Ihre Aufgaben sind die Entwicklung, der Ausbau und die Instandhaltung der Häfen in Bremen und Bremerhaven. Betreiber des Terminals und relevanter Akteur im Kreuzfahrtgeschäft ist das private Unternehmen Columbus Cruise Center Bremerhaven GmbH (CCCB): 43 % der Anteile hält die Stadt Bremen, die übrigen 57 % teilen sich sieben privatwirtschaftliche Gesellschafter, allesamt Firmen, die ein wirtschaftliches Interesse am Kreuzfahrtstandort Bremerhaven haben. Die operativen Schiffs- und Passagierdienstleistungen werden teils in Eigenregie, teils von externen Partnerunternehmen durchgeführt (vgl. Columbus Cruise Center 2016b, o.S.; Kamjunke-Weber 2016).

Eine Besonderheit Bremerhavens ist, dass der Terminalbetreiber CCCB seit 2012 in Wismar einen zweiten Standort betreibt: Das Columbus Cruise Center Wismar (CCCW). In der Fracht- und vor allem der Containerschifffahrt kommt eine solche Expansion häufiger vor. In der Kreuzschifffahrt hingegen ist sie in Europa bislang einmalig. Kap. 2.2 geht im Rahmen der Entwicklung Bremerhavens genauer auf diese Kooperation und die Vorteile ein, die sich dadurch für beide Häfen ergeben.

Organisationsform Kiel

Im Kieler Hafen gehört die Hafeninfrastruktur der Seehafen Kiel GmbH & Co. KG. Alleiniger Anteilseigner dieser Firma ist die Stadt Kiel. Im Vergleich zur Rostock Port GmbH ist sie jedoch stärker in die operative Abfertigung der Schiffe involviert. So bietet sie über die Tochterfirma *Port of Kiel Cruise* auch Serviceleistungen wie z. B. das Vertäuen der Schiffe und das Gepäckhandling für die Passagiere an. Allerdings verzichten die Hafenbetreiber auch hier bewusst auf eine Monopolstellung und kooperieren eng mit privaten Dienstleistungsunternehmen. So soll der hafeninterne Wettbewerb gestärkt und ein hoher Qualitätsstandard gesichert werden (vgl. Schlennstedt 2004, S. 77; Port of Kiel o.J.a, o.S.).

Organisationsform Rostock-Warnemünde

Wie vorab bereits beschrieben, ist die Rostock Port GmbH Eigentümerin der Hafeninfrastruktur. Am Umschlagsgeschäft ist diese nicht beteiligt. Die Leistungen werden von Drittfirmen angeboten, zwischen denen die Reedereien wählen können (vgl. Martin und Boekhoff 2015).

Zusammenfassung

Trotz der zuvor angeführten Unterschiede können alle vier Häfen in die Kategorie der Landlord Ports eingeordnet werden, d. h. die Infrastruktureinrichtungen befinden sich im Eigentum einer staatlichen oder öffentlich-rechtlichen Institution, der Terminalbetrieb und das operative Geschäft liegen in den Händen privatwirtschaftlich agierender Unternehmen. Die Terminals und Hafenflächen in Rostock und Kiel gehören Firmen, die gemäß ihrer Geschäftsform beide privatrechtliche Gesellschaften sind. Inhaber bzw. Gesellschafter dieser Unternehmen sind wiederum staatliche Institutionen. Laut ihrer jeweiligen Satzung müssen sie zwar beide kostendeckend wirtschaften und ihre Investitionen weitestgehend eigenfinanzieren, im Vordergrund steht jedoch nach wie vor die Entwicklung des Hafens als regionaler Wirtschaftsfaktor und nicht das private Profitstreben (vgl. Port of Kiel o.J.b, o.S.; Rostock Port, o.S.).

6 Kreuzfahrthäfen als touristische Destinationen

Destinationen bzw. Kreuzfahrthäfen spielen aufgrund ihres unterschiedlichen ursprünglichen und abgeleiteten Angebotes eine wichtige Rolle bei der Auswahl der Häfen zur Routenkonzeption. Dabei sind die ökonomischen, ökologischen und gesellschaftlichen Wechselwirkungen zwischen Stadt, Hafen und Umland von Bedeutung. Auch die Frage, in welcher Phase des Destinationslebenszyklus sich der Kreuzfahrthafen befindet, ist von besonderer Relevanz.

6.1 Ursprüngliches und abgeleitetes Angebot

Das touristische Angebot des Hafenhinterlandes kann wie in jeder Destination in ein ursprüngliches und ein abgeleitetes Angebot unterteilt werden. Dabei umfasst das ursprüngliche Angebot die geografischen, klimatischen und biologischen Rahmenbedingungen. Das abgeleitete Angebot ist die von Menschen geschaffene touristische Infrastruktur (vgl. Tab. 6.1).

Die Faktoren des ursprünglichen Angebots haben eine unterschiedliche Relevanz für die Wettbewerbsfähigkeit des jeweiligen Hafens: So stellt das Klima keinen differenzierenden Faktor dar, es ist in den vier Häfen nahezu gleich. Flora und Fauna sind zwar zum Teil unterschiedlich; für die meisten Passagiere spielt dieser Aspekt jedoch keine Rolle bei der Buchung einer Kreuzfahrt in diese Destinationen und damit auch nicht für die Reedereien. Gewässer können hingegen einen differierenden Aspekt ausmachen, da z. B. die Mecklenburgische Seenplatte im Hinterland von Warnemünde einen zusätzlichen touristischen Anreiz darstellt.

Ähnliches gilt für das abgeleitete Angebot: Die Beherbergung ist für Kreuzfahrtpassagiere (und -anbieter) nicht von Relevanz, da die Passagiere selbst bei Overnight-Stays auf dem Schiff nächtigen. Die einzigen Ausnahmen bilden hier

Tab. 6.1: Wichtige Bestandteile des ursprünglichen und abgeleiteten Angebots (Quelle: Eigene Darstellung in Anlehnung an Freyer 2015, S. 323, Biebig et al. 2008, S. 42 und Künstner 2008, S. 42).

Ursprüngliches Angebot	Abgeleitetes Angebot
Klima	Beherbergung und Gastronomie
Wetter	Sehenswürdigkeiten und Attraktionen
Luft	Touristisches Transportwesen
Landschaft	Touristischer Auskunftsdienst
Geländeformen	Orientierungswesen (z. B. Wegweiser)
Gewässer	Kultur-, Freizeit- und Unterhaltungsangebot
Flora und Fauna	Events
Ursprüngliche Infrastruktur	Wander- und Radwege

https://doi.org/10.1515/9783110480665-006

Vor- und Nachprogramme in den Turnaround-Häfen oder mehrtägige Ausflüge in eine weiter landeinwärts gelegene Destination (vgl. auch Kap. 4.3). Auch das Angebot an gastronomischen Betrieben spielt zunächst keine Rolle; lediglich bei Ausflügen.

Nach Schäfer (1998, S. 134) ist ein Hafen umso attraktiver für Kreuzfahrttouristen, je stärker das touristische Angebot vor Ort ausdifferenziert ist. Künstner (2008, S. 30 f.) unterscheidet in Anlehnung an Berger (2004, S. 29 ff.) sechs Gruppen von Attraktionen, die für Kreuzfahrtpassagiere von Interesse sind:

- historische Schauplätze,
- Wohnorte bekannter Künstler, Autoren und Wissenschaftler,
- Museen,
- Naturwunder,
- andere Kulturen,
- beeindruckende kleine Inseln, Strände und andere reizvolle Orte.

Die Ostsee ist ein typisches Revier für Kulturtouristen. Daher ist es wichtig, dass eine Destination in diesem Fahrtgebiet historische Schauplätze, kulturelle Sehenswürdigkeiten und interessante Museen bietet. In der Karibik hingegen sind vor allem exotische Inseln mit malerischen Landschaften und weitläufigen Badestränden für Kreuzfahrtpassagiere von besonderer Bedeutung.

Der Grundsatz, dass vielfältige touristische Attraktionen die Anziehungskraft einer Destination erhöhen, gilt in ähnlicher Weise auch für die gesamte Reise: Eine Kreuzfahrtroute ist für die Passagiere umso attraktiver, je unterschiedlicher die Häfen sind, die während der Reise angelaufen werden (vgl. Schäfer 1998, S. 132). Daraus lässt sich für einen Hafen folgende Strategie zur Positionierung ableiten: Zuerst ist das touristische Angebot in anderen (wichtigen) Häfen desselben Fahrtgebiets zu analysieren. Anschließend werden im Rahmen der Kommunikationspolitik die Unterschiede zu anderen Häfen bzw. die Andersartigkeit des eigenen Hafens betont. Kiel und Rostock-Warnemünde bilden beide als verhältnismäßig kleine und beschauliche Städte einen attraktiven Kontrast zu den großen Hauptstädten mit ihren vielfältigen Sehenswürdigkeiten.

Darüber hinaus hat sich auch das Angebot an organisierten Landausflügen im Zuge des Kreuzfahrtbooms erheblich verändert und ist wesentlich professioneller geworden: „Früher bot der Landgang hauptsächlich Stadtbesichtigungen und Volksgruppen, die traditionelle Tänze aufführten. Heute ist das Angebot für Ausflüge an Land wesentlich vielfältiger und reicht von der klassischen Stadtbesichtigung über Mountainbike-Touren, Geländefahrten, Tauchgänge, themenspezifische Ausflüge bis zu Rundflügen oder U-Boot-Fahrten. Es kann in der Regel zwischen Halbtages- und Ganztagesausflügen unterschieden werden, je nach Dauer des angebotenen Ausflugs." (Künstner 2008, S. 30) Der Umfang der Landprogramme, die in einem Hafen angeboten werden, ist auch ein Indiz für die Vielfalt der touristischen Attraktionen, die die Destination bietet (vgl. Lubatschowski 2000, S. 193).

6.2 Destinationslebenszyklus

Der Produkt-Lebenszyklus besagt, dass ein Produkt von seiner Entwicklung bis zu dem Zeitpunkt, an dem es wieder vom Markt genommen wird, verschiedene Phasen durchläuft. Die genaue Anzahl und Bezeichnung dieser Phasen variiert in der Literatur. Das ursprüngliche Modell des Harvard-Ökonomen Theodore Levitt aus dem Jahr 1965 beschreibt vier Phasen (market develoment, growth, maturity, decline). Andere Autoren unterscheiden fünf Phasen: Einführung, Reife, Sättigung, Stagnation und Verfall. Als Reaktion auf die letzte Phase, den Rückgang, kann ein Relaunch eingeleitet werden. Mit dieser Verjüngung soll die Lebensdauer des Produkts verlängert werden (vgl. Levitt 1965, S. 81 f.; Eisenstein et al. 2014, S. 64 f.).

Der Produktlebenszyklus kann nicht nur auf ein einzelnes Produkt, sondern auch auf Produktgattungen (z. B. klassische Mobiltelefone ohne Internetzugang) und Industrien übertragen werden (vgl. Eisenstein et al. 2014, S. 65). Dabei zeigen sich oft regionale Unterschiede: Während zum Beispiel die Autoindustrie ihre Sättigungsphase in Europa und Nordamerika bereits erreicht hat, befindet sie sich in Entwicklungsländern noch in der Wachstumsphase. Übertragen auf den weltweiten Hochsee-Kreuzfahrtmarkt bedeutet dies, dass sich dieser weiterhin in der Wachstumsphase befindet. Bei der Ermittlung regionaler Unterschiede ergeben sich zwei Betrachtungsansätze, die beide gleichermaßen von Bedeutung sind: Der erste Ansatz betrachtet die Zielgebiete und die Frage, wohin die Reisenden fahren. Dieser führt zum Destinationslebenszyklus, zunächst bezogen auf das Fahrtgebiet, dann auf einzelne Häfen. Der zweite Ansatz fokussiert auf die Quellmärkte der Passagiere. Dieser führt zur Analyse des Branchenlebenszyklus in den verschiedenen Quellmärkten auf der Welt, also z. B. den deutschen und den US-amerikanischen Kreuzfahrtmarkt.

Zunächst wird der Destinationslebenszyklus erläutert, da dieser für die Häfen von größerer Bedeutung ist. Im Anschluss wird der Lebenszyklus auf die Quellmärkte übertragen (vgl. auch Kap. 6.4). Schließlich sind auch die Entwicklungen auf den Quellmärkten für den Erfolg von Kreuzfahrtdestinationen von Bedeutung, insbesondere in der langfristigen Perspektive.

Die Zielgebiete der Kreuzfahrttouristen sind, ebenso wie andere touristische Regionen auch, einer stetigen Entwicklung unterworfen. Im Laufe der Zeit verändern sich die Ansprüche der Kunden, aber auch das Angebot an touristischen Attraktionen. Ein Fahrtgebiet kann sich weiterentwickeln, um so andere (oder weitere) Zielgruppen anzusprechen. Die Ostseeregion stellt ein geeignetes Beispiel für solche Veränderungen dar: Lange Zeit wurde sie vor allem von kleineren Reedereien mit traditionell kleinen oder mittelgroßen Schiffen befahren. Dementsprechend waren die Reisen im Hochpreissegment angesiedelt. Dies prägte auch das Image der Ostsee: Sie galt als Zielgebiet für gehobene Kreuzfahrten im klassischen Stil. In den vergangenen Jahren traten Anbieter mit größeren und günstigeren Schiffen in den dortigen Wettbewerb ein. Einhergehend mit den neuen Marktteilnehmern wurde das Fahrtgebiet zunehmend auch für jüngere und internationale Zielgruppen attraktiv (vgl. Haahti et al. 2013, S. 126). Durch diese Entwicklung hat die Region ihren wirtschaftlichen Erfolg und ihren Marktanteil erheblich gesteigert.

Die Zahl der Kreuzfahrten und Gäste in einer Region kann sich auch rückläufig entwickeln. So kann eine Destination für Reedereien und Reisende an Attraktivität verlieren, da sich zum einen die Bedürfnisse und Ansprüche der Urlauber ständig wandeln, und zum anderen, weil sich das Angebot in den Regionen stetig verändert. Ebenso kann eine Destination nicht uneingeschränkt Besucher aufnehmen, d. h. sie weist eine begrenzte touristische Tragfähigkeit auf. Nimmt die Zahl der Schiffe und Passagiere weiter zu, hat dies negative Auswirkungen sowohl auf die besuchten Destinationen (z. B. auf das Sozialgefüge der Einheimischen und/oder auf die Umwelt) als auch auf die Passagiere (z. B. durch einen gestörten Urlaubsgenuss).[13]

Als Erklärungsansatz zur langfristigen Entwicklung eines Fahrtgebiets kann Butlers Destinationslebenszyklus-Modell (*Tourist Area Cycle Of Evolution*) aus dem Jahr 1980 herangezogen werden. In Anlehnung an Levitts Produkt- und Unternehmenslebenszyklus beschreibt Butler (1980, S. 6 f.) die Entwicklung einer touristischen Destination als Lebenszyklus, der mit dem Markteintritt bzw. der Erschließung als touristische Region beginnt und mit dem weitgehenden Verfall des touristischen Interesses oder einem Relaunch des Angebots endet. Innerhalb dieses Zeitraums unterscheidet er sechs Phasen:

1. Exploration
2. Etablierung
3. Wachstum
4. Konsolidierung/Reife
5. Stagnation/Sättigung
6. Post-Stagnation: Verfall oder Erneuerung

Ein weiteres Modell, das die Entwicklung von touristischen Destinationen beschreibt, ist das Destinationsentwicklungs-Modell von Miossec aus dem Jahr 1976. Miossec teilt die fortschreitende Entwicklung in fünf Phasen ein. Im Gegensatz zu Butler beginnt er nicht mit der Entdeckung, sondern mit einer Vorphase (Phase 0), in der die Region noch völlig isoliert vom Tourismus ist. Die weiteren Stufen (Entdeckung, Entwicklung, Stabilisierung und Stagnation, Sättigung, Rückgang) verlaufen in etwa gleich zu den von Butler propagierten. Für jede dieser fünf Entwicklungsstufen beschreibt Miossec vier wesentliche Aspekte: Die Destination (Vorhandensein touristisch geprägter Orte), Verkehr, Anzahl der Touristen und Aufgaben der Tourismuspolitik (vgl. Freyer 2015, S. 456).

---

13 Diese Sättigungsphase wurde in der Karibik bereits vor einigen Jahren erreicht. Das veranlasste viele US-amerikanische Reedereien dazu, sich zunehmend anderen Zielgebieten zuzuwenden, um die weiter steigende Nachfrage angemessen bedienen zu können (vgl. Haahti et al. 2013, S. 131).

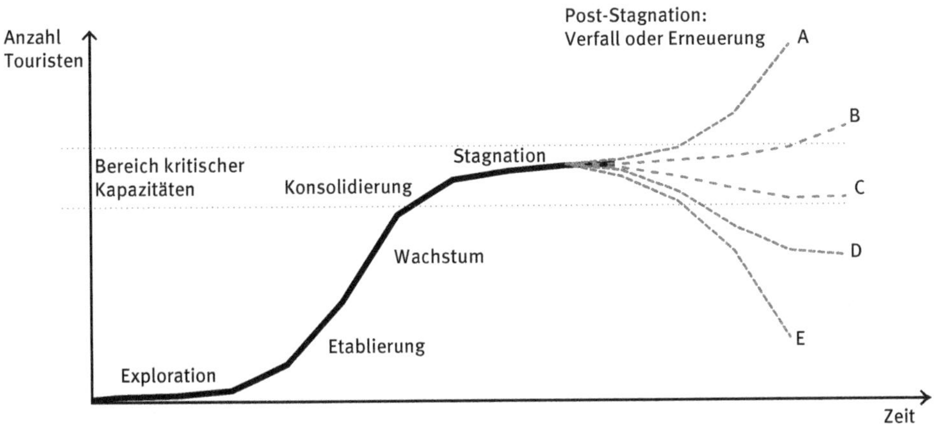

Abb. 6.1: Der Destinationslebenszyklus nach Butler (Quelle: Eigene Darstellung in Anlehnung an Butler 1980, S. 7).

Abb. 6.1 veranschaulicht Butlers Modell und stellt die zeitliche Abfolge der genannten Phasen dar. Die Grafik zeigt den Erfolg einer Destination (gemessen an der Anzahl der Touristen pro Zeiteinheit) im Verlauf des Lebenszyklus. Im Folgenden werden die einzelnen Phasen genauer erläutert.

Phase 1: Exploration

In dieser Phase kommen nur vereinzelt Besucher in das Zielgebiet, die es gewissermaßen *entdecken und erforschen*. Eisenstein et al. (2014, S. 67) beschreiben diese als „individualistisch-abenteuerorientierte Pioniere, die durch die Ursprünglichkeit und Unberührtheit der Natur und Kultur des Zielgebietes angezogen werden." In dieser ersten Entwicklungsstufe spielt der Tourismus in der Wahrnehmung der lokalen Bevölkerung, der Politik und der Wirtschaft in der Regel noch keine nennenswerte Rolle. Meistens ist die Stadt oder die Region gemäß ihres Selbstverständnisses noch gar keine *touristische Region*. Eine solche touristische Region ist per Definition ein Raum, den seine Bevölkerung, eine Planungsbehörde oder auch einzelne Unternehmen als geeignet für den Tourismus erklären. Für dieses Gebiet wird das Ziel verfolgt, es für den Tourismus zu optimieren und zu vermarkten (vgl. Bratl und Schmidt 1998, S. 5; Haedrich 1998, S. 6 ff.).

All das ist in diesem Stadium (noch) nicht der Fall. Ebenso wie die Anzahl der Touristen sind auch die durch den Tourismus generierte Wertschöpfung und weitere Effekte auf die lokale Wirtschaft sehr gering. Gleiches gilt auch für die ökologischen Belastungen, die durch den Tourismus ausgelöst werden. Es gibt noch keine tourismusspezifische Infrastruktur und es wurden auch noch keine Investitionen in diesem Gebiet getätigt. Dementsprechend sind nur wenige Übernachtungskapazitäten und noch keine auf den Tourismus ausgerichtete Verkehrsanbindung und

-erschließung vorhanden. In dieser Entwicklungsphase kann der Tourismus als potenzieller neuer Wirtschaftsfaktor begriffen werden. Dann müssen Politik und Wirtschaft die Chancen, Risiken und Kosten einer weiteren touristischen Erschließung der Region abwägen und sich für oder gegen eine touristische Entwicklung entscheiden (vgl. Eisenstein et al. 2014, S. 67).

Phase 2: Etablierung

Die Entscheidung *für* eine touristische Entwicklung markiert dann den Übergang in die zweite Entwicklungsphase. Ab diesem Zeitpunkt werden die Besuche von Auswärtigen nicht mehr nur hin-, sondern zunehmend als potenzielles Geschäftsfeld wahrgenommen, auch wenn die Wertschöpfung nur marginal ist. Die Anzahl der Besucher ist noch immer relativ gering, nimmt aber stetig zu. Mittlerweile kommen *regelmäßig* Touristen in die Destination, nicht nur vereinzelte Besucher. Das Beherbergungsangebot besteht zunächst noch vor allem aus privaten Unterkünften, es gibt aber zunehmend Bedarf an Betrieben der klassischen Hotellerie. Auch die Nachfrage nach Restaurants usw. steigt. Dadurch entstehen neue Arbeitsplätze. Die Einstellung der lokalen Bevölkerung gegenüber dem Tourismus (und den Besuchern selbst) ist in dieser Phase meist positiv. Schließlich wird mit dem Ausbau des Tourismussektors eine positive Wirtschaftsentwicklung für die Stadt oder die gesamte Region assoziiert, zumal nicht nur das Besucheraufkommen, sondern auch die Preise für touristische Leistungen kontinuierlich steigen. Hinzu kommt die Tatsache, dass bisher nur sehr geringe oder keine negativen gesellschaftlichen und ökologischen Auswirkungen zu spüren sind (vgl. Eisenstein et al. 2014, S. 67).

In der Destination entsteht eine Art *Aufbruchsstimmung*: In Wirtschaft und Gesellschaft bilden sich Initiativen, die die Entwicklung der touristischen Infrastruktur vorantreiben. Diese Initiativen fordern zunehmend die Unterstützung von Politik und öffentlicher Verwaltung. Dies betrifft zum einen die Planung und Verwirklichung von öffentlichen Infrastrukturprojekten (wie z. B. der Verkehrsanbindung), zum anderen auch die finanzielle Unterstützung bei privaten Initiativen. In dieser Phase wird überproportional viel investiert, um für Gäste attraktiver zu werden und Kapazitäten aufzubauen. Zur gleichen Zeit beginnen die Vermarktungsaktivitäten, mit denen vor allem der Bekanntheitsgrad erhöht werden soll. Anfänglich basieren diese Maßnahmen vor allem auf dem Eigenengagement lokaler Unternehmen. In dieser und der folgenden Entwicklungsphase wird das Marketing aber zunehmend professionalisiert und institutionalisiert, zum Beispiel durch die Gründung einer städtischen Tourismus- und/oder Marketing-Gesellschaft. Im Zuge dessen steigt auch das Marketingbudget (vgl. Eisenstein et al. 2014, S. 67 f.).

Spätestens zu diesem Zeitpunkt muss eine Strategie für die Positionierung der eigenen Destination auf dem touristischen Markt entwickelt werden: Welche Art von Reisenden sollen angesprochen, was kann diesen geboten und was muss noch getan werden, um das Angebot an die Zielgruppe anzupassen? In vielen Fällen ergibt sich die grobe Positionierung aus dem bereits vorhandenen ursprünglichen Angebot. Für einen Ort am Meer liegt oftmals die Vermarktung als Badedestination nahe; gibt es stattdessen eine historische und gut erhaltene Altstadt, erscheint eher die Ansprache von geschichts- und architekturinteressierten Städtereisenden lohnenswert.

Die Positionierung hat in der Regel langfristig Einfluss auf die Entwicklung der Destination. Hiermit wird gewissermaßen die Richtung vorgegeben, in die sie sich zukünftig bewegen will. In der *Involvement*- und der darauffolgenden *Development*-Phase bildet sich langsam jener Markt heraus, der später die Kernzielgruppe der Destination werden wird. Diese beiden Phasen können auch zur Wachstumsphase zusammengefasst werden.

Phase 3: Wachstum

In dieser Phase schreitet die Entwicklung sehr rasch voran: Charakteristisch für diese Entwicklungsstufe ist ein sehr schnelles, geradezu rasantes Wachstum. Innerhalb kürzester Zeit nimmt die Zahl der Touristen stark zu. Immer mehr Besucher strömen in die Destination, was die Entstehung eines Massenmarktes zur Folge hat. Diese Entwicklung wird dadurch begünstigt, dass die Preise für touristische Leistungen nach der Steigerung in der zweiten Phase nun stagnieren oder sogar wieder sinken (vgl. Eisenstein et al. 2014, S. 68). Inzwischen kommen nicht mehr nur Individualtouristen, sondern auch organisierte Gruppen. Ebenso werden immer mehr Reiseveranstalter auf das neue Zielgebiet aufmerksam und nehmen es in ihr Programm auf. Die Ausweitung des Individual- auf den Pauschal-Tourismus verschafft der Entwicklung einen zusätzlichen Schub.

Durch den Tourismus wird eine hohe Wertschöpfung generiert, die stetig zunimmt. Zugleich erreichen die Gewinne der touristischen Leistungsträger in dieser Wachstumsphase ihren Höchststand. Dies zieht zahlreiche auswärtige (und ausländische) Investoren an. Es werden permanent neue und verbesserte touristische Attraktionen geschaffen; das Angebot differenziert sich aus. Die Beherbergungskapazitäten werden erweitert, immer mehr und immer größere Hotels gebaut; die Verkehrsanbindung wird verbessert. Ihren strategischen Fokus legt die Destination zu Beginn dieser Phase vor allem auf die Marktdurchdringung, später wird zusätzlich die Differenzierung des Angebots angestrebt (vgl. Eisenstein et al. 2014, S. 68). Erst jetzt sind ausreichend finanzielle (und personelle) Ressourcen vorhanden, um Attraktionen für verschiedene touristische Zielgruppen zu schaffen und diese jeweils zielgruppenorientiert zu vermarkten.

Die Kehrseite dieser Phase ist, dass die hohe Zahl an Besuchern und vor allem deren rasche Zunahme nun spürbare negative ökologische und gesellschaftliche Effekte mit sich bringen. Außerdem kann es temporär zu Überlastungen, beispielsweise des öffentlichen Nahverkehrs, kommen. Das führt häufig dazu, dass sich die zuvor positive Einstellung der lokalen Bevölkerung zum Incoming-Tourismus verschlechtert. Unter bestimmten Umständen droht diese sich in das Gegenteil zu verkehren. Der Legitimationsdruck auf die Politik wächst, die touristische Entwicklung trotz aller auftretenden Probleme zu rechtfertigen. Zugleich kommt es immer häufiger zu Interessenkonflikten zwischen den einzelnen Anspruchsgruppen (z. B. durch den Bau neuer Hotels). Solche Konflikte können oft nur politisch, durch Gesetze und Verordnungen, gelöst werden. An dieser Stelle ist nicht nur die Politik, sondern auch die Destinationsmanagement-Organisation (DMO) gefordert: Durch eine gute Koordination der Leistungsträger und eine sinnvolle Besucherlenkung lassen sich zahlreiche Probleme entweder lösen oder zumindest abmildern (vgl. Eisenstein et al. 2014, S. 68).

Phase 4: Konsolidierung/Reife

Nach einer Phase des starken Wachstums verlangsamt sich die Entwicklung der Destination wieder spürbar. Die absolute Zahl der Besucher steigt weiter, die Wachstumsrate flacht allerdings merklich ab. Die bis dato sehr hohe Wettbewerbsfähigkeit der Destination lässt langsam nach. Das strategische Hauptziel in dieser Phase ist es, den zuvor erworbenen Marktanteil zu halten. In der Development-Phase hat sich die Tourismusindustrie auf lokaler Ebene zu einem wichtigen Wirtschaftszweig entwickelt, zumal er oftmals einer der wichtigsten oder sogar der wichtigste Arbeitgeber ist. Dessen Wirtschaftskraft soll unbedingt und möglichst langfristig erhalten bleiben. Zusätzlich wird versucht, eine eigene Marke aufzubauen, mit der sich die Stadt oder Region von anderen Zielgebieten abhebt (vgl. Eisenstein et al. 2014, S. 69). Infolge der vorhergehenden Segmentierung des Angebots wird die Destination von unterschiedlichen Zielgruppen wahrgenommen und besucht. Für den Aufbau einer Marke kann es nun wichtig sein, seine Marketingaktivitäten auf die wichtigsten Zielgruppen zu fokussieren.

Häufig ändert sich in dieser Phase auch die Wahrnehmung der Destination durch die Touristen und deren Reisemotive. Kamen sie früher vor allem wegen des ursprünglichen Angebots, so können nun künstlich geschaffene Attraktionen in den Vordergrund treten. Das zeigt sich darin, dass in dieser Phase etwa Erlebniswelten und andere speziell für Touristen geschaffene Freizeiteinrichtungen eine immer wichtigere Rolle einnehmen. In der Konsolidierungsphase sind die Bestandteile des touristischen Angebots in ausreichendem Maß vorhanden und gut ausgebaut, sodass nicht mehr viel in deren Ausweitung investiert wird (eine Ausnahme bilden oftmals die Beherbergungskapazitäten) (vgl. Eisenstein et al. 2014, S. 69).

Problematisch ist, dass oftmals der Blick für notwendige Anpassungen des Angebots an geänderte Ansprüche verloren geht, da die Destination mit ihrem jetzigen Angebot (noch) sehr erfolgreich im Markt agiert. Auch spielt die Suche nach Innovationen eine weniger große Rolle, da die Wertschöpfung in der Destination bereits hoch ist. Zur gleichen Zeit sorgen die (sich eventuell noch weiter verstärkenden) negativen ökologischen und gesellschaftlichen Effekte dafür, dass die Unzufriedenheit und die konträre Haltung einiger Anspruchsgruppen vor Ort sich weiter manifestiert. Dadurch sinkt ihre Kooperationsbereitschaft und es steigt die Wahrscheinlichkeit, dass sie versuchen, die touristische Entwicklung der Region aktiv zu behindern oder zu boykottieren: Dies in einer Phase, in der der Konkurrenzdruck durch andere Destinationen zunimmt und somit eine gute Zusammenarbeit zwischen allen Beteiligten immer wichtiger wird, um im Wettbewerb bestehen zu können (vgl. Eisenstein et al. 2014, S. 69).

Phase 5: Stagnation/Sättigung

Nach der Konsolidierungs- folgt die Stagnationsphase. Beide Phasen werden in der Literatur zur Reife- oder Sättigungsphase zusammengefasst. In dieser treten vermehrt Anzeichen für eine Sättigung der Nachfrage auf: Die Besucherzahlen steigen nicht weiter, sondern stagnieren auf hohem Niveau. Einige Zielgruppen wenden sich vermehrt anderen Reisezielen zu. Die künstlich geschaffenen Attraktionen dominieren in der Wahrnehmung und den Interessen der Besucher deutlich vor den ursprünglichen. Bei der Verkehrsinfrastruktur sind kaum noch Verbesserungen möglich. Der massive Ausbau der Beherbergungseinrichtungen in früheren Entwicklungsphasen führt nun zu Überkapazitäten. Die Wertschöpfung sinkt, ebenso die Preise. Zudem werden oftmals weniger Investitionen getätigt, was Verfallserscheinungen nach sich ziehen kann (vgl. Eisenstein et al. 2014, S. 69 f.).

Strategische Ziele dieser Phase liegen in der Verteidigung des Marktanteils, der Verbesserung der Wettbewerbsposition und darin, die ehemals höhere Wettbewerbsfähigkeit zurückzuerlangen. Die Destination und ihr Image sind zwar im Markt etabliert, das mit ihr assoziierte Angebot sehen Touristen jedoch zunehmend als veraltet an. Innerhalb der Destination gestaltet sich die Kooperation zwischen den verschiedenen Anspruchsgruppen zunehmend schwieriger (vgl. Eisenstein et al. 2014, S. 69 f.).

Phase 6: Post-Stagnation – Verfall oder Erneuerung

Nach der Stagnationsphase gibt es verschiedene Entwicklungsmöglichkeiten für den weiteren Verlauf des Destinationslebenszyklus. Diese reichen von einem (mehr oder weniger vollständigen) Verfall (*Decline*) des touristischen Interesses bis zu einer Verjüngung (*Rejuvenation*) oder einer Neuausrichtung (*Relaunch*), wobei die beiden letztgenannten eine neue Erfolgswelle auslösen können. Entscheidend für die weitere Entwicklung ist vor allem, ob und inwiefern es gelingt, mit den verfügbaren Ressourcen (beispielsweise Finanzmittel und Umweltpotenziale) und den erworbenen Kompetenzen (Fachkompetenzen, Management-Kompetenzen, Kooperationsfähigkeit usw.) im Wettbewerb Marktanteile zurückzuerobern (vgl. Eisenstein et al. 2014, S. 70 f.).

Reichen die Ressourcen und/oder Kompetenzen nicht mehr aus, kommt es in der Folgezeit zu einem kontinuierlichen Verfall: Die Zahl der Gäste und der Übernachtungen sinkt, Zielgruppen wandern in andere Urlaubsregionen ab. Der räumliche Einzugsbereich der Destination wird kleiner. Mit der weiter abnehmenden Wettbewerbsfähigkeit sinken auch die Preise für touristische Leistungen und ihre Wertschöpfung. Aufgrund der geringen Nutzung wird zunehmend weniger Geld in die Erneuerung der Infrastruktur investiert. Einige touristische Einrichtungen werden geschlossen oder fortan für andere Zwecke genutzt. Diese negative Entwicklung kann zu einer Abwärtsspirale führen: Die rückläufige Nachfrage führt zu einer Verkleinerung des Angebots. Diese Einschränkungen ziehen wiederum einen weiteren Nachfragerückgang nach sich. Ein Beispiel hierfür ist Lloret de Mar an der Costa Brava (vgl. Eisenstein et al. 2014, S. 70).

Konnte die Destination hingegen Kompetenzen aufbauen und sind ausreichend Ressourcen verfügbar, kann eine Rejuvenation oder ein Relaunch ihres Angebots erfolgen. Im Fall einer Verjüngung soll das Angebot an die veränderten Bedürfnisse jener Zielgruppen angepasst werden, die bereits zuvor (und ehemals sehr erfolgreich) angesprochen wurden. Bei einer Neuausrichtung steht eine Abwandlung des Angebots im Vordergrund, durch die neue Zielgruppen angesprochen werden sollen. Im Extremfall versucht die Destination ein neues Image aufzubauen. Ein solch drastischer Kurswechsel kann vor allem dann sinnvoll oder sogar notwendig sein, wenn die Destination mit einer Art von Tourismus in Verbindung gebracht wird, die auf andere Reisende eine abschreckende Wirkung hat.

Ein positives Beispiel für einen erfolgreichen Relaunch stellt Mallorca dar. Diese Insel hat sich in den letzten Jahren erfolgreich von einer reinen Party-Destination zu einem sehr vielseitigen Urlaubsziel für unterschiedlichste Zielgruppen entwickelt: Kulturinteressierte, Wanderer, Badeurlauber, Golfer und nach wie vor Feierfreudige. Möglich wurde dies durch einen Strategiewechsel hin zu einem Qualitätstourismus. So ist es auch gelungen, eine zunehmende Zahl von Kreuzfahrtreedereien zu regelmäßigen Besuchen der Insel zu animieren.

Für eine erfolgreiche Neupositionierung im Markt müssen neue, möglichst innovative Besuchsanreize geschaffen werden. Dies kann entweder durch die Schaffung zusätzlicher künstlicher Attraktionen erreicht werden oder durch die Einbeziehung bisher ungenutzter natürlicher oder kultureller Potenziale (vgl. Eisenstein et al. 2014, S. 71).

Zwischen den beiden hier genannten Entwicklungsmöglichkeiten in der Post-Stagnationsphase gibt es diverse Variationen. In Abb. 6.1 sind einige davon exemplarisch dargestellt (markiert mit den Buchstaben A–E). Kurve A zeigt den Fall einer erfolgreichen Erneuerung/Verjüngung. Kurve E stellt den zuerst beschriebenen Fall dar: den zunehmenden Zerfall des touristischen Marktes. Die Kurve D symbolisiert folgendes Szenario: Nach der Stagnationsphase fällt die Nachfrage zunächst relativ stark ab. An einem bestimmten Punkt wird dieser Abwärtstrend jedoch gestoppt und ein erneuter Aufschwung tritt ein. Diese Entwicklung kann beispielsweise durch eine Innovation seitens der DMO oder eines anderen Akteurs in der lokalen Tourismusindustrie ausgelöst werden. Manchmal geschieht dies auch eher zufällig, indem die Touristen an etwas Gefallen finden, dem vorher niemand Beachtung geschenkt hat.

Wenn einer Destination in dieser Phase ein erfolgreicher Relaunch gelingt, bedeutet dies nicht zwangsläufig einen dauerhaften Erfolg. Es kann sich auch nur um eine relativ kurzfristige Wiederbelebung der Destination handeln, auf die eine erneute Degenerationsphase folgt. Ob diese Neupositionierung zu langfristigem Erfolg führt, hängt von diversen Wettbewerbsfaktoren ab. Einer der wichtigsten ist, ob und wie schnell diese neuen Attraktionen von den anderen, konkurrierenden Destinationen nachgeahmt werden können. Im besten Fall gelingt es, ein Alleinstellungsmerkmal aufzubauen, mit dem zumindest eine bestimmte und ausreichend große Zielgruppe angezogen werden kann (vgl. Eisenstein et al. 2014, S. 71).

6.3 Einflüsse interner Wechselwirkungen auf den Destinationslebenszyklus

Bei industriellen Produkten wird der Lebenszyklus vor allem von der Konkurrenz und Veränderungen in der Nachfrage beeinflusst. Ein gutes Beispiel hierfür ist die Smartphone-Industrie. Auf der einen Seite zwingen die Innovationen eines Anbieters seine Konkurrenten, ebenfalls mit Innovationen und technischen Verbesserungen nachzuziehen, auf der anderen Seite verändern sich die Ansprüche der Nachfrager.

Der Lebenszyklus einer touristischen Destination wird zusätzlich auch von internen Faktoren beeinflusst. Dies sind die ökonomischen, ökologischen und gesellschaftlichen Wechselwirkungen. Sie sind weitestgehend unabhängig von der Konkurrenzsituation und den Bedürfnissen der Nachfrager, trotzdem können sie die Entwicklung einer Destination erheblich beeinflussen, z. B. den Aufschwung verstärken oder den Rückgang der Nachfrage beschleunigen (vgl. Bieger 2013, S. 98). Im Folgenden werden diese ausführlicher und anhand von Beispielen erläutert.

Ökonomische Wechselwirkungen

Ein aufstrebender Kreuzfahrthafen verzeichnet eine steigende Zahl von Anläufen. Um der steigenden Nachfrage gerecht zu werden, wird ein größeres und moderneres Terminal gebaut. Dies wiederum zieht weitere Reedereien an, die fortan ebenfalls diese Destination in ihre Routen aufnehmen. Ein Beispiel dafür ist der Beginn des Kreuzfahrtbooms in Hamburg, der durch einen Anlauf der Queen Mary 2 im Jahr 2004 ausgelöst wurde (vgl. auch Kap. 2.1). Der wirtschaftliche Niedergang einer Stadt/Region, wenn beispielweise Freizeiteinrichtungen, Geschäfte u. a. schließen, kann hingegen zu einer Verödung führen, sodass diese auch von Kreuzfahrtpassagieren als unattraktiv wahrgenommen wird. In der Folge meiden Reedereien diese Destination fortan und nehmen sie aus ihrem Routing.

Einer besonderen Gefährdung unterliegen Kulturdenkmale und Welterbestätten. Deren Instandhaltung erfordert einen hohen finanziellen Mittelaufwand. Europaweit werden die staatlichen Ausgaben für Kultur immer stärker gekürzt. Ein bekanntes Beispiel dafür ist Italien. Das Land ist reich an kulturellen Welterbestätten, wie dem Kolosseum in Rom und der Ruinenstadt Pompeji. Beide stellen Touristenmagnete dar, auch für Kreuzfahrtpassagiere, doch landesweit wurden die staatlichen Mittel für den Erhalt solcher kulturellen Güter erheblich verringert. So verfielen die Gemäuer Pompejis so stark, dass sogar die Schließung drohte. Dies hätte für die jeweilige Destination und auch für die Kreuzfahrthäfen Civitavecchia bzw. Neapel sicherlich zu irreparablen Imageschäden und starken Rückgängen der Anlauf- und Besuchszahlen geführt. Die Rettung kam vor wenigen Jahren von unerwarteter Seite: Große italienische Modemarken und Luxuskonzerne nahmen sich dem Thema Kultursponsoring an und unterstützen seitdem öffentlichkeitswirksam die Restaurierung und Instandhaltung historischer Bauwerke. Ein Beispiel hierfür ist Diego Della Valle, der mit seiner Schuhmarke Tod's die Restaurierung des Kolosseums finanziert (vgl. Namuth 2011, S. 26).

Ökologische Wechselwirkungen

In der jüngeren Vergangenheit hat die Nachhaltigkeit und damit der Umweltschutz für Touristen zunehmend an Bedeutung gewonnen. Somit sind auch Umweltsiegel immer wichtiger geworden. Die Destinationen reagieren darauf, indem sie zunehmend in Nachhaltigkeits- bzw. Umweltschutzprojekte investieren. Damit kann die Attraktivität gesteigert und zusätzliche Besucher angezogen werden. Dies generiert höhere Einnahmen, von denen wiederum ein Teil in weitere Maßnahmen investiert werden kann und sollte. Als positives Beispiel kann der Nationalpark Wattenmeer, der sich über weite Teile der deutschen Nordseeküste erstreckt, angeführt werden.

Gesellschaftlichen Wechselwirkungen

Diese beziehen sich in erster Linie darauf, wie die Einheimischen auf den Besuch der Touristen reagieren, insbesondere dann, wenn die Anzahl der Gäste stetig zunimmt. Dies steht in engem Kontext einer weitsichtigen Tourismuspolitik und eines nachhaltigen Destinationsmanagements. Haben die Einheimischen das Gefühl, dass sie von dem erhöhten Besucheraufkommen profitieren, beispielsweise durch den Ausbau des öffentlichen Nahverkehrs oder dem Mehrangebot an öffentlichen Veranstaltungen, stehen sie dem Tourismus in der Regel positiv gegenüber. Im Gegensatz dazu kann eine steigende Nachfrage im Tourismus auch eine Ablehnungshaltung hervorrufen. Dies ist der Fall, wenn der Tourismus negative Auswirkungen auf Mieten und Lebenshaltungskosten vor Ort (z. B. Sylt) hat, oder wenn die Tragfähigkeit einer Destination überschritten ist und folglich die Nutzung der touristischen Infrastruktur mit Einschränkungen für die Einheimischen verbunden ist.

Die Auswirkungen dieser gesellschaftlichen Wechselwirkungen können gravierend sein, im positiven Sinne, indem sich die Bewohner um Gastfreundschaft bemühen und eine Art Botschafterfunktion einnehmen, um ihre Stadt oder Region bekannter zu machen. Vor allem aber auch im negativen Sinne, indem neue Investitionen in touristische Projekte durch Proteste, gerichtliche Klagen oder ähnliches verzögert oder gestoppt werden. Ein aktuelles Beispiel, das die Stärke dieser gesellschaftlichen Wechselwirkungen sehr anschaulich zeigt, ist Hamburg. Dort stoppte im Jahr 2015 ein Volksentscheid die Bewerbung der Stadt für die Olympischen Sommerspiele 2024.

Ein weiteres Beispiel für gesellschaftliche Wechselwirkungen zeigt sich derzeit an der Copacabana in Rio de Janeiro. Das berühmteste Viertel der Stadt sorgte bis vor kurzem für negative Schlagzeilen: Es galt als anrüchig, als Hochburg des Sextourismus und des Drogenhandels. Um neue Zielgruppen anzusprechen, musste die Stadt Rio de Janeiro diese Aktivitäten zunächst weitestgehend aus dem öffentlichen Leben im Viertel verdrängen. Um das Image zu verändern, schloss die Stadtverwaltung zahlreiche zwielichtige Lokale und Diskotheken; an ihrer Stelle befinden sich nun Cafés, Restaurants und Boutiquen. Die Anwohner des Viertels unterstützen diesen Wandel. Das Engagement der Bürger hilft, die Veränderung voranzutreiben und erhöht zugleich die Akzeptanz neuer touristischer Projekte (vgl. Käufer 2016, S. 8).

Obige Ausführungen haben gezeigt, dass die Entwicklung einer Destination sowie die Umwelt, die Gesellschaft und die Ökonomie sich gegenseitig und fortlaufend beeinflussen. Bei der Betrachtung des touristischen Entwicklungsstands und des Lebenszyklus einer Destination muss diesen Wechselwirkungen Rechnung getragen werden. Ihr Einfluss zeigt sich insbesondere am Ende des Lebenszyklus, wenn die Destination zunehmend an Marktanteilen verliert. Im Destinationsmanagement ist ein solcher Relaunch aufgrund der starken gesellschaftlichen, ökologischen und ökonomischen Einflüsse deutlich schwieriger (vgl. Bieger 2013, S. 100).

Primat der Ökonomie

Alle drei genannten Wechselwirkungen können folglich die Entwicklung einer touristischen Destination positiv oder negativ beeinflussen, da sie allesamt Einfluss auf die Tourismuspolitik vor Ort nehmen. Zu beachten ist jedoch, dass im Rahmen der Tourismuspolitik das sogenannte Primat der Ökonomie gilt. Unabhängig davon, ob Probleme im Tourismus im Kontext der Sozialpolitik, Umweltpolitik oder beispielsweise der Landesplanung diskutiert werden, stehen ökonomische Überlegungen stets im Vordergrund (vgl. Freyer 2015, S. 458). Das bedeutet, dass in den allermeisten Fällen den ökonomischen Auswirkungen einer Entscheidung eine höhere Bedeutung beigemessen wird als den ökologischen, gesellschaftlichen o. a. In Bezug auf Kreuzfahrthäfen und -destinationen bedeutet dies, dass gewinnsteigernde Maßnahmen wie eine Erweiterung der Hafenflächen oder die Akquirierung von immer mehr Besuchern oftmals auch dann umgesetzt werden, wenn die Umwelt und/oder die lokale Bevölkerung darunter leiden.

6.4 Branchenlebenszyklus der Quellmärkte

Neben dem Destinationslebenszyklus der Zielgebiete ist auch der Branchenlebenszyklus der Kreuzfahrtindustrie in den verschiedenen Quellmärkten eine nähere Betrachtung wert.

Zunächst zeigt Abb. 6.2 die Entwicklung des Marktvolumens von 2005 bis 2015 in absoluten Passagierzahlen pro Jahr.

Aktuelle Statistiken über die verschiedenen Quellmärkte offenbaren, dass die Branche weltweit wächst, allerdings mit sehr unterschiedlicher Intensität. Abb. 6.3 zeigt die Entwicklung der Passagierzahlen aufgeschlüsselt nach deren Herkunftsregion.

Die Grafik zeigt, dass die Mehrheit der Passagiere aus den nordamerikanischen Quellmärkten kommen. Innerhalb dieser Gruppe stammt das Gros der Gäste aus den USA. Im Jahr 2014 waren 92 % der nordamerikanischen Kreuzfahrer US-Amerikaner, nur ca. 7 % kamen aus Kanada (vgl. CLIA Global 2015, S. 9). Im Zeitraum von 2005 bis 2015 ist der nordamerikanische Quellmarkt von 10 auf 12 Mio. Passagiere pro Jahr um insgesamt ca. 20 % gewachsen. Die zweitgrößte Gruppe bilden die europäischen Passagiere.[14] Deren Zahl hat sich in der Zeit mehr als verdoppelt, von 3,2 auf 6,6 Mio. Gäste pro Jahr.

Innerhalb Europas sind Deutschland und Großbritannien die beiden größten Quellmärkte, die beide jeweils ca. 25–30 % des jährlichen europäischen Passagieraufkommens generieren (vgl. CLIA Europe 2016b, S. 11). 2014 hat Deutschland Großbritannien bei den Passagierzahlen überholt (1,77 Mio. aus Deutschland, 1,64 Mio. aus Großbritannien). Seitdem ist Deutschland der größte europäische Quellmarkt und, hinter den USA, der zweitgrößte nationale Markt der Welt. 2016 übertraf die Nachfrage in Deutschland zum ersten Mal die 2-Millionen-Marke.

Für die Zukunft wird weiteres Wachstum prognostiziert. Einige Branchenexperten erwarten bereits bis 2020 ein Wachstum auf drei Mio. deutsche Passagiere pro Jahr. Laut Eichhorn, CEO von AIDA Cruises, wird die Geschwindigkeit des weiteren Wachstums teilweise auch von den Kapazitäten abhängen, die internationale Reedereien dem deutschen Kreuzfahrtmarkt zur Verfügung stellen. So hat z. B. Costa Crociere bereits fünf Schiffe nach China verlagert (vgl. Hildebrandt und Lassmann 2017, S. 27).

Um mittelfristig weiteres Wachstum zu generieren, müssen neue Zielgruppen erschlossen werden, da sich die Reiseintensität der Bestandskunden nach Ein-

14 Europa bezeichnet hier alle europäischen Staaten (auch Nicht-EU-Mitglieder) inkl. Russland.

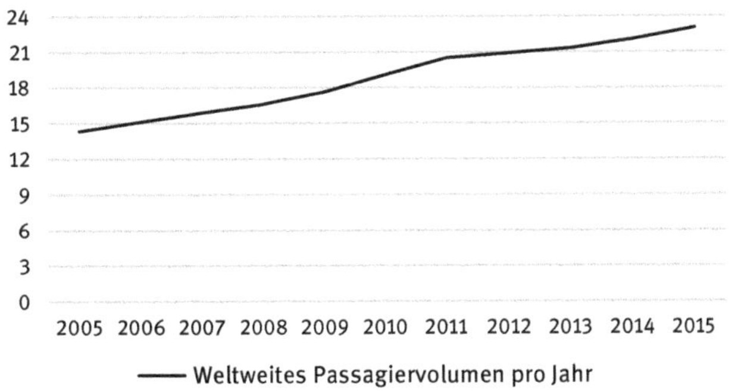

Abb. 6.2: Entwicklung der weltweiten Passagierzahlen 2005 bis 2015 (in Mio. p.a.) (Quelle: Eigene Darstellung nach European Cruise Council 2012, S. 12 und CLIA Europe 2016b, S. 11).

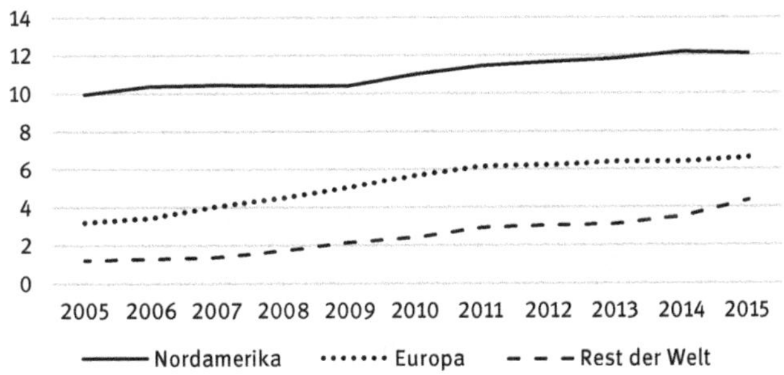

Abb. 6.3: Anzahl an Kreuzfahrtpassagieren nach Herkunftsregion (in Mio. p.a.) (Quelle: Eigene Darstellung nach European Cruise Council 2012, S. 12 und CLIA Europe 2016b, S. 11).

schätzung von Eichhorn kaum noch erhöhen wird. Er argumentiert, dass das hohe Marktwachstum in Nordeuropa auf neue Kundenschichten zurückzuführen ist. Neben den klassischen Pauschalreisenden, die eher auf Mittelmeerrouten fahren, werden dort auch solche Kunden erreicht, die bisher selbstorganisierten Ferienurlaub in Skandinavien gemacht haben (vgl. Hildebrandt und Lassmann 2017, S. 27 f.).

Weitere wichtige Quellmärkte in Europa sind Italien (ca. 12–13 % der gesamteuropäischen Nachfrage), Frankreich (ca. 8–10 %) und Spanien (ca. 7–8 %). Während die französischen und spanischen Märkte in den letzten Jahren weiter gewachsen sind, war auf dem italienischen Markt ein leichter Rückgang der Passagierzahlen zu verzeichnen (vgl. CLIA Europe 2016b, S. 11).

Die kleinsten, aber zugleich am schnellsten wachsenden Quellmärkte sind die unter *Rest der Welt* zusammengefassten Staaten und Regionen. Diese Gruppe enthält mehrere Länder, die derzeit an der Schwelle zu wichtigen Kreuzfahrtmärkten stehen. Dieser Trend kann unter anderem auf den wachsenden Wohlstand der Bevölkerung in vielen Schwellenländern zurückgeführt werden. Die größten Ein-

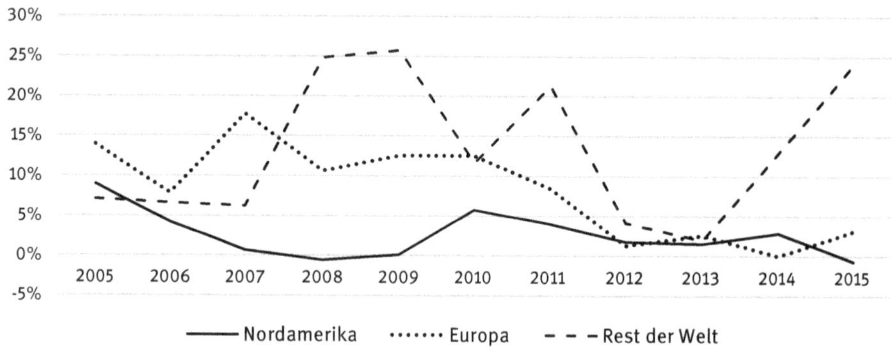

Abb. 6.4: Prozentuale Änderungsraten der Passagierzahlen im Zeitverlauf (Quelle: Eigene Berechnung auf Grundlage von European Cruise Council 2012, S. 12 und CLIA Europe 2016b, S. 11).

zelmärkte innerhalb dieser Gruppe sind im Jahr 2014 Australien (ca. 1 Mio. Passagiere), China und Südamerika (beide jeweils ca. 700.000 Passagieren) (vgl. CLIA Global 2015, S. 11).

Weitere interessante Einblicke ergeben sich aus den relativen Wachstumsraten. Abb. 6.4 zeigt die prozentualen Änderungsraten der Passagierzahlen im Zeitverlauf.

Der nordamerikanische Markt ist im betrachteten Zeitraum nur leicht gewachsen. Zugleich ist die Intensität ihres Wachstums relativ stabil, die Raten lagen in der Regel zwischen 0 % und 5 % pro Jahr. Die europäischen Quellmärkte offenbaren höhere Wachstumsraten, allerdings ist ihre Entwicklung auch weniger stabil als die in Nordamerika. Die abgemilderte Konjunktur ab dem Jahr 2007 kann zum Beispiel auf den Ausbruch der Finanzkrise und die damit verbundene ökonomische Unsicherheit in vielen Bevölkerungsschichten zurückgeführt werden.

Die höchsten Wachstumsraten werden generell in den als *Rest der Welt* bezeichneten Märkten erzielt. Hier fällt die Unbeständigkeit der Nachfrageentwicklung auf. 2008, 2009 und 2015 betrug das jährliche Wachstum ca. 25 %. Im Jahr 2013 stagnierten die Passagierzahlen hingegen nahezu. Diese Unbeständigkeiten können auf die teils sehr wechselhaften politischen und ökonomischen Entwicklungen in den Quellregionen zurückgeführt werden.

Nachfolgend wird die Entwicklung der Marktanteile der verschiedenen Quellmärkte dargestellt. Abb. 6.5 zeigt, wie sich die Zusammensetzung des Weltkreuzfahrtmarktes in den zehn Jahren von 2005 bis 2015 verändert hat und wie sich die Marktanteile im Laufe der Zeit verschoben haben.

Ein Vergleich von Abb. 6.3 und 6.5 verdeutlicht eine interessante Entwicklung: Obwohl die absoluten Passagierzahlen in Nordamerika im untersuchten Zeitraum um rund 21 % gestiegen sind, hat sich der Anteil am Gesamtvolumen um 17 % verringert, von 69 % im Jahr 2005 auf etwa 52 % in 2015. Der Grund dafür ist das

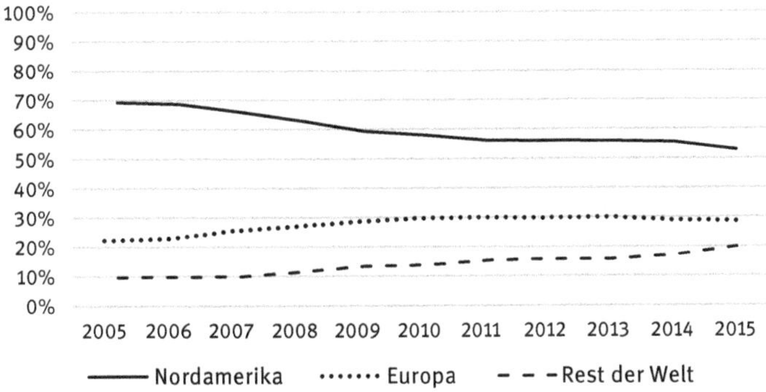

Abb. 6.5: Anteile der verschiedenen Quellmärkte am Gesamtpassagieraufkommen (Quelle: Eigene Berechnung auf Grundlage von European Cruise Council 2012, S. 12 und CLIA Europe 2016b, S. 11).

deutlich schnellere Wachstum in Europa und den übrigen Quellmärkten. Ist der europäische Marktanteil anfangs von 20 % auf 30 % gestiegen, so hat er sich derzeit knapp unter 30 % eingependelt. Der Anteil der neuen Märkte (*Rest der Welt*) am Gesamtvolumen steigt derweil stetig.

Für den Lebenszyklus lassen sich daraus folgende Schlussfolgerungen ableiten: In allen betrachteten Quellmärkten befindet sich die Kreuzfahrtbranche noch in der Wachstumsphase. In Nordamerika scheint diese allmählich in die Sättigungsphase überzugehen. Im *Rest der Welt* sind nach wie vor sehr hohe Wachstumsraten zu verzeichnen; insbesondere China gilt als wichtiger und zukunftsträchtiger Wachstumsmarkt. Zahlreiche amerikanische und europäische Reedereien reagieren darauf, indem sie Schiffe nach China entsenden. Teils werden sie speziell für diesen Markt neu gebaut, oder aber bestehende Schiffe werden ihrem bisherigen Markt entzogen und umgerüstet.

Der zweite Ansatz, den Lebenszyklus der Kreuzfahrtbranche zu betrachten, ist die Segmentierung des Marktes nach Zielgebieten. Dahinter steht die Frage, wie sich die Nachfrage nach Kreuzfahrten in einem bestimmten Fahrtgebiet im Laufe der Zeit entwickelt. Abb. 6.6 zeigt die Verteilung der Kreuzfahrtpassagiere auf die verschieden Fahrtgebiete weltweit, gemessen an der Anzahl der Übernachtungen.

Bei dieser Betrachtung sind nicht nur die relativen und absoluten Zahlen interessant, d. h. wie viele Kreuzfahrten in einem Fahrtgebiet angeboten werden, sondern auch, welche Arten von Schiffen und Passagieren in einer Region vertreten sind. Dazu gehören vor allem Charakteristika wie die Größe der Schiffe, das Preisniveau der Reise oder die soziodemografischen Faktoren der Reisenden (Alter, Geschlecht, Familienstand, Einkommen etc.). Auch die Herkunftsländer der Besucher sind von großer Bedeutung: Europäische Passagiere wollen die Destinationen ihrer Reise im Allgemeinen möglichst ausführlich erleben und wünschen sich lange Liegezeiten in den Häfen, damit sie die besuchten Zielgebiete in Ruhe erkunden kön-

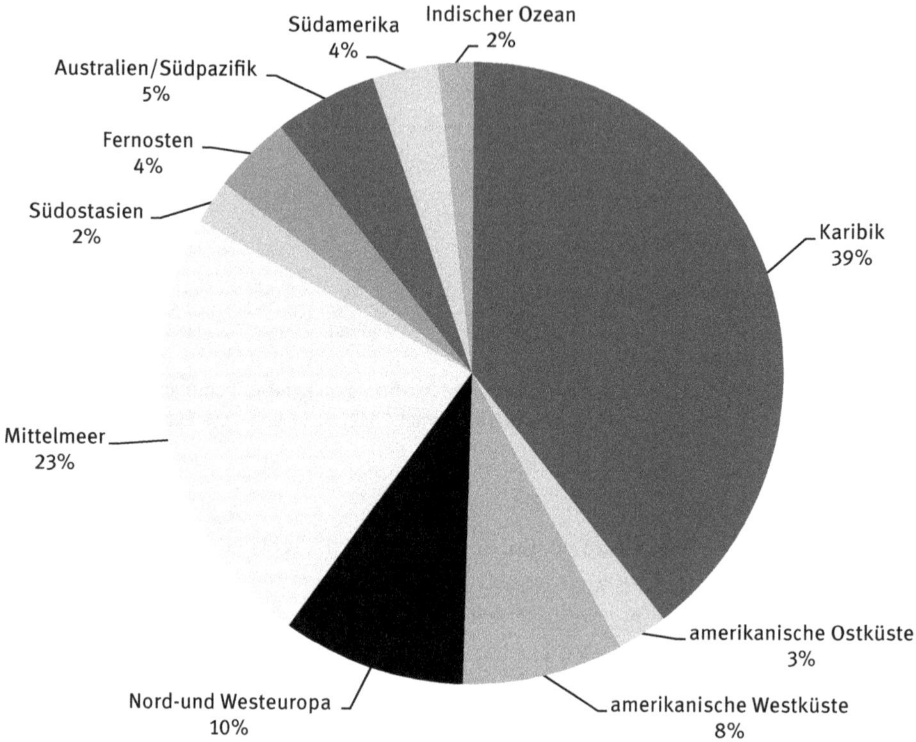

Abb. 6.6: Marktanteile der Fahrtgebiete (gemessen an Übernachtungszahlen, 2014) (Quelle: Eigene Darstellung nach CLIA Global 2015, S. 14 ff.).

nen. Reisende aus dem asiatischen Raum haben in der Regel nur verhältnismäßig wenige Urlaubstage zur Verfügung, die sie optimal nutzen wollen. Diese Besucher möchten während einer Kreuzfahrt so viele Häfen wie möglich besuchen, auch wenn das eine kürzere Aufenthaltsdauer an Land zur Folge hat. Im Gegensatz dazu legen die meisten US-amerikanischen Passagiere wenig Wert auf Landausflüge und den Besuch von Häfen. Für sie ist das Schiff die Destination; das wichtigste ist das dort angebotene Unterhaltungsprogramm, allen voran das Casino. In Anbetracht dieser starken kulturellen Unterschiede bekommt die Entwicklung der einzelnen Quellmärkte auch für die Häfen in den Zielgebieten eine große Bedeutung. Sie müssen sich auf die unterschiedlichen Zielgruppen einstellen und ihr Angebot und die Marketingmaßnahmen optimal auf diese abstimmen.

Jedes Fahrtgebiet hat geografische, klimatische und kulturelle Besonderheiten, die es für bestimmte Arten von Kreuzfahrten und somit bestimmte Zielgruppen besonders attraktiv und für andere weniger geeignet machen: Die Karibik, bis heute die beliebteste Kreuzfahrtdestination der Welt (vgl. Abb. 6.6), ist ein klassisches Ziel für Erholungssuchende: Die Schiffe fahren kleine, mehr oder weniger abgelegene Inseln an und die Passagiere können den Zwischenstopp zum Baden oder Sonnen nutzen, zu Fuß die Inseln erkunden oder an Bord bleiben. Es gibt nur wenige kulturelle Höhepunkte. Im Gegensatz dazu werden Westeuropa und die Ostsee vor allem von Kulturtouristen nachgefragt.

7 Routing

Die Routenplanung oder auch Routing genannt ist für die Reedereien von elementarer Bedeutung, da diese in erheblichem Maße ihren Erfolg beeinflusst, sowohl in Bezug auf den Zuspruch der (potenziellen) Kunden als auch in wirtschaftlicher Hinsicht. Dabei ist die Planung der Kreuzfahrtrouten für eine neue Saison ein sehr komplexes Unterfangen, das viel Fingerspitzengefühl erfordert. Das Routing befasst sich im Wesentlichen mit folgenden Aspekten:

- Entscheidung für ein Fahrtgebiet,
- Dauer der Reise (in Tagen),
- Festlegen des Ein- und Ausschiffungshafens,
- Planung der konkret zu befahrenden Route: Auswahl und Reihenfolge der Stopover-Häfen, ggf. Overnight-Aufenthalte, Anzahl der Seetage usw.

Die Herausforderung der Routenplanung liegt darin, allen involvierten Abteilungen einer Reederei gerecht zu werden. Die touristische Abteilung strebt beispielsweise an, immer möglichst viele Anläufe in großen und bekannten Häfen zu inkludieren. In diesen sind die Hafengebühren jedoch in der Regel höher als in kleineren, unbekannteren Häfen. Die nautische Abteilung prüft wiederum die nautischen Gegebenheiten vor Ort (vgl. Mucha 2015).

Ein weiterer interessanter Aspekt ist die Benennung der Route für die Vermarktung. So verkaufen sich Reisen, deren Titel einen bekannten Städtenamen enthält, deutlich besser als diejenigen mit eher ungekannteren Namen, selbst wenn der Unterschied der Häfen marginal ist (vgl. Mucha 2015).

Zudem hängt die optimale Route von verschiedenen externen und variablen Faktoren ab, die die Reederei nicht oder nur in Maßen beeinflussen kann, diese dennoch möglichst gut einschätzen muss. Dazu gehören die zunehmende Planungsunsicherheit, u. a. ausgelöst durch die wirtschaftlichen und/oder politischen Entwicklungen in verschiedenen Regionen der Erde, aber auch Markttrends, etwa ob die Reisenden derzeit kurze oder längere Kreuzfahrten bevorzugen, oder auch die zunehmende Differenzierung der Kundenwünsche.

Darüber hinaus können die einzelnen Reisen nicht isoliert voneinander betrachtet werden. Soll beispielsweise eine Ostseekreuzfahrt in Kiel starten, muss das Schiff (spätestens) am entsprechenden Tag dort eintreffen. Um kostenintensive Leerfahrten zu vermeiden, ist es daher von Vorteil, die vorhergehende Reise in Kiel zu beenden, was wiederum Einfluss auf deren Reiseroute hat. Wenn nach der oben beschriebenen Ostseekreuzfahrt eine Reise zu den britischen Inseln angeboten werden soll, muss sich die Reederei überlegen, wie sie die notwendige zweitägige Passage rund um Dänemark in eine der beiden Kreuzfahrten integrieren kann, ohne dass die jeweilige Reise für die Passagiere dadurch zu lang, zu teuer oder aufgrund der vielen Seetage unattraktiv wird. Eine mögliche Lösung hierfür ist, die Ostseekreuzfahrt um einen Anlauf in Oslo (und ggf. Bergen) zu erweitern, bevor

https://doi.org/10.1515/9783110480665-007

diese in Hamburg oder Bremerhaven beendet wird. Auch könnte zwischen den zwei eben genannten Reisen separat noch eine dritte Kreuzfahrt zum Nordkap und/oder den norwegischen Fjorden eingeplant werden.

Das Routing ist ein langwieriger Prozess, der eine große Vorlaufzeit erfordert. Laut Hey (2016) beginnt die Planung für eine neue Saison etwa zweieinhalb Jahre im Voraus. Dieser Vorlauf wird benötigt, um rechtzeitig Kataloge drucken und sich bei Online-Reisebüros positionieren zu können und somit Vorbuchungen zu ermöglichen. Zudem müssen auch eventuell benötigte Charterflüge für die An- und Abreise der Passagiere lange genug im Vorfeld organisiert werden.

7.1 Exkurs: Unterschiedliche Arten von Kreuzfahrten

Im Markt werden unterschiedlichen Arten von Kreuzfahrten angeboten. Eine Differenzierung an dieser Stelle ist sinnvoll, da die Art der Kreuzfahrt, die eine Reederei anbietet, Einfluss auf die Route und die Wahl der anzulaufenden Häfen nimmt.

Freyer (2015, S. 245) unterscheidet zwei Grundtypen von Kreuzfahrten: klassische und moderne Kreuzfahrten. Zusätzlich existieren diverse Mischformen. Diese beiden Grundtypen machen zusammengenommen einen Großteil des weltweiten Marktvolumens aus. Daneben gibt es einige Spezialformen, die nur teilweise einem dieser beiden Grundtypen zugeordnet werden können: Transozean-Kreuzfahrten, Expeditionskreuzfahrten, Segelkreuzfahrten, Studienkreuzfahrten, Themenkreuzfahrten, Cruise Ferries, Frachtschiffreisen und Flusskreuzfahrten.

In Tab. 7.1 werden die verschiedenen Arten von Kreuzfahrten mitsamt dem jeweiligen Kernelement des Reisekonzepts aufgelistet. Anschließend werden die einzelnen Konzepte kurz erläutert.

Tab. 7.1: Marktsegmente in der Kreuzfahrtindustrie und ihre Kernelemente (Quelle: Eigene Darstellung).

Marktsegment	Kernelement des Reisekonzepts
Klassische Kreuzfahrten	Route und Landausflüge
Moderne Kreuzfahrten	Schiff/On-board Entertainment
Transozean-Kreuzfahrten	Schiff/On-board Entertainment/Fahrten über das offene Meer
Expeditionskreuzfahrten	Route und Landausflüge
Segelkreuzfahrten	Schiff/Segelerlebnis
Studienkreuzfahrten	themenbezogene Lektorate; Route und Landausflüge
Themenkreuzfahrten	zielgruppen- bzw. themenabhängig
Slow Cruises	Route und Landausflüge/landestypische Kultur und Kulinarik
Weltreisen	Route und Landausflüge/Erlebnis Weltreise
Cruise Ferries/Fährkreuzfahrten	Streckenbewältigung/Kennenlernen der Reiseform Kreuzfahrt (Minikreuzfahrt/Schnupperkreuzfahrt)
Frachtschiffreisen	Seereise/Erlebnis Frachtschiffreise
Flusskreuzfahrten	Route und Landausflüge

Klassische Kreuzfahrten folgen dem ursprünglichen Konzept einer Kreuzfahrt, bei dem die Seereise im Mittelpunkt steht. Das Hauptmotiv der Reisenden und die Kernattraktion sind die Landgänge in den auf der Route liegenden Häfen. Das Schiff dient in erster Linie als schwimmendes Hotel, tritt in der Wahrnehmung der Passagiere eher in den Hintergrund. Bei der Planung und Buchung ihrer Reise sind den Passagieren das Zielgebiet und die Reiseroute wichtiger als die Ausstattung und das Unterhaltungsangebot auf dem Schiff. Neben dem Wunsch nach Erholung auf See wollen die Passagiere andere Länder und fremde Kulturen kennenlernen (vgl. Künstner 2008, S. 19). Für die persönliche Bewertung der Reise steht die Qualität der Landausflüge über der des Bordprogramms.

Mit dieser Art von Kreuzfahrt wird häufig der Begriff Oceanliner assoziiert. In diese Schiffskategorie fallen traditionsreiche Schiffe wie etwa die Queen Mary 2. Sie sind tendenziell kleiner (und oft auch älter) als die für moderne Kreuzfahrten eingesetzten Schiffe. Der Qualitäts- und Servicestandard an Bord ist höher, dementsprechend auch die Tagespreise. In den Bordrestaurants gibt es feste Tischordnungen und es herrscht eine traditionelle Kleiderordnung. Das Bordprogramm ist gediegener als bei modernen Kreuzfahrten, statt Broadway-Shows und Partys finden vorwiegend Galaabende, klassische Konzerte und Lesungen statt. Laut Freyer (2015, S. 246) definieren sich klassische Kreuzfahrten in der Regel entweder als Luxusreisen (z. B. bei Hapag-Lloyd Cruises) oder über Tradition und Seefahrerromantik (z. B. bei Phoenix Reisen).

Der zweite Grundtyp, **moderne Kreuzfahrten**, bildet einen deutlichen Kontrast zu der klassischen Kreuzfahrt. Diese werden auch als zeitgemäße Kreuzfahrten oder contemporary cruises bezeichnet (vgl. Künstner 2008, S. 19). Sie werden meist mit großen bis sehr großen und neueren Schiffen durchgeführt. Die Tagespreise sind im Allgemeinen niedriger als bei klassischen Kreuzfahrten. Bei der Gestaltung der Reise nehmen die Aktivitäten und das Unterhaltungsprogramm an Bord eine zentrale Rolle ein. Somit wird das Schiff selbst zur Destination. Auf diesen Schiffen findet sich ein höherer Anteil junger Reisender und Familien. An Bord herrscht eine zwanglose Atmosphäre und es gibt keine oder nur eine legere Kleiderordnung. Erfinder und Pionier dieses Konzepts war Ted Arison. Er gründete 1972 die Reederei Carnival Cruise Lines. Mit seinen Fun-Ships wollte er bewusst eine Alternative zur klassischen Kreuzfahrt schaffen. Mittlerweile hat sich die britisch-amerikanische Carnival Corporation mit ihren diversen Tochtermarken zum größten Kreuzfahrtunternehmen der Welt entwickelt (vgl. Freyer 2015, S. 246; Künstner 2008, S. 19 f.).

Die Besonderheit von **Transatlantik-/Transpazifik-Kreuzfahrten** ist die lange Fahrt über das offene Meer. Tagelang fährt das Schiff über den weiten Ozean, ohne Sichtkontakt zum Ufer. Transatlantik-Reisen sind auf dem Markt weit verbreitet. Sie werden sowohl von Reedereien angeboten, die normalerweise klassische Kreuzfahrten veranstalten, als auch von Anbietern moderner Kreuzfahrten. Die Routen verlaufen von Mittel- oder Südeuropa nach Nord- oder Südamerika. Einige Reedereien erweitern die Reise um weitere Hafenanläufe, die der Transatlantik-

Passage vor- oder nachgestellt werden. Beginnt oder endet die Reise im Mittelmeer, so ist der Einstiegs- bzw. Zielhafen oft in Italien, sodass eine Fahrt durch das Mittelmeer mit einem oder mehreren Anläufen beispielweise in Spanien inkludiert ist. Transatlantik-Reisen ab oder zu einem deutschen Hafen verlaufen meist via Großbritannien.

Transpazifik-Reisen führen üblicherweise von Südamerika oder Kalifornien nach Australien oder Neuseeland (oder in entgegengesetzter Richtung). Im Vergleich zu den Transatlantik-Passagen ist das Angebot jedoch deutlich geringer. Dies liegt daran, dass die Transpazifik-Passage sehr lange dauert und somit schwerer zu verkaufen ist: Beispielsweise benötigt ein Kreuzfahrtschiff für die Überfahrt von Acapulco in Mexiko in das neuseeländische Auckland ca. fünfzehn Tage. Die Transatlantik-Route von Southampton nach New York nimmt hingegen nur sieben Tage in Anspruch.

Expeditionskreuzfahrten unterscheiden sich in vielerlei Hinsicht von den zuvor genannten, so u. a. durch den Schiffstyp. Die hier eingesetzten Schiffe sind deutlich kleiner, sie fassen oftmals weniger als zweihundert Passagiere. Entsprechend sind die Tagespreise solcher Reisen im oberen Preissegment angesiedelt. Die Expeditionsschiffe sind dafür ausgerüstet, auch Regionen abseits der üblichen Fahrtgebiete befahren zu können, d. h. schwer zugängliche, klimatisch oder landschaftlich extreme Gebiete, wie Gletscherregionen, Inselgebiete oder Riffe. So werden beispielsweise Reisen in die nördlichen und südlichen Polarregionen angeboten. Die Passagiere betrachten diese Schiffe vor allem als Transportmittel, im Vordergrund der Reise steht die befahrene Route (vgl. Künstner 2008, S. 20). Somit ergibt sich eine Parallele zu den klassischen Kreuzfahrten. Allerdings sind auf den Expeditionsschiffen die Kabinen kleiner, das On-board-Angebot an Freizeiteinrichtungen geringer und der Servicestandard niedriger als bei klassischen Kreuzfahrten im gleichen Preissegment. Dennoch gibt es auch in diesem Segment luxuriöse Schiffe, allen voran die Expeditionsschiffe von Hapag-Lloyd Cruises.

Wie bereits bei den Expeditionskreuzfahrten liegt auch bei **Segelkreuzfahrten** der Unterschied zu den klassischen und modernen Kreuzfahrten vor allem in der Art der Schiffe. Diese sind ebenfalls sehr klein, meist liegen die Kapazitäten bei unter 200 Passagieren. Derzeit entsteht in Kroatien das größte Segelschiff der Welt: Die Fünfmastbark Flying Clipper der Reederei Star Clippers. Sie soll im ersten Quartal 2018 in Dienst gestellt werden und bietet Platz für 300 Passagiere. Wie bei den Expeditionskreuzfahrten sind auch bei Segelkreuzfahrten die Tagespreise sehr hoch; im Gegensatz dazu bildet hier jedoch das Schiff das zentrale Element der Reise. Im Mittelpunkt des Urlaubserlebnisses steht das Segeln. Somit ergibt sich eine Gemeinsamkeit mit den modernen Kreuzfahrten, bei denen ebenfalls das Schiff als Destination angesehen wird und weniger die angelaufenen Häfen (vgl. Künstner 2008, S. 21). Bedingt durch die geringe Schiffsgröße haben Segelkreuzfahrten den Vorteil, dass eine große Auswahl an kleinen und wenig frequentierten Häfen angelaufen werden kann, deren Besuch Teil eines ganz besonderen Urlaubserlebnisses ist.

Die Gäste auf den Segelschiffen legen vor allem viel Wert auf die Ursprünglichkeit dieser Reiseform: das Schiff als Fortbewegungsmittel, Leben auf und mit dem Meer. Da in der Regel nur wenige Passagiere an Bord sind, lernen diese sich im Laufe der Reise recht intensiv kennen und es entsteht eine vertraute Gemeinschaft. Außerdem ist der Kontakt zwischen Passagieren und Schiffsbesatzung meist lockerer und weniger formell als auf anderen Schiffen.

Studienkreuzfahrten bilden das wasserseitige Pendant zu den Studienreisen an Land: Der Bildungsaspekt stellt das Hauptmotiv der Reisenden dar. Den Reisen liegt meist ein wissenschaftliches Schwerpunktthema zugrunde, auf das die Route, die besuchten Häfen, die dort angebotenen Landausflüge und auch die an Bord angebotenen Vorträge, Seminare usw. ausgerichtet sind. Dies können historische, religions- oder kunstgeschichtliche, zoologische, geografisch-landeskundliche oder andere naturwissenschaftliche Themen sein. Die Reisen werden von qualifizierten Lektoren begleitet und die Ausflüge finden unter der Leitung von Experten statt (vgl. Künstner 2008, S. 21).

Eine immer wichtiger werdende Sparte sind **Themenkreuzfahrten**. Diese stehen unter einem bestimmten Motto und richten sich entweder an eine bestimmte soziodemografische Zielgruppe (z. B. LGBT, Singles) oder an bestimmte Interessengruppen (z. B. Heavy-Metal-Fans oder Golfer). Vor allem im zweitgenannten Fall werden die Landausflüge sowie das Bordprogramm speziell auf die Interessen dieser Zielgruppe ausgerichtet. Der Boom der Themenkreuzfahrten begann vor einigen Jahren mit Musikkreuzfahrten für Fans ausgewählter Musikstile. Die Reisen werden von bekannten Musikern und Bands begleitet. Zum Erfolgsrezept gehört, dass die Fans sie nicht nur während der Konzerte an Bord erleben können, sondern einige Tage gemeinsam mit ihnen auf dem Schiff verbringen und sie somit in gewisser Weise auch privat kennen lernen können. In den darauffolgenden Jahren begannen die Reedereien, neue und immer ausgefallenere Themenideen zu kreieren, eine Entwicklung, die bis heute anhält. Den Reedereien bieten solche Themenreisen die Möglichkeit, neue Zielgruppen anzusprechen und sich mit guten Themenideen von anderen Anbietern abzugrenzen (vgl. auch Kap. 14.4.1).

Beim **Slow Cruising** steht der Aspekt der Erholung im Vordergrund der Reise. Entwickelt wurde das Konzept von der italienischen Reederei Costa Crociere, die dieses seit Februar 2014 auf den Schiffen der sogenannten Costa neo-Kollektion anbietet. Die Idee ist an die Slow-Food-Bewegung, die Mitte der 1980er-Jahren von dem Soziologen Petrini gegründet wurde, angelehnt (vgl. Schloemer 2014, o.S.). Die Slow Cruise folgt dem gesellschaftlichen Trend der Entschleunigung. Im Vordergrund der Slow Cruises stehen „mehr Zeit, mehr Genuss und grenzenlose Entspannung auf hoher See“ (Costa Crociere 2015, o.S.), so die Werbung der Reederei. Slow Cruises sind gewissermaßen eine Weiterentwicklung der klassischen Kreuzfahrten, bei denen die besuchten Destinationen im Mittelpunkt der Reise stehen. Dieses Konzept folgt nicht mehr der Devise, möglichst viele Städte in kurzer Zeit zu besuchen, sondern im Gegenteil, die besuchten Destinationen möglichst intensiv zu erleben. Dazu gehören längere Liegezeiten; auch Overnight-Stays werden hier häufiger eingeplant als bei anderen Kreuzfahrten.

Für die Slow Cruises werden Schiffe mit Kapazitäten von weniger als 2.000 Passagieren eingesetzt. Zum einen bildet dies ein wichtiges Marketing-Argument der Reederei, zum anderen gibt es ihr mehr Freiheiten bei der Auswahl der Stopover-Häfen. Dieses Privileg wird auch genutzt: Auf dem Programm stehen vor allem kleinere Häfen, die von anderen Schiffen aufgrund ihrer Größe nicht besucht werden können. In dieser Hinsicht bietet dieses neue Kreuzfahrtkonzept den kleineren Häfen große Chancen, ihre Anlaufzahlen zu erhöhen.

Während sich das Schiff auf See befindet, steht für die Passagiere Entspannung und Erholung im Vordergrund. Es gibt zwar Unterhaltungsangebote und Aktivitäten, aber die Animation ist auf ein geringeres Maß reduziert als bei modernen Kreuzfahrten. Insofern folgt dieser Ansatz dem der klassischen Kreuzfahrten. An anderer Stelle bricht das Konzept aber ganz bewusst mit Traditionen: Es herrscht keine strenge Kleiderordnung, und in den Restaurants gibt es weder eine vorgegebene Sitzordnung noch feste Tischzeiten. Nachdem Costa Crociere das Konzept erfolgreich getestet hatte, führte die Schwestermarke AIDA Cruises im Sommer 2017 auf ihren ältesten drei Schiffen mit den AIDA Selection Reisen ein ähnliches Konzept ein.

Weltreisen faszinieren die Menschen heute noch genauso wie vor fast 150 Jahren, als der britische Reiseveranstalter Thomas Cook 1872 die erste organisierte Weltreise anbot und Jules Vernes ein Jahr später seinen Bestseller-Roman „In 80 Tagen um die Welt" veröffentlichte. Obwohl sich eine solche Reise mit dem Flugzeug wesentlich schneller und günstiger durchführen lässt, bietet eine Weltumrundung auf einem Kreuzfahrtschiff zahlreiche Annehmlichkeiten und Vorteile. Diese werden überwiegend im Premium- und Luxussegment angeboten; vereinzelt bieten auch einige Reedereien, wie z. B. AIDA Cruises, Costa Crociere oder Phoenix Reisen, Weltreisen im Mittelpreis- bzw. Niedrigpreissegment an. Bei manchen Reedereien ist eine Weltreise fester Bestandteil des jährlichen Routenkalenders. Diese findet meist im Anschluss an die Weihnachts- und Silvesterreise statt, beginnt folglich im Januar und dauert bis zum April oder Mai. In selteneren Fällen starten die Weltreisen bereits kurz vor Weihnachten oder finden im Sommer zwischen Mai und September statt. Die Länge einer solchen Reise kann je nach Route und Anzahl der Stopover-Anläufe stark variieren. Eine aktuelle Recherche beim Kreuzfahrtportal e-hoi ergab für Kreuzfahrten mit kompletter Weltumrundung eine Dauer zwischen 98 und 181 Tagen (vgl. e-hoi 2016d, o.S.).

Die Durchführung einer Weltreise bietet insbesondere kleinen klassischen Reedereien, die nur den deutschen Markt bedienen, große Vorteile: Während sie im Sommer interessante und vielseitige Routen in den europäischen Gewässern anbieten können, scheiden diese Fahrtgebiete im Winter weitestgehend aus. Die Nachfrage nach Kreuzfahrten in weiter entfernte Regionen wie der Karibik oder dem Indischen Ozean ist in ihrem Kundenstamm allerdings zu gering, um in der Wintersaison eine dieser Regionen befahren zu können. Indem sie Weltreisen anbieten, können sie hingegen zahlreiche verschiedene Zielgebiete anfahren, ohne bei jedem Wechsel eine Positionierungsfahrt unternehmen zu müssen.

Da manche Kunden nicht genug Zeit oder Geld haben, die gesamte Weltreise mitzufahren, unterteilen die Reedereien die Reiseroute in der Regel in Teilstrecken, die einzeln gebucht werden können. Diese dauern meistens zwischen zehn und zwanzig Tage, können aber auch deutlich länger sein. Zahlreiche Kunden wollen Abschnitte bereisen, die sie bislang noch nicht befahren haben. Manche buchen auch mehrere aufeinander folgende Teilstrecken. Dies bietet ein hohes Potenzial für Stammkunden. Denn so können die Gäste im Laufe einiger Jahre mit dem von ihnen favorisierten Schiff die ganze Welt umrunden (vgl. Hey 2016).

Allerdings beinhalten nicht alle als Weltreisen bezeichneten Kreuzfahrten eine Weltumrundung im klassischen Sinne. Hierzu müsste jeder Längengrad mindestens einmal überfahren und der Atlantik, der Pazifik und der Indische Ozean durchquert werden. Bei genauerer Betrachtung fällt auf, dass bei einigen Weltreisen die Erde nicht vollständig umrundet, sondern einer der drei Ozeane ausgelassen wird. Ein Beispiel dafür ist die 177-tägige Winter-Weltreise von Plantours Kreuzfahrten. Die Route führt von Venedig aus durch das östliche Mittelmeer, an Nordwest-Afrika vorbei nach Brasilien. Mit einem Abstecher in die Antarktis wird anschließend Südamerika umrundet, bevor die Reise durch die Karibik und über die Azoren zurück nach Europa führt und in Hamburg endet (vgl. e-hoi 2016e, o.S.). Der Pazifik wird nicht durchkreuzt und auch die Datumsgrenze nicht überschritten; das charakteristischste Merkmal von Weltreisen. Doch für diese Abweichung gibt es gute Gründe: Für die Durchquerung des Pazifiks von Nord- oder Südamerika nach Neuseeland braucht ein Kreuzfahrtschiff je nach befahrener Route meist zwei bis drei Wochen, wobei unterwegs oft nur drei oder vier Inseln angelaufen werden. Die Aneinanderreihung von Seetagen kann zum einen je nach Zielgruppe den potenziellen Passagieren missfallen und sie von einer Buchung abhalten, zum anderen erhöht sie die Dauer und den Verkaufspreis der Reise.

Einige Reedereien bieten aber auch Weltreisen an, bei denen nicht etwa der Pazifik, sondern der Atlantik ausgespart wird. Diese starten häufig an der Westküste der USA und führen in westlicher Richtung über Australien, Asien und Afrika, bevor sie im Mittelmeer enden. Ein Beispiel dafür ist die 122-tägige Weltreise – La Grande Bellezza der Reederei Silversea Cruises, die von Los Angeles nach Rom führt (vgl. e-hoi 2016c, o.S.).

Cruise Ferries bzw. Fährkreuzfahrten sind heutzutage ein gut etabliertes touristisches Produkt. Dabei wurde die Idee aus der Not heraus geboren. In der zweiten Hälfte des 19. und vor allem im Laufe des 20. Jahrhundert hatte sich der Fährverkehr auf der Ostsee (wie auch in anderen Regionen der Welt) zu einem lukrativen Markt für Reedereien entwickelt. Der zunehmende Wohlstand in Europa und die Internationalisierung der Konsumgütermärkte führten zu einer steigenden Nachfrage nach Passagen zwischen deutschen Häfen und Skandinavien, nach dem Ende des Kalten Krieges zunehmend auch in das Baltikum. Verschiedene

Fährreedereien hatten sich auf den diversen unterschiedlichen Strecken etabliert. Die Schiffe waren zunächst eher zweckmäßig ausgestattet, das Geschäftsmodell stellte den Transport von LKW, PKW und zum Teil auch Zügen in den Fokus.

Gegen Ende des 20. Jahrhunderts sorgte die neue Konkurrenz durch den Luftverkehr und vor allem das Aufkommen der Low-Cost-Airlines zu einem zunehmenden Passagierrückgang, denn die Reise per Flugzeug war nicht nur deutlich schneller, sondern auch komfortabler und preiswerter. Um diesem Abwärtstrend entgegenzuwirken, suchten die Fährreedereien nach Wegen, ihr Angebot attraktiver zu gestalten und ließen sich von den Kreuzfahrtschiffen inspirieren. So wurden nicht nur die Kabinen modernisiert, sondern auch vielfältige Gastronomie-, Shopping- und Unterhaltungseinrichtungen geschaffen (vgl. Schlennstedt 2004, S. 23). Die Fährüberfahrt sollte nicht mehr nur Mittel zum Zweck, d. h. ein Transportweg sein, sondern von den Urlaubern als ein Bestandteil der Reise wahrgenommen werden.

Als Konsequenz begannen einige Fährredereien wie die Color Line, Überfahrten auf ihren Fähren als Mini-Kreuzfahrt[15] zu vermarkten. So können für die Fährlinie von Kiel nach Oslo Passagiere unterschiedliche Reisepackages buchen, als Mini-Kreuzfahrt mit einer Rückfahrt am gleichen Tag oder als Städtereise mit einer oder mehreren Übernachtungen in Oslo. Als neues Marktsegment haben sich Tagungen und Konferenzen auf See etabliert (vgl. Schäfer 1998, S. 13).

Fährkreuzfahrten werden im Folgenden vernachlässigt, da bei der Planung der Routen und der Auswahl der Häfen für die Reedereien nach wie vor die Beförderung von PKW, LKW und unbegleiteten Trailern im Vordergrund steht. Damit sind die Routen nicht variabel wie bei den meisten Kreuzfahrtschiffen, sondern über Jahre konstant. Auch werden andere Anforderungen an die Häfen gestellt: Für die Verladung von Fahrzeugen und insbesondere für das Handling der unbegleiteten Trailer werden besondere Hafeninfra- und Suprastruktureinrichtungen benötigt. In den offiziellen Schiffs- und Passagierzählungen der Häfen und der diversen Vereinigungen findet dieses Marktsegment keine Berücksichtigung.

Bei **Frachtschiffreisen** findet die Seereise auf Container- oder Massengutschiffen und jüngst auch auf Binnenschiffen statt. Inwiefern diese jedoch der Kreuzschifffahrt zugeordnet werden können, ist fraglich, da für die Reedereien die Beförderung von Passagieren nur ein Zusatzgeschäft darstellt. Zweck der Fahrt ist die Beförderung von Fracht. Alle Einrichtungen an Bord sind auf die Bedürfnisse der Besatzung ausgerichtet, so auch die Messe (das Restaurant), der Fitnessraum usw. Besondere Einrichtungen für die Gäste gibt es nicht. Die wenigen Passagiere leben und essen gemeinsam mit der Schiffsbesatzung. Alle Entscheidungen bzgl. der anzulaufenden Häfen werden auf Grundlage der zu befördernden Fracht getroffen.

Im Gegensatz zu den o.g. Kreuzfahrtarten werden **Flusskreuzfahrten** auf Flüssen und Binnengewässern durchgeführt. Neben diesem Aspekt unterscheiden sie sich von den Hochseekreuzfahrten durch die Bauart der Schiffe. Sie sind wesent-

---

15 Mini-Kreuzfahrten werden oft von Menschen gebucht, die sich unsicher sind, ob eine Kreuzfahrt die richtige Urlaubsform für sie darstellt.

lich kleiner und ihre Kapazität ist für weniger als zweihundert Passagiere ausgelegt. Die Schiffe haben nur wenig Tiefgang, um auch auf Flüssen mit geringer Tiefe fahren zu können. Zudem dürfen sie nicht zu hoch gebaut sein, damit sie auch unter Brücken hindurchfahren können. Zusätzlich limitiert die Größe von Schleusenkammern Breite und Länge. Daher haben fast alle Flussschiffe höchstens drei Passagierdecks, zuzüglich eines Sonnendecks auf dem Dach und sind maximal 135 Meter lang. Eine Ausnahme bildet hier die MS Century Paragon, die für Nicko Cruises auf dem chinesischen Yangtse unterwegs ist. Dieses Schiff verfügt über sieben Passagierdecks und bietet fast 400 Passagieren Platz.

Die geringere Größe der Schiffe und die niedrigeren Passagierkapazitäten führen dazu, dass auch die Anforderungen an die Häfen geringer sind, insbesondere in Bezug auf die Hafeninfrastruktur und die logistische Kompetenz. Zudem kann ein Mangel an Liegeplätzen in Flusskreuzfahrthäfen auch durch eine Doppelbelegung behoben werden, indem das zweite Schiff seitlich am ersten anlegt und dieses als eine Art Ponton nutzt. Zu den wesentlichen Unterschieden zwischen Hochsee- und Flusskreuzfahrten gehört auch, dass die Schiffe bei Hochseekreuzfahrten vor allem tagsüber im Hafen liegen und nachts fahren, während sich dies bei Flusskreuzfahrten umgekehrt verhält: Die Schiffe bleiben häufiger über Nacht im Hafen und fahren tagsüber weiter, damit die Passagiere die vorüberziehende Landschaft an den Ufern erleben können.

Bisweilen fahren auch Hochseeschiffe im Zuge ihrer Routen auf Flüssen, z. B. auf dem Amazonas oder der Elbe. Dabei handelt es sich jedoch nur um einen Ausflug von der offenen See, nicht um eine Flussreise (vgl. Schäfer 1998, S. 12). Der Hamburger Hafen liegt zwar an der Elbe, gilt aber trotzdem als Seehafen, weil er auch von Hochseeschiffen angelaufen werden kann. Im Folgenden finden Flusskreuzfahrten keine weitere Berücksichtigung. Allerdings können die meisten der in Kap. 10 beschriebenen Wettbewerbsfaktoren auch auf Flusshäfen übertragen werden.

7.2 Unterteilung in Fahrtgebiete

Vor der Planung der konkreten Routen muss die Reederei zunächst entscheiden, welches Fahrtgebiet bereist werden soll. Die Unterteilung der Weltmeere in verschiedene Fahrtgebiete folgt allerdings keiner offiziellen oder geografisch präzisen Gebietskennzeichnung, sondern ist nur eine inoffizielle und pragmatische Einteilung, die dem Planungsverhalten der Reedereien entspricht. So werden zum Beispiel die Bermudas und die Bahamas zur Karibik gezählt (vgl. Schäfer 1998, S. 102).

7.2.1 Ansätze zur geografischen Aufteilung der Fahrtgebiete

Jede Reederei nimmt eine eigene Segmentierung vor, was teilweise zu großen Unterschieden in der Genauigkeit der Unterteilung führt. So werden beim deutschen

Marktführer AIDA Cruises die europäischen Gewässer in westliches Mittelmeer, Adria, Ostsee, Nordeuropa und Westeuropa unterteilt (vgl. AIDA Cruises 2016, o.S.). Die amerikanische Reederei Norwegian Cruise Line fasst dies als *Mittelmeer und Nordeuropa* zusammen (vgl. Norwegian Cruise Line 2016, o.S.). Das hängt vor allem mit der Destinationswahrnehmung der Passagiere zusammen: Je weiter das Reiseziel von der Heimat entfernt ist, umso großräumiger wird die vom Reisenden empfundene Destination.

In der Literatur werden im Wesentlichen zwei verschiedene Ansätze verfolgt. Der erste weist eine sehr breite Einteilung auf und ist explizit auf den deutschen Markt ausgelegt. So unterscheidet Freyer (2015, S. 248) für den deutschen Quellmarkt weltweit sieben Fahrtgebiete:

1. Mittelmeer
2. Nordland
3. Ostsee
4. Westeuropa und Atlantische Inseln
5. Karibik und die USA
6. Arabischer Golf und indischer Ozean
7. Übersee

Der Terminus Übersee bezeichnet hier Transatlantik- oder Transpazifik-Kreuzfahrten. Letztere sind verhältnismäßig selten, wie oben bereits beschrieben. Einige Regionen werden bei dieser Auflistung außen vor gelassen, obwohl auch sie im deutschen Quellmarkt präsent sind. Dazu zählen vor allem die Polarregionen und Südamerika.

Der zweite Ansatz versucht, eine Allgemeingültigkeit für die verschiedenen Quellmärkte herzustellen. Dazu werden die verschiedenen Weltregionen relativ einheitlich unterteilt. Bei Schäfer (1998, S. 102 f.) findet sich eine Differenzierung in 21 Fahrtregionen:

1. Ostsee
2. Nordland (inkl. Island und Spitzbergen)
3. Grönland und Arktis
4. Britische Inseln
5. Europäische Atlantikküste/Westeuropa
6. Atlantische Inseln und nordafrikanische Atlantikküste
7. Westliches Mittelmeer
8. Östliches Mittelmeer und Schwarzes Meer
9. Karibik (inkl. süd- und mittelamerikanischer Karibikküste)
10. Ostküste der USA und Kanadas
11. Westküste der USA und Mexikos
12. Alaska und Westküste Kanadas
13. Südamerika (inkl. Amazonas und Galápagosinseln)
14. Antarktis
15. Westafrika
16. Südafrika

17. Indischer Ozean (südlich des Äquators)
18. Südasiatische Küsten (inkl. Rotes Meer)
19. Südostasien (inkl. Fernost)
20. Hawaii und Südsee
21. Australien und Neuseeland

Aus wissenschaftlicher Sicht bietet der zweite Ansatz gegenüber dem ersten einen Vorteil: Seine Einteilung der Fahrtgebiete entspricht im Wesentlichen der Nutzung durch die Reedereien. Beispielsweise wird während der meisten Mittelmeerkreuzfahrten entweder der westliche oder der östliche Teil befahren. Die Reviere Karibik und Ostküste der USA und Kanadas, die in der Auflistung von Freyer zusammengefasst sind, werden in der Regel für verschiedene Kreuzfahrtarten genutzt und ziehen auch unterschiedliche Zielgruppen an.

An anderen Stellen kommt es bei diesen Abgrenzungen aber auch zu Überschneidungen zwischen den einzelnen Regionen. So kann ein Hafen oder eine Region u. U. auch zwei oder mehr Regionen zugeordnet werden. Das gilt insbesondere für die Nutzung als Turnaround-Hafen. So wird zum Beispiel Hamburg als Start- oder Zielhafen für Kreuzfahrten in diverse Reviere genutzt: Europäische Atlantikküste, Ostsee, Nordland, Britische Inseln und Transatlantik. Ebenso kommt es auch vor, dass Reedereien mehrere (angrenzende) Fahrtgebiete zu einer Route kombinieren. Beliebt ist etwa eine Kombination aus Ostsee und Nordland (in diesem Fall vor allem Oslo und die Norwegischen Fjorde).

7.2.2 Eignungsfaktoren für Fahrtgebiete

Damit eine Region als Fahrtgebiet für Kreuzfahrten in Frage kommt, muss sie verschiedene Voraussetzungen erfüllen. Die drei wichtigsten, im Folgenden als Eignungsfaktoren bezeichnet, werden nun kurz erläutert.

Geografische Eignungsfaktoren

Unter den geografischen Eignungsfaktoren sind die geografischen Voraussetzungen zu verstehen, ohne die die Durchführung von Kreuzfahrten entweder gar nicht möglich oder unattraktiv erscheint: Die landseitigen Ziele müssen vom Meer aus erreichbar sein. Alle unzugänglichen oder im Landesinneren gelegenen Regionen kommen nur dann in Frage, wenn sie über für Hochseeschiffe befahrbare Binnengewässer erreicht werden können, wie z. B. dem Amazonas. Bei diesem ist das Binnengewässer ein fester Bestandteil des Fahrtgebiets, das die Attraktivität für Passagiere und Reedereien erhöht. Andere, wie die Elbe stellen nur eine Transitstrecke für die Revierfahrt zu einem bestimmten Hafen dar.

Bei der Routenplanung kommen für die Reedereien in der Regel nur Regionen in Frage, die auch in ausreichendem Maß landseitige Ziele beinhalten. Große Wasserflächen wie der Pazifik oder der Atlantik, auf denen sich über weite Strecken kaum oder keine Inseln und Küsten befinden, werden tendenziell eher als unattraktiv angesehen, auch wenn keine noch so weite Strecke über offenes Meer ein physisches Hindernis darstellt (vgl. Schäfer 1998, S. 102). Bei den sogenannten modernen Kreuzfahrten, bei denen weniger (oder im Extremfall gar keine) Stopover-Häfen angelaufen werden, erübrigt sich dieses Problem zwar ganz oder teilweise, auf der anderen Seite brächte es den Reedereien auch keinen Vorteil, hunderte Kilometer auf das offene Meer hinaus zu fahren, nur um von dort wieder zurückzukehren.

Klimatische Eignungsfaktoren

Eine weitere, sehr wichtige Voraussetzung für die Eignung als Kreuzfahrtgebiet ergibt sich aus den Ansprüchen der Passagiere. Laut Reiseanalyse 2017 gaben ca. zwei Drittel der befragten deutschen Kreuzfahrtpassagiere den Aspekt *Sonne, Wärme und schönes Wetter* als wichtiges Urlaubsmotiv an (vgl. Forschungsgemeinschaft Urlaub und Reisen e.V. 2017). Das schließt Regionen und Zeiträume aus, in denen es zum Zeitpunkt der Reise tagsüber weitestgehend dunkel ist oder die einen hohen Niederschlag aufweisen. Die Passagiere erwarten ein angenehmes Klima, wobei sich der als angenehm empfundene Temperaturbereich kulturell und individuell unterschiedlich gestaltet.

Touristische Eignungsfaktoren

Schäfer (1998, S. 112) definiert sieben Arten von touristischen Reizen, die eine Region für Urlauber (und somit auch Kreuzfahrer) attraktiv machen:

1. Strände und Bademöglichkeiten
2. Landschaft
3. Flora und Fauna
4. Kulturhistorische Sehenswürdigkeiten
5. Shopping
6. Weltstädte und Fernziele
7. Sicherheit und politische Stabilität

Grundsätzlich gilt, dass ein Fahrtgebiet aus touristischer Sicht umso attraktiver ist, je mehr unterschiedliche touristische Reize dort geboten werden. Dadurch können verschiedene Zielgruppen angesprochen werden. Diese Aussage lässt sich auch auf einzelne Häfen übertragen (vgl. auch Kap. 10.3). Der Aspekt der Sicherheit und politischen Stabilität nimmt dabei eine Sonderrolle ein. Beide Faktoren stellen eine Grundvoraussetzung für die erfolgreiche Positionierung als Fahrtgebiet dar. Dies beweist zum Beispiel der starke Rückgang der angebotenen Kreuzfahrten im östlichen Mittelmeer durch die politischen Instabilitäten und die verschärfte Bedrohung durch Terrorismus.

7.2.3 Relevante Fahrtgebiete für die hier analysierten Häfen

Wird Schäfers Klassifizierung von weltweit 21 Fahrtgebieten zu Grunde gelegt, dann sind die vier hier untersuchten Häfen für Reisen in sechs verschiedenen Fahrtgebiete interessant: Die Ostsee, das Nordland einschließlich Island und Spitzbergen, die Britischen Inseln, die Europäische Atlantikküste, Grönland und die Arktis sowie der Transatlantik.

7.3 Routentypen nach ihrer Organisationsform

Sobald das zu befahrende Gebiet feststeht, kann mit den Planungen für die einzelnen Reisen, die im Laufe der Saison durchgeführt werden sollen, begonnen werden. Dabei gibt es verschiedene Grundtypen von Kreuzfahrtrouten, die im Folgenden kurz vorgestellt werden.

7.3.1 Offene und geschlossene Ketten

Grundsätzlich stehen den Reedereien zwei Routenkonzepte zur Verfügung: offene und geschlossene Ketten (vgl. auch Kap. 3.2). Der Terminus Kette bezeichnet in diesem Zusammenhang die Kombination von verschiedenen Häfen zu einer einzeln buchbaren Kreuzfahrt. Bei einer geschlossenen Kette sind Start- und Zielpunkt identisch, es handelt sich folglich im klassischen Sinne um eine Rundreise. Bei einer offenen Kette finden Ein- und Ausschiffung in zwei verschiedenen Häfen statt (vgl. Schäfer 1998, S. 77). Beide Varianten haben ihre Vor- und Nachteile. Für die Reedereien bedeuten geschlossene Ketten einen geringeren organisatorischen Aufwand. Wenn beispielsweise ein Schiff von Mai bis September im Bereich Ostsee/ Nordland unterwegs ist und alle Reisen in Kiel beginnen und enden, kann die Reederei das Schiff nach jeder Reise vor Ort mit neuen Lebensmitteln und Treibstoff versorgen. Auch Zusatzleistungen wie ein Shuttleverkehr zum Bahnhof oder Flughafen oder ggf. Charterflüge sind einfacher zu organisieren. Offene Ketten vereinfachen die Planung interessanter und vor allem abwechslungsreicher Routen, was für klassische Kreuzfahrten eine elementare Rolle spielt.

Für die Passagiere bieten geschlossene Ketten den Vorteil, dass sie ggf. mit dem Auto anreisen können oder die Flugkosten günstiger sind. Bei offenen Ketten können sie einen weiteren Hafen erkunden. Laut Hey (2016) kommen deutsche Passagiere am liebsten wieder dort an, wo sie abgereist sind. Diese Einschätzung deckt sich mit Untersuchungen, denen zufolge sie zu deutschen Häfen bevorzugt mit dem eigenen Auto anreisen (vgl. auch Kap. 10.2.3).

7.3.2 Frei geplante oder Standard-Routen

Die Entscheidung für offene oder geschlossene Ketten hängt von einer Vielzahl von Faktoren ab und kann von Reedereien situationsabhängig getroffen werden (d. h. bedingt durch die jeweilige konkrete Routen- und Saisonplanung). Demgegenüber ist die Wahl des Routingkonzeptes, freies Routing oder Standard-Routen, eine Grundsatzfrage. Beide Konzepte haben Vor- und Nachteile und die Entscheidung der Reedereien wird in hohem Maße vom Marktsegment, der Zielgruppe und der Unternehmensphilosophie bestimmt.

Freies Routing: Während sich die Unterscheidung in offene und geschlossene Ketten immer auf einzelne Reisen beziehen (operative Ebene), gilt die Entscheidung für eines der folgenden Routingkonzepte per definitionem für die Planung der gesamten Saison. Auf der einen Seite steht das freie Routing. Hierbei befährt das Schiff in unregelmäßiger Abfolge unterschiedliche Routen und Zielgebiete. Zu diesem Routentypus zählen z. B. Weltreisen, aber auch die meisten Expeditionsreisen, Studien- und Themenkreuzfahrten. Da hier (zumindest theoretisch) jede einzelne Reise neu geplant und organisiert werden muss, ist der Aufwand für die Reederei sehr hoch. Das freie Kreuzfahrtrouting wird oft auch als klassisches Routing bezeichnet. Dieser Terminus erscheint jedoch etwas irreführend, weil er die Assoziation zur klassischen Kreuzfahrt hervorruft, als scheinbare Abgrenzung zu den modernen Kreuzfahrten. Auch wenn diese Zuordnung in vielen Fällen zutrifft, können grundsätzlich sowohl klassische als auch moderne Kreuzfahrten beiden genannten Routingkonzepten folgen (vgl. Schäfer 1998, S. 94). Als Beispiel kann die Reederei Cunard Line angeführt werden, die zwar dem Reisekonzept nach klassische Kreuzfahrten anbietet (Oceanliner), aber dennoch vor allem die Turnusrouten Hamburg – Southampton – New York – Southampton – Hamburg fährt.

Turnusrouten: Dem freien Routing steht die Verwendung von Turnusrouten gegenüber. Dabei werden nacheinander mehrere Kreuzfahrten in einem festen Rhythmus auf der gleichen Route durchgeführt. Dies ist vor allem für die Karibik typisch, wo diverse Reedereien im Wochenrhythmus von New York oder Miami aus zu den karibischen Inseln aufbrechen. Solche Turnusrouten stellen per definitionem eine Rundreise, also eine geschlossene Kette dar. Für den Vertrieb kann sie jedoch zu zwei offenen Ketten aufgespalten werden (vgl. Schäfer 1998, S. 94 ff.), beispielsweise in eine Reise von Civitavecchia nach Mallorca und eine von Mallorca nach Civitavecchia. Diese Reisen werden dann immer im Wechsel angeboten, sodass das Schiff aus planerischer Sicht Turnusreisen ab Civitavecchia fährt. Beim zweiten Reiseabschnitt kann dann entweder die gleiche Route in umgekehrter Richtung befahren werden (d. h. im gegebenen Beispiel via Norditalien und Frankreich) oder das Schiff nimmt hierbei einen anderen Weg (d. h. üblicherweise via Südspanien, Nordafrika und Süditalien). Im zweiten Fall ist zwar der Planungsaufwand für die Reederei höher (vor allem in Bezug auf die Organisation der Hafenanläufe und Landausflüge), zugleich bietet dieser jedoch den Vorteil einer größeren Routenvielfalt.

Schmetterlings-Kurse: Eine weitere Variante sind die sogenannten Schmetterlings-Kurse. Dabei werden ausgehend vom gleichen Start- und Zielhafen (geschlossene Kette) immer abwechselnd zwei verschiedene Routen angeboten. Solche Reisen werden meist in einem Sieben-Tage-Rhythmus konzipiert, d. h. entweder dauert eine Tour drei und die andere vier Tage oder beide jeweils sieben. Solche Reisekonzepte haben aus Sicht des Marketings der Reederei entscheidende Vorteile. Für die Passagiere ergeben sich diverse Kombinationsmöglichkeiten: Sie können wahlweise die eine, die andere oder (in beliebiger Reihenfolge) beide Touren nacheinander als eine Reise buchen. Damit kann die Reederei mit dem gleichen Produkt verschiedene Zielgruppen ansprechen (vgl. Schäfer 1998, S. 98 f.). Ein mögliches Beispiel für eine solche Reise ist, von Mallorca aus erst in östlicher Richtung nach Süditalien, Malta und Nordafrika zu fahren, von dort nach Mallorca zurückzukehren und anschließend in westlicher Richtung nach Südspanien und Portugal zu kreuzen.

Positionierungsfahrten/Positionskreuzfahrten: Ein weiterer, in einiger Hinsicht spezieller Routentyp ist die Positionierungsfahrt, auch Positionskreuzfahrt genannt. Solche Fahrten sind meist notwendig, wenn ein Schiff das Fahrtgebiet wechseln soll, d. h. beispielsweise im Herbst aus der Ostsee in das Mittelmeer verlegt wird (vgl. die erste und letzte Reise in Tab. 7.2). Vor allem in der klassischen Kreuzfahrt sind solche Reisen aus Marketingsicht oft bedenklich. Denn je nach Region kann es schwierig oder sogar fast unmöglich sein, für diese Reise eine für die Passagiere attraktive Route zu konzipieren. Teilweise müssen Regionen durchfahren werden, in denen nur wenige sehenswerte Häfen liegen. Vor allem bei Trans-

Tab. 7.2: Routing der Mein Schiff 4 im Sommer 2017 (Quelle: Eigene Darstellung nach TUI Cruises 2016, S. 47 ff.).

Termin	Route (Name lt. Katalog)	Dauer (Tage)	Start- und Zielhafen
03.05.–15.05.	Westeuropa B	12	Mallorca → Hamburg
15.05.–21.05.	Event- und Kurzreisen A	6	Hamburg → Kiel
21.05.–29.05.	Nordland G	8	Kiel → Kiel
29.05.–08.06.	Ostsee B	10	Kiel → Kiel
08.06.–18.06.	Ostsee B	10	Kiel → Kiel
18.06.–26.06.	Nordland H	8	Kiel → Kiel
26.06.–06.07.	Ostsee B	10	Kiel → Kiel
06.07.–23.07.	Nordland A	17	Kiel → Kiel
23.07.–06.08.	Ostsee A	14	Kiel → Kiel
06.08.–14.08.	Nordland H	8	Kiel → Kiel
14.08.–22.08.	Ostsee E	8	Kiel → Kiel
22.08.–30.08.	Nordland G	8	Kiel → Kiel
30.08.–07.09.	Ostsee F	8	Kiel → Kiel
07.09.–17.09.	Ostsee B	10	Kiel → Kiel
17.09.–23.09.	Event- und Kurzreisen C	6	Kiel → Hamburg
23.09.–05.10.	Westeuropa F	12	Hamburg → Mallorca

ozean-Reisen führt das zu einer Aneinanderreihung von mehreren Seetagen, was aus Kundensicht bemängelt werden kann. Zuweilen wird die Reise dadurch sehr lang und somit teurer, aber lässt sich nicht sinnvoll in Abschnitte unterteilen. Um trotzdem eine akzeptable Auslastung der Kapazitäten zu erreichen, können die Reedereien diese Reisen z. B. zu günstigeren Tagespreisen anbieten als üblich oder sie als eine Themenkreuzfahrt konzipieren, bei der das Bordprogramm im Vordergrund steht.

An dieser Stelle sei erwähnt, dass einige Seegebiete, die heute als eigenständige Reviere vermarktet werden, bis vor einigen Jahren hauptsächlich eine Durchfahrtsregion für Positionskreuzfahrten darstellten. Ein Beispiel dafür ist die Europäische Atlantikküste (vgl. auch Kap. 13.2.2).

7.3.3 Vor- und Nachteile von standardisierten Routen

Der wesentliche Vorteil von Turnusrouten gegenüber frei geplanten Routen ist aus Sicht der Reedereien der vergleichsweise geringere organisatorische Aufwand. Turnusrouten werden (im Idealfall) nur einmal geplant, konzipiert und kalkuliert und werden dann die gesamte Saison über wiederkehrend durchgeführt. Auch wiederholen sich alle landseitigen Abläufe wie etwa die Anmeldung bei den Hafenbehörden und die Organisation der Landausflüge. Darüber hinaus sind Katalogproduktion und Marketing ebenfalls kostengünstiger. Von diesen Kostenvorteilen abgesehen, lassen sich so meist auch Hafengebühren sparen, da die meisten Häfen ihre Tarife nach der Anzahl der Anläufe einer Reederei im Laufe eines Jahres staffeln. Zudem gilt hier das bei geschlossenen Ketten bereits angeführte Argument, dass die Versorgung des Schiffs einfacher zu organisieren ist, wenn es in regelmäßigen (nicht zu langen) Abständen wieder zum Reisewechsel im gleichen Hafen anlegt.

Das Problem bei Turnusrouten ist, dass diese in der Regel nur bei modernen Kreuzfahrten anwendbar sind, bei denen für die Passagiere eher das Schiff und weniger die Route mit den Anlaufhäfen buchungsentscheidend ist. Da das Hauptaugenmerk der Passagiere bei klassischen Kreuzfahrten auf den landseitigen Destinationen liegt, müssen die Reedereien hier mehr Abwechslung bieten, als es mit immer wiederkehrenden Turnusrouten möglich ist. Das gilt umso mehr in Hinblick auf die Stammkunden, die beispielsweise jedes Jahr wieder eine Ostseereise beim gleichen Veranstalter buchen. Denn auch diese Gäste wollen jedes Jahr (zumindest teilweise) andere Häfen bereisen (vgl. Hey 2016).

Aber auch einige Anbieter von modernen Kreuzfahrten lassen ihre Schiffe auf frei geplanten Routen fahren. Dieses Konzept wird verfolgt, wenn für die Zielgruppen der Reederei die Reiseroute und die landseitigen Destinationen wichtige Buchungskriterien darstellen. Manche Anbieter, wie etwa TUI Cruises, haben eine Taktik entwickelt, die in gewissem Maße den Wunsch der potenziellen Passagiere nach einer möglichst großen Routenvielfalt mit den Vorteilen der Turnusrouten kombiniert: Ausgehend von einem festen Basishafen werden während der Saison verschiedene Reiserouten angeboten, von denen sich einige im Laufe der Saison in unregelmäßigen Abständen wiederholen. Zur Veranschaulichung wird in Tab. 7.2 die Abfolge der Reisen der Mein Schiff 4 im Sommer 2017 dargestellt.

7.4 Operative Schritte der Routenplanung

Die konkrete Planung einer bestimmten Reiseroute ist ein mehrstufiger Prozess. Nachdem das zu befahrende Gebiet festgelegt wurde, beginnt das Routing in der Regel zunächst mit der Auswahl des Turnaround-Hafens, denn zuerst muss geklärt werden, wo die Passagiere ein- und ausschiffen. Auf Basis dessen werden dann der Reiseverlauf und die Anlaufhäfen geplant. Treten Probleme auf, etwa, weil einer der anvisierten Stopover-Häfen zum gewünschten Termin bereits ausgebucht ist, kann die Route meist ohne größere Probleme angepasst werden und z. B. auf einen anderen Hafen ausweichen. Ein Wechsel des Turnaround-Hafens oder eine Verschiebung der Ein- und Ausschiffungstermine ist hingegen sehr schwierig (vgl. Mucha 2015). Dies liegt u. a. daran, dass Turnaround-Häfen spezielle Voraussetzungen in Bezug auf die Infrastruktur und die Verkehrsanbindung erfüllen müssen, um überhaupt als solche geeignet zu sein.

Ein weiterer wichtiger Grund, warum die Turnaround-Häfen und Reisewechseltermine so früh wie möglich feststehen müssen, ist die Buchung von Flügen für die An- und Abreise der Passagiere. Die meisten Reedereien bieten ihren Passagieren Packages an, die den Hin- und Rückflug beinhalten. Je nach kalkuliertem Kapazitätsbedarf kauft die Reederei die Sitzplätze entweder als Kontingent bei einer Linienfluggesellschaft oder (teil-)chartert Flugzeuge. Der Beschaffungsprozess für Charterflüge beginnt teilweise bis zu zwei Jahre im Voraus. Der Vorteil von Charterflügen liegt im Gegensatz zu Linienflügen in dem günstigeren Einkaufspreis begründet. Allerdings ist die Stornierung von Kontingenten bei Linienflügen im Unterschied zu Charterflügen flexibler. Ein wichtiger Aspekt bei der Beschaffungspolitik der Reedereien ist die Einschätzung der Auslastung der einzelnen Reisen im Voraus, und damit, wie viele Flugsitze eingekauft werden müssen. Einige Reedereien beschaffen ihre Flugsitze sowohl bei Charter- und auch Linienfluggesellschaften (vgl. Hey 2016).

In diesem Stadium der Routenplanung geht es auch darum, die optimale Dauer für die Kreuzfahrten zu finden. Diese hängt u. a. von gesellschaftlichen Trends ab und variiert von Jahr zu Jahr (vgl. Hey 2016). Diese Trends werden von verschiedenen Faktoren beeinflusst, beispielsweise von der wirtschaftlichen Situation im Quellmarkt. Auch die seit den 1980er-Jahren in Deutschland zu beobachtende Entwicklung der immer kürzer werdenden Haupturlaubsreise, aber dafür zunehmenden Anzahl an Kurzurlauben, nimmt darauf Einfluss. Ostseereisen dauern derzeit üblicherweise zwischen acht und zehn Tagen. Vierzehntägige Reisen, wie sie in anderen Fahrtgebieten häufig angeboten werden, sind für die Ostsee zu lang. Plant eine Reederei dennoch, derartige Reisen zu offerieren, kann sie das Fahrtgebiet erweitern, etwa indem zusätzlich Norwegen und Grönland angefahren werden.

Im nächsten Schritt werden die konkrete Fahrtroute und die unterwegs anzulaufenden Häfen bestimmt. Die Auswahl dieser Häfen trifft die Reederei nach individuell festgelegten Kriterien, welche auch als Hafenanlaufstrategie oder Port Selection Strategy bezeichnet werden (vgl. Schäfer 1998, S. 132). Sie hängt von verschiedenen Faktoren ab, neben der Größe des Schiffes vor allem von der allgemeinen Unternehmensphilosophie und den Bedürfnissen der Passagiere. Gäste von Reedereien aus dem Premium-Segment wie TUI Cruises, die viel Wert auf landseitige Destinationen legen, erwarten, dass das Schiff möglichst nahe an den Ausflugszielen anlegt, also z. B. direkt in Kopenhagen und nicht im ca. 40 km nördlich gelegenen und günstigeren Helsingør (vgl. Mucha 2015). Die Bremer Reederei Plantours Kreuzfahrten nutzt die geringe Größe der MS Hamburg, um kleine und außergewöhnliche Häfen abseits der üblichen Routen anzulaufen, in denen für die meisten größeren Schiffe kein Platz ist.

7.5 Hafenliegezeiten

Wenn feststeht, welche Häfen während der Reise in welcher Reihenfolge angelaufen werden sollen, können die vorgesehenen Liegezeiten in jedem der Häfen kalkuliert werden. Diese hängen wiederum von verschiedenen Einflussfaktoren ab. Der wesentliche Zweck von Stopover-Anläufen ist, den Passagieren die Möglichkeit zu Landausflügen zu geben. Damit sich diese lohnen, muss das Schiff eine ausreichend lange Zeit im Hafen liegen. Die Liegezeit hängt demnach u. a. von der Vielfalt des touristischen Angebots vor Ort und der Frage, wie weit diese Ziele vom Hafen entfernt sind, ab.

Dabei gilt zu beachten, dass mit steigender Passagierzahl mehr Zeit für das Ein- und Aussteigen eingeplant werden muss. Liegt das Schiff zudem auf Reede[16], statt an der Pier, erhöht sich der Zeitaufwand durch die Tender[17] zusätzlich. In einigen Häfen muss die Reederei auch schiffsrechtliche und nautische Besonderheiten beachten, zum Beispiel eine zeitliche Beschränkung bei Ein- und Auslaufzeiten, Öffnungszeiten von Behörden oder feste Öffnungszeiten von Brücken und Hindernissen (vgl. Schulz und Auer 2010, S. 104).

Ein wichtiger, indirekter Faktor für die Festlegung der Hafenliegezeiten ist die Entfernung und benötigte Fahrzeit zum nächsten Zielhafen. Kann dieser problemlos innerhalb weniger Stunden erreicht werden, ist es möglich, bis zum späten Abend im Hafen zu ankern. Bei einer größeren Entfernung muss das Schiff gegebenenfalls schon am Nachmittag wieder in See stechen, damit der Folgehafen am nächsten Tag rechtzeitig erreicht wird.

---

16 ein Ankerplatz bzw. Liegeplatz vor einem Hafen

17 D. h. die Passagiere müssen mit kleineren Booten übergesetzt werden.

7.6 Overnight-Stays

Als Overnight-Stay wird eine Übernachtung im Hafen bezeichnet. Das Schiff verlässt den Hafen folglich nicht wie üblich am Abend desselben Tages, sondern liegt über Nacht vor Anker. Overnight-Stays sind bei Passagieren gefragt, weil sie nicht unter Zeitdruck stehen, um eine bestimmte Uhrzeit wieder zurück an Bord sein zu müssen. Das gibt ihnen die Gelegenheit, besondere kulturelle Veranstaltungen wie beispielsweise das Ballett in St. Petersburg zu besuchen. Ein weiteres Motiv ist, dass ein weiter entferntes Ausflugsziel angepeilt wird, weshalb für den Landgang mehr Zeit benötigt wird. Hier können auch mehrtägige Ausflüge angeboten werden, bei dem die Passagiere die Nacht nicht auf dem Schiff verbringen (vgl. Künstner 2008, S. 30 f.; Schäfer 1998, S. 134).

Meistens werden solche Overnight-Stays etwa nach der Hälfte der Reisezeit eingeplant. Bei längeren Kreuzfahrten können u. U. auch eine oder sogar zwei Übernachtungen im Ein- oder Ausstiegshafen integriert werden. So können die Passagiere auch diese Stadt erkunden und zugleich schon oder noch den Komfort des Schiffs genießen. Den Reedereien erspart dies einen weiteren Anlauf. Overnight-Stays werden vor allem von hochpreisigen Premium-Reedereien angeboten. Hafenübernachtungen vor Beginn oder am Ende der Kreuzfahrt sind ausschließlich bei solchen Anbietern zu finden. Beispielsweise bot Silversea Cruises im Herbst 2017 eine siebzehntägige Ostseekreuzfahrt von London nach Hamburg an, bei der das Schiff bereits am Abend des fünfzehnten Tages im Zielhafen Hamburg ankam, die Passagiere aber dort noch zwei Nächte an Bord blieben (vgl. e-hoi 2016b, o.S.).

Bei sehr langen Reisen und Weltreisen werden in besonders reizvollen Städten gelegentlich auch doppelte Overnight-Stays eingelegt, d. h. das Schiff kommt am Morgen des ersten Tages an und bleibt bis zum Abend des dritten Tages. Dies ist zum Beispiel im Zuge vieler Afrika-Umrundungen in Kapstadt der Fall. Manche Anbieter im Luxussegment integrieren solche doppelten Overnight-Stays auch in herkömmliche zehn- bis vierzehntägige Reisen. So führte Azamara Club Cruises im August 2017 eine elftägige Ostseekreuzfahrt durch, in deren Verlauf das Schiff vom Morgen des vierten bis zum Abend des sechsten Tages in St. Petersburg lag (vgl. e-hoi 2016a, o.S.). Damit widersetzt sich die Reederei ganz bewusst dem Trend zahlreicher anderer Anbieter, in der Ostsee möglichst viele Häfen in kurzer Zeit anzulaufen.

Ein von Reedereien häufig angeführtes Argument gegen Overnight-Stays sind die wesentlich geringeren Bordumsätze in den Bars und Casinos, da die Mehrzahl der Passagiere den Abend an Land verbringt statt an Bord. Überdies muss das Casino während der Hafenliegezeiten in der Regel aus rechtlichen Gründen geschlossen bleiben. Dem gegenüber steht eine Ersparnis bei den Treibstoffkosten. Die Hafengebühren werden üblicherweise auf Basis von 24-Stunden-Intervallen berechnet, unabhängig davon, ob das Schiff diese 24 Stunden Liegezeit voll ausnutzt oder bereits nach acht Stunden wieder ausläuft. Im zweiten Fall kommen jedoch für sechzehn Stunden Treibstoffkosten dazu. Daher ist es wirtschaftlich sinnvoller, über Nacht im Hafen zu bleiben und erst am Folgetag zum nächsten Anlaufhafen weiterzufahren. Ein solches Konzept verfolgt beispielsweise Azamara Club Cruises. Wo es möglich und lohnenswert ist, bleiben die Schiffe über Nacht im Hafen und es wird ein entsprechendes Ausflugsprogramm angeboten. Die Passagiere wissen es zu schätzen, dass sie die Destinationen dadurch intensiver und entspannter erleben können. Die Reederei senkt ihrerseits ihre Ausgaben, weil im Laufe der Reise weniger Häfen angelaufen werden und während der bezahlten Hafenliegezeiten nur geringe Treibstoffkosten anfallen (vgl. Hey 2016).

Allerdings beinhaltet das Konzept, die 24-stündige Hafenliegezeit auszunutzen auch, dass anschließend immer ein Seetag eingeplant werden muss. Ob dies wiederum vertretbar ist, hängt von den Kunden bzw. der Zielgruppe ab. Diesbezüglich kommt es in den Reedereien oft zu Konflikten zwischen den einzelnen Abteilungen: Die Marketingabteilung würde gerne möglichst viele Häfen in kurzer Zeit anlaufen, die Finanz- und Rechnungswesen-Abteilung plädiert hingegen für eine geringe Anzahl an Anläufen und vor allem Schnellfahr-Strecken (vgl. Hey 2016).

7.7 Nachtrand-Ansatz

Der Nachtrand besagt, wie groß die Distanz zwischen zwei Anlaufhäfen maximal sein darf, damit das Schiff sie innerhalb von einer Nacht überwinden kann (vgl. Schäfer 1998, S. 116). Diese Frage lässt sich kaum allgemeingültig beantworten, da diese maximale Entfernung von verschiedenen Faktoren abhängt: Neben der anvisierten Durchschnittsgeschwindigkeit (die theoretisch erreichbare Höchstgeschwindigkeit ist durch den hohen Treibstoffverbrauch in der Regel nicht die ökonomisch sinnvollste) zählen in erster Linie die gewünschte Abfahrts- und Ankunftszeit dazu. Nach Hey (2016) liegt die anvisierte Durchschnittsgeschwindigkeit bei etwa zwölf Knoten. Da dieses Tempo nicht immer eingehalten werden kann und das Schiff dann zu spät im nächsten Hafen ankommen würde, muss manchmal eine Nacht mit achtzehn Knoten gefahren werden. Die optimale Fahrtgeschwindigkeit in Bezug auf ihre Effizienz hängt zudem von dem Schiff selbst und von dessen Antrieb ab. Meist liegt dieser Wert bei vierzehn bis fünfzehn Knoten (vgl. Hey 2016).

Trotz dieser zahlreichen Variablen lassen sich aus dem Nachtrand-Ansatz einige grundlegende Schlussfolgerungen ableiten, die die Wettbewerbsfähigkeit und den Erfolg von Kreuzfahrthäfen betreffen: Ein potenzieller Anlaufhafen ist besonders gut gelegen, wenn die Distanzen zum vorherigen und zum nachfolgenden Anlaufhafen relativ klein sind. Dies gilt besonders für Häfen, die auf der Prioritätenliste der betreffenden Reederei nur auf einem der unteren Plätze rangieren und folglich angefahren werden, weil sie ein gutes Verbindungsglied auf dem Weg zwischen zwei Must-see-Häfen darstellen: So dienen die beiden finnischen Städte Turku und Mariehamn in erster Linie als Zwischenstationen für Schiffe, die auf dem Weg von St. Petersburg nach Stockholm sind (sofern die Reedereien dazwischen nicht Helsinki anlaufen wollen bzw. können). Für die Reedereien sind diese Häfen besonders attraktiv, weil die kürzere Strecke zum einen (Treibstoff-)Kosten spart, und zum anderen, weil den Passagieren mehr Zeit für Landausflüge gewährt werden kann, ggf. sogar bis in den späten Abend hinein. Dies steigert die Zufriedenheit der Passagiere, erhöht den subjektiv wahrgenommenen Wert der Reise und kann u. U. sogar als Vorteil im Marketing verwendet werden.

An dieser Stelle sei darauf hingewiesen, dass der Ansatz, die Nachtranddistanz zu ermitteln, nur eine von zahlreichen Möglichkeiten zur Kalkulation der Reiseroute und der Fahrtgeschwindigkeit darstellt. Die Reedereien arbeiten mit unterschiedlichen Konzepten: So legen andere zuerst fest, welche Häfen angelaufen werden sollen und berechnen dann, mit welcher Geschwindigkeit gefahren werden müsste, um diese Distanzen in jeweils einer Nacht zu überwinden.

7.8 Seetage

Wenn die Entfernung von einem Anlaufhafen zum nächsten zu weit ist, um die Strecke in einer Nacht zurückzulegen, muss ein Seetag eingelegt werden. Solche Seetage entstehen nicht immer aus einer routenplanerischen Notwendigkeit. Teilweise planen Reedereien sie auch als feste Bestandteile in ihre Kreuzfahrtrouten ein. So gehört es bei TUI Cruises zum Reisekonzept, dass der erste und der letzte (volle) Tag einer Kreuzfahrt jeweils ein Seetag ist. Zu Beginn der Reise dient dieser nach Angaben der Reederei dazu, dass die Passagiere das Schiff und die Angebote an Bord kennenlernen und erkunden können. Der Seetag am Ende der Reise soll ihnen die Möglichkeit geben, noch einmal ausführlich die Bordeinrichtungen zu nutzen, bevor sie das Schiff wieder verlassen. Allerdings weicht die Reederei bei einigen Reisen von dieser Regelung ab, insbesondere auf den letzten Seetag wird immer häufiger verzichtet. Der erste Seetag wird möglichst beibehalten, um die Gäste mit dem Schiff vertraut zu machen. Doch manchmal erfordern die geografischen Gegebenheiten und die Nähe der Häfen zueinander auch hier eine Ausnahme (vgl. Mucha 2015).

Seetage werden auch deshalb eingeplant, damit sich die Passagiere von den anstrengenden Landausflügen erholen können – aus Sicht der Reedereien ein Vorteil, da an den Seetagen die Bordumsätze erheblich höher sind als an Hafentagen. Allerdings werden dafür keine Umsätze durch den Verkauf von Landausflügen generiert.

Grundsätzlich gibt es unterschiedliche Arten von Seetagen. Seetag bedeutet nicht nur, dass das Schiff an solchen Tagen über das offene Meer fährt, ohne oder mit wenig Sichtkontakt zum Ufer. Manchmal werden Seetage von den Reedereien auch ganz bewusst als „Sehtage" eingeplant. In diesem Kontext können Seetage in drei Gruppen unterteilt werden, die in Abb. 7.1 dargestellt sind: Reine Seetage, Panoramatage und Passagetage.

Seetag

	Reiner Seetag	Panoramatag	Passagetag
Umgebung / Aussicht auf ...	– Offenes Meer	– Küsten – Fjorde – Inseln – Vulkane – Eisberge	– Kanäle – Meerengen
Zweck des Seetages	– Distanzüberwindung – Erholung	– Distanzüberwindung – Erholung – Naturerlebnis	– Distanzüberwindung – Erholung – Naturerlebnis – Fahrtgebietswechsel – seefahrerischer Meilenstein

Abb. 7.1: Arten von Seetagen (Quelle: Eigene Darstellung in Anlehnung an Schäfer 1998, S. 137).

Reine Seetage dienen hauptsächlich der Distanzüberwindung. Sie bieten den Passagieren keine besonderen landschaftlichen Reize. Panoramatage bilden in einigen Fahrtregionen das Highlight der Reise und sind insofern auch ein wichtiger Marketingaspekt für die Reedereien. Dazu zählen zum Beispiel Fahrten durch die norwegischen Fjorde oder durch die Inselwelt der Kykladen. Noch stärker ist dieser Effekt bei den Passagetagen. Dabei werden Kanäle oder Meerengen durchquert, z. B. der Bosporus oder der Suez-Kanal. Zusätzlich zu den interessanten Aussichten und dem Erlebnis, über solche engen Wasserstraßen zu fahren, sehen einige Passagiere solche Passagen auch als seefahrerischen Meilenstein in ihrer persönlichen Kreuzfahrerlaufbahn an (vgl. Schäfer 1998, S. 136 f.). Einige Passagen haben bereits einen gewissen Legendenstatus erlangt. Dazu zählt beispielsweise der Nord-Ostsee-Kanal, der von hoher touristischer Attraktivität ist, aber aufgrund der technischen Gegebenheiten nur von wenigen kleinen Kreuzfahrtschiffen befahren werden kann.

Die Frage, ob und wie viele Seetage eine Kreuzfahrtroute optimalerweise enthalten sollte, hängt von zahlreichen Faktoren ab. Dazu gehören nicht nur die Länge der Reise und das Fahrtgebiet, sondern auch die Philosophie der Reederei und die angesprochene Zielgruppe. Bei klassischen Kreuzfahrten. ist die Toleranzgrenze der Passagiere in Bezug auf die Anzahl der Seetage eher gering, da der Besuch der Destinationen ein wichtiges Buchungskriterium darstellt. Enthält die Route zu viele, insbesondere direkt aufeinander folgende Seetage, wird dies schnell als störend und qualitätsmindernd empfunden. Folglich sind solche Reisen schwer verkäuflich. Handelt es sich um Panorama- oder Passagetage, ist die Akzeptanz etwas höher, schließlich bieten diese Reiseabschnitte einen gewissen touristischen Wert. Doch auch hier müssen die Reedereien mit viel Fingerspitzengefühl vorgehen, um ihre Kunden zufriedenzustellen.

Bei modernen Kreuzfahrten haben die Route und die besuchten Häfen für die Passagiere einen geringeren Stellenwert; demzufolge können mehr Tage auf See eingeplant werden. Prinzipiell sind sogar Kreuzfahrten möglich, die ganz ohne Zwischenanläufe auskommen, wie etwa die AIDA pur-Positionskreuzfahrt, die auf ihrer Route von Palma de Mallorca nach Dubai elf Seetage enthielt (vgl. Hildebrandt et al. 2015, S. 28). Aber auch dies ist abhängig von dem jeweiligen Fahrtgebiet: In typischen Revieren für Kulturtouristen, wie etwa der Ostsee, legen auch die Reisenden moderner Kreuzfahrten deutlich mehr Wert auf die landseitigen Destinationen als bei Karibik-Kreuzfahrten. Zu viele Seetage stellen jedoch auch hier ein Problem dar. Werden hingegen längere Reisen ganz ohne oder mit zu wenigen Seetagen geplant, sind die Passagiere gestresst und erschöpft, weil ihnen die Zeit zur Regeneration fehlt.

Neben den Bedürfnissen und Wünschen der Passagiere spielt bei der Entscheidung über die Anzahl der Seetage auch die Frage nach den Kosten (Hafengebühren, Treibstoffkosten) eine Rolle. Diese beiden Kostenfaktoren können in gewisser Weise als Substitute betrachtet werden, da entweder für das im Hafen liegende Schiff Hafengebühren gezahlt werden müssen oder ein fahrendes Schiff Treibstoff verbraucht. Liegeplatzgebühren u.v.m. variieren zwischen den einzelnen Häfen zum Teil sehr stark (vgl. auch Kap. 10.4), für einen Hafen bleiben sie jedoch auf mittelfristiger Sicht relativ konstant. Die Einkaufspreise für Treibstoff sind hingegen an den Ölpreis gekoppelt und unterliegen im Zeitverlauf enormen Schwankungen. In Anbetracht der Tatsache, dass ca. 40 % der Betriebskosten eines Kreuzfahrtschiffes auf den Treibstoff entfallen, wird deutlich, dass solche Preisschwankungen auch Einfluss auf die Routenplanung der Reedereien haben: Ist der Treibstoff günstig, ist es wirtschaftlich sinnvoller, mit dem Schiff auf See zu bleiben, um die vergleichsweise hohen Hafengebühren zu vermeiden. Ist der Treibstoff hingegen teuer, ist es rentabler, möglichst viel Zeit in Häfen zu verbringen (vgl. Hey 2016). Die Schwierigkeit ist, diese kurzfristigen Entwicklungen für die weit im Voraus stattfindende Routenplanung vorherzusehen und entsprechend zu berücksichtigen. Der folgende Exkurs beschäftigt sich mit verschiedenen Lösungsansätzen.

7.9 Exkurs: Planungsrisiko Treibstoffkosten

Ein wesentliches Problem der Routenplanung liegt in der langen Vorlaufzeit begründet. Da die Treibstoffkosten die Wirtschaftlichkeit maßgeblich beeinflussen, müssen die Reedereien im Voraus versuchen, die Preisentwicklungen auf dem Ölmarkt abzuschätzen, um dann ggf. ihre Routingstrategie danach auszurichten. Damit beinhaltet dieser Kostenfaktor ein hohes kalkulatorisches Risiko. Für europäische Reeder ist dieses Risiko umso höher, da der Treibstoff in US-$ gehandelt wird. So hängt der tatsächlich gezahlte Preis zum einen von den Rohölpreisen und zum anderen von dem Wechselkurs ab. Diese können sich entweder gegenseitig ausgleichen (wenn z. B. ein starker Euro den Effekt eines steigenden Ölpreises ausgleichend relativiert) oder sich verstärken. Ein schwacher Euro (und dadurch bedingt ein ungünstiger Wechselkurs) in Kombination mit einem hohen Ölpreis kann für Reedereien ohne ausreichende finanzielle Reserven existenzbedrohend sein.

Um dieses Risiko zu minimieren, haben die Reedereien im Wesentlichen zwei Möglichkeiten: Zum einen können sie am sogenannten Spot-Markt Öl kaufen. Manche Händler sind bereit, Reedereien für das gesamte Jahr einen Festpreis auf US-$-Basis zu gewähren. Voraussetzung ist, dass die Destinationen bereits festgelegt wurden, da die Händler wissen müssen, in welchem Hafen welche Treibstoffmenge benötigt wird. Wenn das Schiff beispielsweise von Barcelona aus westwärts fahrend auf Weltreise geht und 30 Tage autark fahren kann, muss es in Brasilien zum ersten Mal aufgetankt werden. Gemäß der eigenen Kalkulation gibt der Reeder folglich die voraussichtlich benötigten Mengen für die einzelnen Häfen an. Für diese bestellten Mengen und einen Spielraum von ca. +/– 10 % wird dann ein vorher vereinbarter Festpreis in Rechnung gestellt. Zusätzlich können sich die Reedereien durch Termingeschäfte, sogenannte *currency futures*, gegen das Wechselkursrisiko absichern (vgl. Hey 2016).

Diese Absicherungen beinhalten zwei Nachteile: Zum einen werden damit finanzielle Mittel gebunden. Daher ist sie nur durchführbar, wenn die Reederei über genügend finanzielle Reserven verfügt. Zum anderen wurde je nach Kursentwicklung rückblickend eventuell zu viel bezahlt. Der Vorteil solcher Absicherungen liegt in einer sicheren Planung zu Festpreisen; diese können damit als Fixkosten in die Reisepreiskalkulation einbezogen werden. Letztlich muss jede Reederei selbst entscheiden, ob sie auf Sicherheit setzen oder ein Risiko eingehen will. Die Entscheidung hängt u. a. auch von der Größe des Unternehmens ab. Große Reedereien mit einer hohen Anzahl an Schiffen sichern sich tendenziell häufiger ab als kleine.

Zudem kommt es auch auf die Art der Kreuzfahrt an: Für Megaliner, die nur auf ein- oder zweiwöchigen Turnusrouten durch die Karibik, die Ostsee oder das Mittelmeer fahren, ist das Planungsrisiko deutlich geringer. Auf diesen Routen weiß die Reederei genau, wie viel Treibstoff ihre Schiffe verbrauchen; zudem sind sie nach einigen Tagen wieder im Heimathafen, wo nachgetankt werden kann. Diese Menge kann dann für die gesamte Saison im Voraus eingekauft werden. Dies ist günstiger und einfacher als Spots aufzukaufen, die weltweit verstreut liegen.

Für eine Reederei, die weltweit auf immer neuen Routen agiert, ist dies schwieriger zu handhaben. In Fernost möchte die Reederei zu den gleichen Preisen einkaufen wie in der Karibik. Soll zum Beispiel in Tahiti Treibstoff aufgenommen werden, muss dieser erst einmal dort hingebracht werden. Alle diese Aspekte muss eine Reederei in ihre Planung und Kalkulation einbeziehen (vgl. Hey 2016).

8 Standpunkt-Analyse

Die Standpunkt-Analyse zielt darauf ab, die wichtigsten Kennzahlen für den Erfolg eines Kreuzfahrthafens zu analysieren und die vier untersuchten Häfen einander gegenüberzustellen. Konkret werden folgende Aspekte verglichen:

- Von welchen Kreuzfahrtmarken wird der Hafen in welcher Häufigkeit angelaufen?
- Welche Nationalitäten besitzen die Reedereien und welches sind ihre Hauptquellmärkte?
- Handelt es sich um Stopover- oder (Part-)Turnaround-Anläufe?

8.1 Standpunkt-Analyse Hamburg

In Hamburg sind für die Saison 2017 196 Kreuzfahrtschiffsanläufe angemeldet (Stand: 13.02.2017). 22 Reedereien steuern den Hafen mit 42 verschiedenen Schiffen an (vgl. Tab. 8.1). Die Kennzeichnung mit einem Stern weist darauf hin, dass diese Reederei in Hamburg Reisewechsel durchführt.

In Bezug auf die Herkunftsländer und Passagier-Quellmärkte der Reedereien ist Hamburg von allen vier Häfen am breitesten aufgestellt: Neben acht deutschen, sechs US-amerikanischen und vier britischen Reedereien sind mit Costa Crociere, MSC Cruises, Silversea Cruises, Fred. Olsen Cruise Lines und Hurtigruten Anbieter aus Italien, Monaco und Norwegen vertreten, die multinationale Zielgruppen ansprechen.

Tab. 8.1: Anzahl der Kreuzfahrtschiffanläufe 2017 in Hamburg nach Reederei (Quelle: Eigene Darstellung nach Hamburg Cruise Center 2017, S. 27 ff.).

Reederei/Veranstalter	Anläufe 2017	Reederei/Veranstalter	Anläufe 2017
AIDA Cruises (DE)*	86	Hansa Touristik (DE)*	3
MSC Cruises (CH)*	17	Silversea Cruises (MC)*	2
Hapag-Lloyd Cruises (DE)*	13	Holland America Line (USA)	2
TUI Cruises (DE)*	13	Oceania Cruises (USA)	2
Phoenix Reisen (DE)*	12	P&O Cruises (GB)	2
Fred. Olsen Cruise Lines (NO)	8	Princess Cruises (USA)*	2
Norwegian Cruise Line (USA)*	8	Sea Cloud Cruises (DE)*	2
Cunard Line (GB)*	7	Azamara Club Cruises (USA)*	1
Costa Crociere (IT)*	5	Hurtigruten (NO)	1
Plantours Kreuzfahrten (DE)*	4	Saga Cruises (GB)	1
Cruises & Maritime Voyages (GB)	3	Transocean Kreuzfahrten (DE)*	1

https://doi.org/10.1515/9783110480665-008

Laut der Kreuzfahrtstudie von CLIA Deutschland und dem DRV (2017) verzeichnete Hamburg in der Saison 2016 insgesamt 721.715 Kreuzfahrtgäste, davon 26.975 Transitpassagiere, d. h. Stopover-Besucher. Das entspricht einem Stopover-Anteil von ca. 5,7 %. Drei Jahre zuvor, in 2013, betrug der Stopover-Anteil knapp 5,9 % und blieb damit relativ konstant (vgl. CLIA Deutschland und DRV 2014, o.S.).

Allerdings ist zu beachten, dass bei jedem Reisewechsel sowohl die aussteigenden als auch die einsteigenden Passagiere gezählt werden. Ein Reisender, dessen Kreuzfahrt in Hamburg beginnt und endet, wird in der Statistik folglich doppelt erfasst. Dies ist international übliche Praxis und gilt für alle Häfen (vgl. CLIA Deutschland und DRV 2014, S. 24; Martin und Boekhoff 2015).

In diesem Kontext weisen Martin und Boekhoff (2015) auf einen Nachteil bei dieser Art der Passagierzählung hin: Es ist zwar formal korrekt, die Reisenden, die ihre Kreuzfahrt im gleichen Hafen beginnen und beenden, doppelt zu zählen, da diese den Hafen zweimal besuchen. In Hinblick auf die in Kap. 12 behandelte Wertschöpfung, die vor Ort durch den Aufenthalt der Passagiere generiert wird, erweist sich diese Doppelzählung jedoch als problematisch. Denn insbesondere in Städten mit einem geringen Angebot an touristischen Sehenswürdigkeiten wie Kiel oder Bremerhaven verweilt die überwiegende Mehrheit der Turnaround-Passagiere nur ein einziges Mal in der Stadt. Beim zweiten Mal beschränkt sich der Aufenthalt auf den Transit vom Schiff zum Parkplatz, Bahnhof oder Flughafen. Insofern generiert sich die Wertschöpfung für die Destination aus diesem zweiten Besuch nur aus den Einnahmen aus den passagierabhängigen Hafengebühren.

8.2 Standpunkt-Analyse Bremerhaven

In Bremerhaven werden in 2017 81 Anläufe von 17 verschiedenen Schiffen erwartet (Stand: 13.02.2017). Elf Reedereien und Reiseveranstalter laufen den Hafen in diesem Jahr an (vgl. Tab. 8.2).

Tab. 8.2 zeigt, dass Bremerhaven vor allem von deutschen Kreuzfahrtunternehmen frequentiert wird. Diese nutzen den Hafen vorrangig als Turnaround-Destina-

Tab. 8.2: Anzahl der Kreuzfahrtschiffanläufe 2017 in Bremerhaven nach Reederei (Quelle: Eigene Darstellung nach Columbus Cruise Center 2017, o.S.).

Reederei/Veranstalter	Anläufe 2017	Reederei/Veranstalter	Anläufe 2017
Phoenix Reisen (DE)*	36	Hansa Touristik (DE)*	2
Costa Crociere (IT)*	11	Hurtigruten (NO)*	2
Transocean Kreuzfahrten (DE)*	11	Regent Seven Seas Cruises (USA)	1
TUI Cruises (DE)*	11	Plantours Kreuzfahrten (DE)*	1
Saga Cruises (GB)	3	Thomson Cruises (GB)	1
FTI Cruises (DE)*	2		

tion für Reisen rund um Großbritannien oder entlang der europäischen Atlantikküste. Costa Crociere ist der einzige ausländische Anbieter mit einer hohen Anzahl an Anläufen. Auch hier dient Bremerhaven als Reisewechsel-Hafen. In der Saison 2016 kamen bei 69 Anläufen in Bremerhaven insgesamt ca. 99.000 Kreuzfahrtgäste, davon 95.000 zur Ein- oder Ausschiffung (vgl. Cruise Europe 2017b). Der Anteil der Stopover-Gäste beträgt nur ca. 4 %. Die wenigen Stopover-Anläufe werden fast ausschließlich von britischen Reedereien durchgeführt.

8.3 Standpunkt-Analyse Kiel

In Kiel sind für 2017 133 Anläufe von 29 verschiedenen Schiffen vorgesehen (Stand: 13.02.2017). Achtzehn Reedereien und Reiseveranstalter fahren den Hafen in diesem Jahr an. Tab. 8.3 gibt einen Überblick.

Die größte deutsche Reederei AIDA Cruises aus Rostock mit den vier Schiffen AIDAvita, cara, luna und bella weist mehr als doppelt so viele Anläufe auf wie MSC Cruises und TUI Cruises zusammen. Bemerkenswert ist bei dieser Auflistung vor allem von welchen Reedereien Kiel angelaufen wird: Neun der achtzehn Reedereien haben ihren Sitz in Deutschland und richten sich somit vorrangig oder sogar ausschließlich an Kunden aus dem deutschsprachigen Raum. Hinzu kommen die beiden Reedereien MSC Cruises und Costa Crociere. Diese bedienen verschiedene internationale Quellmärkte, haben auf ihren Schiffen aber einen signifikant hohen Anteil an deutschen Gästen. Dazu kommen einige Reedereien aus anderen europäischen Ländern, vor allem aus Großbritannien (vgl. Tab. 8.3).

Im amerikanischen Markt spielt Kiel nahezu keine Rolle. Die Holland America Line ist der einzige amerikanische Anbieter, der den Hafen in diesem Jahr ansteuert. Laut Stille (2015) sind für die meisten US-amerikanischen Reedereien Turnaround-Anläufe in Kiel nicht vorstellbar, weil Kopenhagen für amerikanische Pas-

Tab. 8.3: Anzahl der Kreuzfahrtschiffanläufe 2017 in Kiel nach Reederei (Quelle: Eigene Darstellung nach Port of Kiel 2017b, S. 1 ff.).

Reederei/Veranstalter	Anläufe 2017	Reederei/Veranstalter	Anläufe 2017
AIDA Cruises (DE)*	48	Phoenix Reisen (DE)*	3
MSC Cruises (CH)*	21	Transocean Kreuzfahrten (DE)*	3
TUI Cruises (DE)*	21	FTI Cruises (DE)*	2
Holland America Line (USA)	7	Dutch Cruise Line (NL)*	2
Hansa Touristik (DE)*	6	Cunard Line (GB)*	1
Costa Crociere (IT)*	5	P&O Cruises (GB)	1
Plantours Kreuzfahrten (DE)*	4	Ponant (FR)	1
Fred. Olsen Cruise Lines (NO)	3	Swiss Excellence River Cruises (CH)*	1
Hapag-Lloyd Cruises (DE)*	3	Sans Souci Kreuzfahrten (DE)	1

sagiere mit dem Flugzeug deutlich besser erreichbar ist. Bei der Auswahl der Stopover-Häfen hat Warnemünde durch die kürzere Distanz nach Berlin und sein Image als *Port of Berlin* einen deutlichen Vorteil. Da auf einer Reise höchstens ein deutscher Hafen angelaufen wird, hat Kiel in diesem Segment kaum eine Chance. In absehbarer Zeit ist diesbezüglich auch keine Änderung zu erwarten.

Laut der Kreuzfahrtstudie von CLIA Deutschland und dem DRV (2017) hatte Kiel in der Saison 2016 insgesamt ca. 485.497 Kreuzfahrtgäste, davon 26.975 Transitpassagiere (Stopover-Besucher). Das entspricht einem Anteil von knapp 5,6 %. Drei Jahre zuvor, in 2013, betrug der Stopover-Anteil noch ca. 17 % (vgl. CLIA Deutschland und DRV 2014).

8.4 Standpunkt-Analyse Warnemünde

In Warnemünde sind für die Saison 2017 190 Kreuzfahrtschiffsanläufe geplant (Stand: 13.02.2017). 24 Reedereien steuern den Hafen mit 36 verschiedenen Schiffen an. Tab. 8.4 gibt einen Überblick über die Anbieter, deren Nationalität und die jeweilige Anzahl der geplanten Anläufe in der aktuellen Saison.

Der Hafen weist eine sehr hohe Zahl von Anläufen von AIDA Cruises auf. Der deutsche Marktführer hat seinen Hauptsitz in Rostock, daher ist Warnemünde sein wichtigster Turnaround-Hafen im Ostseeraum. Allerdings ist AIDA Cruises der einzige deutsche Anbieter, der Warnemünde regelmäßig frequentiert. Fast alle anderen Kunden sind ausländische Reedereien. Die große Mehrheit bilden die international operierenden US-amerikanischen Reedereien. Unter diesen zwölf Anbietern sind sowohl Megaliner als auch kleine, exklusive Schiffe vertreten. Die Beliebtheit Warne-

Tab. 8.4: Anzahl der Kreuzfahrtschiffanläufe 2017 in Rostock nach Reederei (Quelle: Eigene Darstellung nach Rostock Port 2017a, o.S.).

Reederei/Veranstalter	Anläufe 2017	Reederei/Veranstalter	Anläufe 2017
AIDA Cruises (DE)*	40	Royal Caribbean International (USA)	3
Viking Ocean Cruises (CH)	24	Silversea Cruises (MC)	3
Norwegian Cruise Line (USA)*	17	Azamara Club Cruises (USA)	2
Costa Crociere (IT)*	16	Crystal Cruises (USA)	2
MSC Cruises (CH)*	16	Hansa Touristik (DE)*	2
Princess Cruises (USA)*	12	Windstar Cruises (USA)	2
Celebrity Cruises (USA)	11	Birka Cruises (FI)	1
Holland America Line (USA)	9	Cunard Line (GB)	1
Oceania Cruises (USA)	9	Disney Cruises (USA)	1
Pullmantur Cruises (ES)*	8	Fred. Olsen Cruise Lines (NO)	1
Cruises & Maritime Voyages (GB)	5	Saga Cruises (GB)	1
Regent Seven Seas Cruises (USA)	3	Thomson Cruises (GB)	1

mündes bei US-amerikanischen Reedereien und Passagieren liegt zum einen an der Nähe zu Berlin und hat zum anderen historische Gründe (vgl. auch Kap. 2.4).

Auffällig ist, dass mit Costa Crociere, MSC Cruises, Norwegian Cruise Line, Princess Cruises und Pullmantur Cruises eine Vielzahl internationaler Reedereien Warnemünde als Reisewechsel-Hafen nutzen. Bis 2015 führten diese Reedereien ihre Passagierwechsel in der Regel in Kopenhagen durch. Für Gäste aus Südeuropa und Übersee war Kopenhagen aufgrund der wesentlich besseren Linienflugverbindungen einfacher und schneller zu erreichen.

Im Jahr 2015 führte Costa Crociere als erste ausländische Reederei Teilreisewechsel in Warnemünde ein. Dahinter stand das folgende Konzept: Grundsätzlich können am Flughafen Rostock-Laage auch große Flugzeuge starten und landen, obwohl für Linienflüge derzeit keine solchen eingesetzt werden. Daher werden Gäste von Costa Crociere aus Italien und Spanien nun mit Charterflügen zum Flughafen Rostock-Laage befördert und von dort aus mit Bussen in ca. 30 Minuten direkt zum Schiff transportiert. Dies betrifft ca. 2/3 der Passagiere auf den Costa-Schiffen. Die übrigen Passagiere kommen überwiegend aus den USA. Für sie findet der Reisewechsel aufgrund der besseren Linienfluganbindung weiterhin in Kopenhagen statt. Diese Lösung bietet den Reedereien verschiedene Vorteile. Sie kann dadurch u. a. Flughafen- und Hafengebühren sparen. Da der Rostocker Flughafen deutlich weniger ausgelastet ist als andere, können die Start- und Landeslots wesentlich besser auf die Wünsche der Reedereien abgestimmt werden (vgl. Martin und Boekhoff 2015).

Auch für die Passagiere bedeutet dies mehr Komfort, denn der Rostocker Flughafen bietet einen besonderen Service, der auf großen Flughäfen wie in Kopenhagen nicht umsetzbar wäre: Das Gepäck wird vom Flugzeug direkt auf das Schiff transportiert. Die Passagiere geben es vor dem Start am heimatlichen Flughafen auf und finden es dann auf dem Schiff in ihrer Kabine vor.

Da sich dieses Konzept bewährt hat, wurde es sukzessive genauso oder in leicht abgewandelter Form von MSC Cruises und Pullmantur Cruises übernommen. Norwegian Cruise Line führte im Juni 2016 ein etwas anderes Konzept ein. Die Reederei bietet ihre Ostseekreuzfahrten seit Juni 2016 im deutschen Markt mit Ein- und Ausstieg in Warnemünde an. Im Gegensatz zu Costa Crociere bleibt Kopenhagen jedoch der Haupt-Turnaround-Hafen. Zudem bietet die Reederei die eine Nacht umfassende Passage (One-Nighter) von Kopenhagen nach Warnemünde bei einigen Reiseterminen als eigenständiges Produkt an. Diese Neuerung war Teil einer Marketing-Offensive von Norwegian Cruise Line, die darauf abzielte, sich als US-amerikanische Reederei besser auf dem deutschen Markt zu positionieren.

Allerdings kommen solche Konzepte nicht für alle Reedereien in Frage. TUI Cruises legt beispielsweise bei allen Reisen Wert darauf, dass die Passagiere nicht auf die reedereiseitig angebotenen Anreisepakete angewiesen sind, sondern ihre An- und Abreise zum und vom Schiff auch individuell organisieren können (vgl. Mucha 2015). Für ausländische Reedereien, die dieser Leitlinie folgen, scheidet eine solche Lösung aus.

Warnemünde ist Deutschlands größter Stopover- oder Transithafen. Laut der Kreuzfahrtstudie von CLIA Deutschland und dem DRV (2017) hatte Warnemünde in der Saison 2016 insgesamt ca. 553.000 Kreuzfahrtgäste, davon ca. 213.000 Transitpassagiere, d. h. Stopover-Besucher. Das entspricht einem Stopover-Anteil von etwa 38,5 %. Drei Jahre zuvor, in 2013, betrug der Stopover-Anteil noch ca. 51 % (vgl. CLIA Deutschland und DRV 2014).

8.5 Zusammenfassung

In Tab. 8.5 und 8.6 werden die wichtigsten Angaben zusammengefasst und weitere Kennzahlen berechnet, die einen Vergleich der vier Häfen ermöglichen.

Aus der Tabelle wird ersichtlich, dass Hamburg gemessen an der Anzahl der Schiffsanläufe knapp vor Warnemünde liegt. Bei einem Vergleich der Kennzahlen für diese beiden Häfen fällt zudem auf, dass die Anzahl der Reedereien, die die Häfen besuchen, nahezu identisch ist. Allerdings ist in Hamburg die Anzahl der (unterschiedlichen) Schiffe signifikant höher. Daraus lässt sich ableiten, dass die Reedereien Warnemünde tendenziell immer wieder mit den gleichen Schiffen anlaufen (wie es bei Turnusrouten üblicherweise der Fall ist). Hamburg hingegen wird im Laufe einer Saison von den gleichen Reedereien mit unterschiedlichen Schiffen besucht.

Tab. 8.5: Zusammenfassung der Passagierzahlen in den Häfen in 2016 (Quelle: Eigene Darstellung nach CLIA Deutschland und DRV 2017 und Cruise Europe 2017b).

Hafen	Gesamtzahl Passagiere	Turnaround-Passagiere	Stopover-Passagiere	Turnaround-Quote
Hamburg	721.715	680.397	41.318	ca. 94,3 %
Bremerhaven	99.000	95.000	47.500	ca. 96,0 %
Kiel	485.497	458.522	230.516	ca. 94,4 %
Warnemünde	553.000	340.000	170.000	ca. 61,5 %

Tab. 8.6: Zusammenfassung der Kreuzfahrtschiffsanläufe in den vier Häfen 2017 (Quelle: Eigene Darstellung basierend auf Tab. 8.1 bis Tab. 8.4).

Hafen	Anzahl Anläufe	Anzahl Turnaround	Anteil Turnaround	Anzahl Schiffe	Anzahl Reedereien
Hamburg	196	177	ca. 90 %	42	22
Bremerhaven	81	76	ca. 94 %	17	11
Kiel	133	120	ca. 90 %	29	23
Warnemünde	190	111	ca. 58 %	36	24

9 ABC-Analyse

Schäfer (1998, S. 154 ff.) nimmt eine Einordnung der Wichtigkeit und des Erfolges von Kreuzfahrthäfen anhand einer klassischen ABC-Analyse vor. Dazu teilt er die Häfen in die drei Kategorien A, B und C ein. Häfen der Kategorie A werden je nach Fahrtgebiet bei mindestens 45 % bis 70 % aller Kreuzfahrten in dieser Region angelaufen, Häfen der Kategorie B bei mindestens 20 % bis 35 % und solche der Kategorie C werden entsprechend weniger als 20 % frequentiert (Schäfer 1998, S. 155). Anders formuliert, geht es um die Frage, wie wichtig ein bestimmter Hafen aus Sicht der Passagiere und der Reedereien für das Fahrtgebiet ist. A-Häfen sind demnach „integraler Bestandteil von Kreuzfahrten in der jeweiligen Region [...], deren Fehlen eine Route erheblich entwerten würde." (Schäfer 1998, S. 155) Er geht jedoch davon aus, dass ein Schiff während einer Reise nicht alle Häfen dieser Kategorie anlaufen muss, um die Passagiere zufriedenzustellen. Dies wiederum hängt auch von der Länge der Kreuzfahrt und der befahrenen Region ab.

Schäfer beschreibt dieses Konzept aus Reedereisicht als ein Instrument zur Routenplanung. Es kann auch dazu genutzt werden, den Erfolg eines Hafens im Vergleich zu den Mitbewerbern zu ermitteln. Im Rahmen der ABC-Analyse wird der relative Anteil aller in diesem Fahrtgebiet durchgeführten Reisen berechnet, die den betrachteten Hafen einschließen. Nicht erfasst wird die absolute Anzahl der Anläufe oder die Zahl der Passagiere.

9.1 Anwendung der ABC-Analyse für alle relevanten Fahrtgebiete

Als Basis zur Durchführung dieser Analyse bedarf es der Kenntnis der Gesamtzahl der durchgeführten Kreuzfahrten in einem bestimmten Fahrtgebiet (d. h. die Grundgesamtheit) und der Anlaufzahlen der einzelnen Häfen. Zudem ist es von Vorteil, die Analyse mit Daten aus mehreren aufeinander folgenden Jahren durchzuführen. So werden unter Umständen Trends erkennbar und eine Verzerrung der Ergebnisse durch Ausreißer wird vermieden.

Eine Studie der CLIA gibt Aufschluss über die Gesamtanzahl der Kreuzfahrten, die im jeweiligen Vorjahr in nord- und westeuropäischen Gewässern durchgeführt wurden. Das betrachtete Gebiet umfasst die Ostsee, das Nordmeer, die Polarregionen, Großbritannien und die Atlantikküste bis zur Straße von Gibraltar. Tab. 9.1 zeigt die Daten für die letzten fünf Jahre. Eine Aufschlüsselung nach einzelnen Fahrtgebieten ist nach diesen Angaben nicht möglich. Ausführlichere Statistiken dazu liegen nicht vor.

Die Tab. 9.2 bis 9.5 zeigen die Ergebnisse der ABC-Analyse für die vier Häfen auf Basis der Statistiken von Cruise Baltic (2017a) und Cruise Europe (2017). Zu Vergleichszwecken wurde ebenso eine Analyse für Kopenhagen (Tab. 9.6), Tallin (Tab. 9.7), St. Petersburg (Tab. 9.8) und Amsterdam (Tab. 9.9) durchgeführt, einige der wichtigsten Turnaround- und Stopover-Häfen in Nordeuropa.

https://doi.org/10.1515/9783110480665-009

Tab. 9.1: Anzahl der in Kreuzfahrten in Nord- und Westeuropa von 2011–2015 (Quelle: Eigene Darstellung nach European Cruise Council 2012, S. 12, CLIA Europe 2013, S. 11, CLIA Europe 2014, S. 9, CLIA Europe 2015, S. 9, CLIA Europe 2016b, S. 11).

Jahr	2011	2012	2013	2014	2015
Anzahl Kreuzfahrten	1.051	1.265	1.249	1.184	1.154

Tab. 9.2: Gesamtzahl an Anläufen und Turnarounds in Hamburg sowie Marktanteile (Quelle: Eigene Darstellung nach Cruise Europe 2017c und Tab. 9.1).

Hamburg	2011	2012	2013	2014	2015
Gesamtzahl der Anläufe im Hafen	118	160	178	189	150
Marktanteil an allen Kreuzfahrten in Nord- und Westeuropa	11,2 %	12,6 %	14,3 %	16,0 %	13,0 %
Zahl der Turnaround-Anläufe	106	144	160	170	135
Marktanteil als Turnaround-Hafen	10,1 %	11,4 %	12,8 %	14,4 %	11,7 %

Tab. 9.3: Gesamtzahl an Anläufen und Turnarounds in Bremerhaven sowie Marktanteile (Quelle: Eigene Darstellung nach Cruise Europe 2017b und Tab. 9.1).

Bremerhaven	2011	2012	2013	2014	2015
Gesamtzahl der Anläufe im Hafen	42	51	53	62	61
Marktanteil an allen Kreuzfahrten in Nord- & Westeuropa	4,0 %	4,0 %	4,2 %	5,2 %	5,3 %
Zahl der Turnaround-Anläufe	40	48	50	58	58
Marktanteil als Turnaround-Hafen	3,8 %	3,8 %	4,0 %	4,9 %	5,0 %

Tab. 9.4: Gesamtzahl an Anläufen und Turnarounds in Kiel sowie Marktanteile (Quelle: Eigene Darstellung nach Cruise Baltic 2017a, S. 2 f. und Tab. 9.1).

Kiel	2011	2012	2013	2014	2015
Gesamtzahl der Anläufe im Hafen	120	137	128	127	133
Marktanteil an allen Kreuzfahrten in Nord- und Westeuropa	11,4 %	10,8 %	10,2 %	10,7 %	11,5 %
Zahl der Turnaround-Anläufe	115	113	109	118	130
Marktanteil als Turnaround-Hafen	10,9 %	8,9 %	8,7 %	10,0 %	11,3 %

Tab. 9.5: Gesamtzahl an Anläufen und Turnarounds in Warnemünde sowie Marktanteile (Quelle: Eigene Darstellung nach Cruise Baltic 2017a, S. 2 f. und Tab. 9.1).

Warnemünde	2011	2012	2013	2014	2015
Gesamtzahl der Anläufe im Hafen	158	181	198	182	175
Marktanteil an allen Kreuzfahrten in Nord- und Westeuropa	15,0 %	14,3 %	15,9 %	15,4 %	15,2 %
Zahl der Turnaround-Anläufe	35	53	60	99	95
Marktanteil als Turnaround-Hafen	3,3 %	4,2 %	4,8 %	8,4 %	8,2 %

Tab. 9.6: Gesamtzahl an Anläufen und Turnarounds in Kopenhagen sowie Marktanteile (Quelle: Eigene Darstellung nach Cruise Europe 2017c und Tab. 9.1).

Kopenhagen	2011	2012	2013	2014	2015
Gesamtzahl der Anläufe im Hafen	368	372	347	313	283
Marktanteil an allen Kreuzfahrten in Nord- und Westeuropa	35,0 %	29,4 %	27,8 %	26,4 %	24,5 %
Zahl der Turnaround-Anläufe	171	173	160	129	125
Marktanteil als Turnaround-Hafen	16,3 %	13,7 %	12,8 %	10,9 %	10,8 %

Tab. 9.7: Gesamtzahl an Anläufen und Turnarounds in Tallin sowie Marktanteile (Quelle: Eigene Darstellung nach Cruise Baltic 2017a, S. 2 f. und Tab. 9.1).

Tallin	2011	2012	2013	2014	2015
Gesamtzahl der Anläufe im Hafen	293	294	330	297	280
Marktanteil an allen Kreuzfahrten in Nord- und Westeuropa	27,9 %	23,2 %	26,4 %	25,1 %	24,3 %
Zahl der Turnaround-Anläufe	5	5	5	5	3
Marktanteil als Turnaround-Hafen	0,5 %	0,4 %	0,4 %	0,4 %	0,3 %

Tab. 9.8: Gesamtzahl an Anläufen und Turnarounds in St. Petersburg sowie Marktanteile (Quelle: Eigene Darstellung nach Cruise Baltic 2017a, S. 2 f. und Tab. 9.1).

St. Petersburg	2011	2012	2013	2014	2015
Gesamtzahl der Anläufe im Hafen	309	307	335	315	285
Marktanteil an allen Kreuzfahrten in Nord- und Westeuropa	29,4 %	24,3 %	26,8 %	26,6 %	24,7 %
Zahl der Turnaround-Anläufe	0	0	0	1	2
Marktanteil als Turnaround-Hafen	0 %	0 %	0 %	0,1 %	0,2 %

Tab. 9.9: Gesamtzahl an Anläufen und Turnarounds in Amsterdam sowie Marktanteile (Quelle: Eigene Darstellung nach Cruise Europe 2017a und Tab. 9.1).

Amsterdam	2011	2012	2013	2014	2015
Gesamtzahl der Anläufe im Hafen	123	144	139	127	135
Marktanteil an allen Kreuzfahrten in Nord- und Westeuropa	11,7 %	11,4 %	11,1 %	10,7 %	11,7 %
Zahl der Turnaround-Anläufe[18]	XX	XX	XX	XX	22
Marktanteil als Turnaround-Hafen	XX	XX	XX	XX	1,9 %

18 Bis einschließlich 2014 waren für Amsterdam keine Angaben zu den Turnaround-Anläufen verfügbar.

9.2 Auswertung der ABC-Analyse

Die prozentualen Anteile fallen für alle Häfen sehr niedrig aus. Gemäß der Kategorisierung würden demnach alle vier Häfen in die Kategorie C fallen, was indiziert, dass sie keine bedeutende Rolle spielen. Der Vergleich mit Kopenhagen zeigt jedoch, dass selbst in den wichtigsten Häfen der Region die errechneten Anteile gering sind. Dies ist auf die Ursprungsstatistik zurückzuführen: Die Erhebungen von CLIA Europe umfassen alle Kreuzfahrten, die zwischen St. Petersburg, Grönland und der Straße von Gibraltar durchgeführt wurden. Eine genauere Aufschlüsselung in Fahrtgebiete wie die Ostsee, das Nordland oder die Europäische Atlantikküste ist bei der gegebenen Datenlage nicht möglich.

Aus diesem Grund werden die eingangs erläuterten Grenzwerte für die Kategorisierung den gegebenen Daten angepasst. Kopenhagen, Tallin und St. Petersburg sollten in die Kategorie A eingeordnet werden, da diese wichtige Bestandteile der meisten Ostseekreuzfahrt-Routen sind. Insofern wird hier die Untergrenze für Häfen der Kategorie A auf einen Marktanteil von 25 % des Gesamtvolumens festgesetzt. Entsprechend wird die Untergrenze für eine Einordnung in die Kategorie B auf 10 % gesetzt.

Gemäß den eben definierten Grenzwerten lassen sich Hamburg, Kiel und Warnemünde in die Gruppe B einordnen. Für Hamburg und Kiel gilt das sowohl im Stopover- als auch im Turnaround-Segment, für Warnemünde nur für die Nutzung als Stopover-Hafen. Allerdings zeigt Warnemünde aufgrund der wachsenden Anzahl der Part-Turnarounds (vgl. auch Kap. 4.3 und Kap. 8.4) deutliche Steigerungsraten und könnte innerhalb der nächsten Jahre auch im Reisewechsel-Segment zu den Häfen der Kategorie B aufschließen.

Bremerhaven bewegt sich in allen Feldern auf sehr niedrigem Niveau und ist eindeutig in die unterste Kategorie C einzuordnen. Doch auch dieser Hafen zeigt ein leichtes Wachstum bei den Marktanteilen, sowohl im Turnaround- als auch im Stopover-Segment. Zumindest im Turnaround-Segment ist es daher durchaus vorstellbar, dass sich Bremerhaven mittelfristig zu einem Hafen der Kategorie B entwickelt.

Interessante Erkenntnisse ergeben sich aus den kumulierten Anlaufzahlen und Marktanteilen der vier größten deutschen Häfen. Die Ergebnisse werden in Tab. 9.10 dargestellt. Die Berechnung zeigt, dass bei fast der Hälfte aller Kreuzfahrten mindestens ein deutscher Hafen angelaufen wird. Durchschnittlich ein Drittel aller Kreuzfahrten in Nord- und Westeuropa starten und/oder enden in einem deutschen Hafen. Beide Werte haben sich im Laufe der letzten fünf Jahre merklich erhöht. Dabei fällt auf, dass das Wachstum vor allem auf die zunehmende Anzahl der Turnaround-Anläufe zurückzuführen ist. Diese wiederum liegen in der gestiegenen Nachfrage auf dem deutschen Quellmarkt begründet (vgl. auch Kap. 6.4). Da Deutsche, wie andere Nationalitäten auch, ihre Kreuzfahrt bevorzugt in einem Hafen beginnen und beenden, den sie mit dem Auto oder per Bahn erreichen können

Tab. 9.10: Kumulierte Marktanteile der deutschen Häfen (Quelle: Eigene Darstellung auf Basis der Tab. 9.2 bis 9.5).

Deutsche Häfen	2011	2012	2013	2014	2015
Gesamtzahl der Anläufe im Hafen	438	529	557	560	519
Marktanteil an allen Kreuzfahrten in Nord- und Westeuropa	41,7 %	41,8 %	44,6 %	47,3 %	45,0 %
Zahl der Turnaround-Anläufe	296	358	379	445	418
Marktanteil als Turnaround-Hafen	28,2 %	28,3 %	30,3 %	37,6 %	36,2 %

(Home cruising), verdanken die deutschen Häfen die Steigerung ihrer Anlauf- und Passagierzahlen zu großen Teilen dem Boom des Kreuzfahrtsegments in Deutschland.

10 Wettbewerbsfaktoren

Es gibt eine Vielzahl an harten und weichen Faktoren, nach denen Kreuzfahrthäfen differenziert werden können. Zu den harten Faktoren zählen beispielsweise die Anzahl der Liegeplätze und deren nautische Daten (Länge, Tiefe etc.) oder die Ausstattung der Terminalgebäude, zu den weichen Faktoren etwa die touristische Attraktivität.

In den letzten Jahren haben sich verschiedene Studien mit einer Gewichtung von Wettbewerbsfaktoren für Turnaround-Häfen beschäftigt. Bayazit et al. (2015) haben sich in einer empirischen Studie mit den Entscheidungskriterien für Turnaround-Häfen im Mittelmeer befasst. Lekakou et al. (2009) widmen sich den Wettbewerbsfaktoren für Turnaround-Häfen im griechischen Markt und Araceli (2001) hat die Erfolgsfaktoren des Kreuzfahrthafens Miami analysiert. Werner (2015) analysiert die Wettbewerbsfaktoren für Kreuzfahrthäfen in Nordeuropa, jedoch ohne einen konkreten Bezug auf die deutschen Häfen zu nehmen.

Die nachfolgend vorgenommene Reihenfolge der angeführten Wettbewerbsfaktoren stellt keine Gewichtung ihrer Relevanz dar. Dort, wo es bei den verschiedenen Nutzungsarten signifikante Unterschiede gibt (also ein Faktor vorrangig entweder für Turnaround- oder Stopover-Anläufe von Bedeutung ist) wird explizit darauf verwiesen.

10.1 Seeseitige Erreichbarkeit

Die seeseitige Erreichbarkeit eines Hafens beschreibt, wie einfach, schnell und sicher der Hafen bzw. seine Liegeplätze vom Meer aus erreicht werden können. Dies ist von verschiedenen Aspekten abhängig:

Bevor ein Hafen in eine Kreuzfahrtroute aufgenommen werden kann, muss zunächst überprüft werden, ob dieser mit den vorgesehenen Schiffen erreichen werden kann und ob die Liegeplätze groß genug sind. In der Ostsee gibt es zahlreiche kleine Häfen wie Lübeck und Wismar, die eventuell touristisch durchaus attraktiv, für die großen Schiffe vieler Veranstalter aber zu klein sind. Zum Teil sind die Liegeplätze nicht lang genug oder das Schiff passt gar nicht in das Hafenbecken. Anderenorts versperren Hindernisse wie z. B. Brücken die Zufahrt zum Hafen. In diesen Fällen bleibt nur die Möglichkeit, abseits vom Kai oder außerhalb des Hafens auf Reede zu gehen und von dort aus zu tendern. Das ist jedes Mal mit hohem Aufwand für das Schiffspersonal und Unannehmlichkeiten für die Passagiere verbunden. Bei zu starkem Seegang kann das Tendern auch kurzfristig unmöglich sein. In Fahrtgebieten, in denen es Ausweichhäfen gibt, nehmen die Reedereien diese Nachteile meist nur dann in Kauf, wenn eine außergewöhnliche touristische Attraktivität der Destination dies rechtfertigt. Im Management der Reedereien gibt es bei der Auswahl der Anlaufhäfen zum Teil Konflikte zwischen der nautischen

https://doi.org/10.1515/9783110480665-010

und der touristischen Abteilung. In den meisten Fällen setzt sich die nautische Abteilung am Ende zwangsweise durch (vgl. Mucha 2015; Martin und Boekhoff 2015; Schäfer 1998, S. 130 ff.).

Entfernung zum offenen Meer

Bedeutsam ist auch die geografische Lage des Hafens: Aus nautischer Sicht wäre es ideal, wenn dieser direkt am offenen Meer liegt und keinerlei Hindernisse oder Gefahrenstellen die Ein- und Ausfahrt erschweren. In manchen Fahrtgebieten wie etwa der Ostsee ist das jedoch die Ausnahme. Die meisten Häfen dort liegen abseits der offenen See in Buchten, Fjorden oder Schärenfeldern (vgl. auch Kap. 4.2).

Dies muss nicht zwingend ein Nachteil sein. Im Gegenteil: Die Revierfahrten können touristisch sehr attraktiv sein und ein wichtiges Alleinstellungsmerkmal der jeweiligen Destination darstellen. Das gilt zum Beispiel für die Fahrt durch den Stockholmer Schärengarten (Schäfer 1998, S. 132; Mucha 2015). Manche Reedereien nutzen solche Revierfahrten auch aktiv für ihre Produktgestaltung: So bietet die norwegische Reederei Fred. Olsen Cruise Lines die *German Waterways*-Reisen an, bei denen die Fahrt durch Förden und über Flüsse im Mittelpunkt steht. Unter diesem und ähnlichen Namen werden verschiedene Routenvarianten angeboten. Die häufigste ist die zehn Nächte dauernde Kreuzfahrt mit der Braemar. Von Southampton aus führt die Route durch die Nordsee rund um Dänemark in die Flensburger Förde und die Lübecker Bucht, mit Landgängen in den entsprechenden Städten. Es folgt eine Passage durch den Nord-Ostsee-Kanal und die Elbe, bevor in Hamburg ein doppelter Overnight-Stay eingelegt wird. Anschließend fährt das Schiff zurück in die Deutsche Bucht und vorbei an Bremerhaven die Weser hinauf bis nach Bremen, wo ein weiterer Overnight-Stay verbracht wird. Die letzte Etappe führt von dort zurück nach Southampton (vgl. Fred. Olsen Cruise Lines 2016).

Revierfahrt

Allerdings sollte die Revierfahrt, d. h. die Fahrt vom Meer zum Hafenbecken, nicht mit zu langen Entfernungen verbunden sein. In Hamburg fahren die Schiffe vor und nach jedem Anlauf mehrere Stunden auf der Elbe. Lange Revierfahrten vermeiden die Reedereien bei ihrer Routenplanung möglichst, da die für die Revierfahrt benötigte Zeit dann nicht mehr als Fahrtzeit zur Verfügung steht, um zum nächsten Hafen zu gelangen (vgl. Mundt 2011, S. 397; Schäfer 1998, S. 80).

Sicherheit der Zufahrt

Neben der Länge bzw. Dauer der eventuell benötigten Revierfahrt ist auch die Sicherheit der Zufahrt von Bedeutung. Diese kann zum Beispiel durch Untiefen, starke Strömungen oder eine enge Fahrrinne beeinträchtigt werden. Daher besteht für große Schiffe in den meisten Häfen Lotsenpflicht, so auch in den vier hier behandelten Häfen. In Gebieten mit besonders schwierigen nautischen Gegebenheiten und zahlreichen Gefahrenstellen sind neben den Hafenlotsen zusätzlich Revierlotsen für die Zu- und Abfahrt vorgeschrieben, zum Beispiel auf der Elbe (vgl. Martin und Boekhoff 2015).

Darüber hinaus ist es bedeutsam, ob in einem Hafen zeitliche Beschränkungen für den Ein- und Auslauf gelten. Dies ist vor allem dann der Fall, wenn der Wasserstand im Hafen oder im Bereich der Zufahrt von den Gezeiten abhängt und das Ein- und Auslaufen nur bei Flut möglich ist. Auch festgelegte Öffnungszeiten von Hindernissen wie Schleusen oder Klappbrücken können die Erreichbarkeit zeitlich einschränken. Für die Reedereien sind solche zeitlichen Beschränkungen immer mit einem gewissen Risiko verbunden: Kommt das Schiff zu spät an oder verzögert sich das Ablegen, muss es u. U. mehrere Stunden oder sogar eine Nacht lang warten, bis es in den Hafen hineinfahren oder ihn verlassen kann. Ideal ist, wenn die Liegeplätze rund um die Uhr angelaufen werden können. Um dies zu gewährleisten, müssen die benötigten Dienstleistungen wie Lotsen jederzeit zur Verfügung stehen (vgl. Schulz und Auer 2010, S. 104; Schäfer 1998, S. 130).

10.1.1 Seeseitige Erreichbarkeit Hamburgs

Die seeseitige Erreichbarkeit des Hamburger Hafens stellt seine größte Schwäche dar. Im Gegensatz zu den drei anderen Häfen liegt Hamburg nicht in der Nähe der Nord- oder Ostsee (beide sind in der Luftlinie ca. 80 Kilometer entfernt). Hamburg ist für Kreuzfahrtschiffe nur von der Nordsee aus über eine lange Revierfahrt auf der Elbe erreichbar (vgl. Abb. 10.1). Die Entfernung zur offenen See beträgt etwa 70 Seemeilen oder 130 km, die Fahrt auf der Elbe dauert durchschnittlich ca. 6,5 Stunden (vgl. HCC 2016b, o.S.). Den Reedereien fehlen diese sechs Stunden bei ihrer Routenplanung für die Weiterfahrt zum nächsten Hafen (vgl. Hey 2016; Rüdiger 2016). Deshalb wird vor der Ankunft in Hamburg bzw. nach der Abfahrt von dort meist ein Seetag eingeplant.

Hinzu kommt, dass für die Fahrt in den Hamburger Hafen eine dreifache Lotsenpflicht gilt: Zuerst muss in der Elbmündung von Helgoland bis Brunsbüttel ein Seelotse an Bord genommen werden, dann für die Fahrt auf der Elbe bis zur Hafengrenze bei Wedel ein Elblotse und von dort bis zum Erreichen des Liegeplatzes ein Hafenlotse. Je nach Größe des Schiffs sind im Hafenareal bis zu drei Hafenlotsen vorgeschrieben. Dadurch entstehen für die Reedereien bei jedem Anlauf hohe Kosten (vgl. Grützmacher 2008, S. 32, 2008, S. 55).

Da die Elbe in die Nordsee mündet, ist der Wasserstand im Hamburger Hafen und auf den Zufahrtswegen tideabhängig. Der Tidenhub beträgt im Hafen normalerweise etwa drei bis vier Meter. Für große Containerschiffe stellt die vergleichsweise geringe Tiefe der Elbe immer häufig ein Hindernis dar, weil sie den Hamburger Hafen nur bei Flut anfahren und verlassen können. Für Kreuzfahrtschiffe

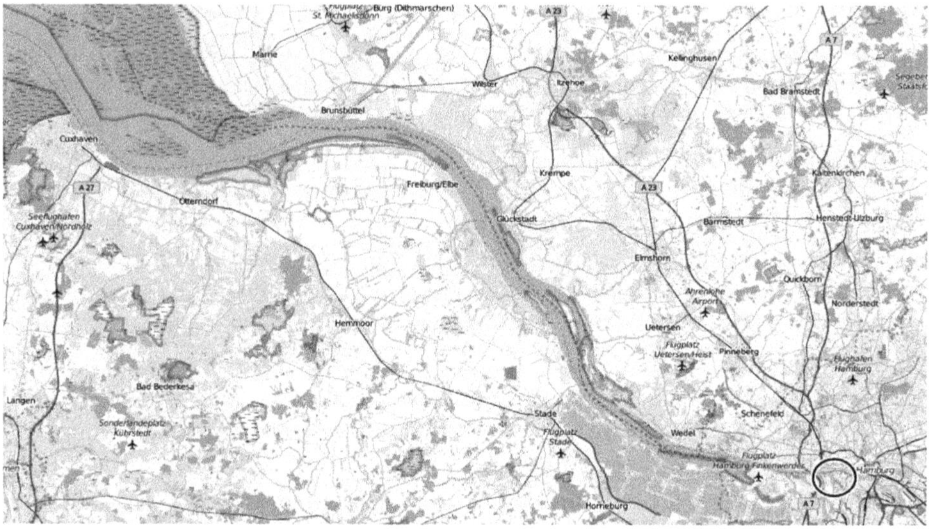

Abb. 10.1: Unterelbe von der Mündung bis Hamburg (Quelle: OpenSeaMap 2016; bearbeitet).

besteht dieses Problem in der Regel nicht. Der maximale tatsächliche Tiefgang, bis zu dem der Hafen tideunabhängig ist, d. h. auch bei Ebbe angefahren werden kann, beträgt aktuell 12,50 m (vgl. Rehrmann 2014, o.S.). Da selbst die derzeit größten Kreuzfahrtschiffe der Welt weniger als zehn Meter Tiefgang haben, können diese den Hamburger Hafen rund um die Uhr anlaufen oder verlassen. Uneingeschränkt erreichbar sind allerdings nur die Liegeplätze in Altona und Steinwerder. In der Hafencity ergibt sich folgendes Problem: Um dorthin zu gelangen, müssen die Schiffe den Alten Elbtunnel überqueren. Da dieser jedoch bei seinem Bau vor über 100 Jahren nicht unter der Elbe hindurchgebohrt, sondern wie ein Rohr auf den Grund aufgesetzt wurde, ist das Hafenbecken an dieser Stelle flacher und lässt sich auch nicht ausbaggern. Die Röhren befinden sich in etwa zwölf Metern Tiefe unter dem mittleren Hochwasser (vgl. Grube 2014, o.S.). Das hat zur Folge, dass der Wasserstand über dem Tunnel bei Ebbe für größere Schiffe wie die Queen Mary 2 zu niedrig ist, um diesen passieren zu können. Schiffe dieser Größenordnung können den Anleger in der Hafencity folglich nur bei Flut erreichen (vgl. Hey 2016).

Ein weiteres Problem in Hamburg stellt die Verschlickung des Hafens dar: Durch die Strömung der Elbe wird Schlamm in den Hafen gespült. Wird dieser nicht rechtzeitig und in ausreichendem Maße ausgebaggert und kommen im Sommer längere Trockenperioden hinzu, die für ungewöhnlich niedrige Wasserstände sorgen, kann dies zu massiven Problemen in der Schifffahrt führen. So konnte die Queen Mary 2 während der Cruise Days 2015 nicht wie sonst üblich in der Hafencity anlegen, sondern musste nach Steinwerder ausweichen (vgl. Rehrmann 2015, o.S.). Dieser Vorfall bescherte dem Hamburger Hafen eine erhebliche negative mediale Aufmerksamkeit.

Die großen Schwächen des Hamburger Hafens bei der seeseitigen Erreichbarkeit, die lange Revierfahrt und die damit verbundenen hohen Kosten, mindern seine Wettbewerbsfähigkeit erheblich. Tatsächlich würden die meisten Reedereien diese Situation bei anderen Häfen als Ausschlusskriterium werten und diesen nicht anlaufen. Die Analyse der weiteren Wettbewerbsfaktoren zeigt, dass der Erfolg des Hamburger Hafens auf anderen Faktoren beruht.

10.1.2 Seeseitige Erreichbarkeit Bremerhavens

Die geradezu optimale nautische Lage und die sehr gute seeseitige Erreichbarkeit bilden eine der größten Stärken von Bremerhaven. Der Hafen liegt an der Mündung der Weser in einem Ausläufer der Deutschen Bucht. Abb. 10.2 zeigt die Lage der Stadt. Das Columbus Cruise Center befindet sich im Überseehafen; dem Areal im nördlichen Bereich des Hafens, das der Nordsee am nächsten liegt. Dort werden auch die großen Containerschiffe und Autotransporter be- und entladen. Folglich ist keine Revierfahrt erforderlich, um diesen zu erreichen.

Das Hafenbecken vor der Columbuskaje ist zur Nordsee hin offen und somit tideabhängig. Der Tidehub an der Kaje beträgt normalerweise 3,66 m. Für die Kreuzschifffahrt ist das allerdings nicht von Bedeutung, da der minimale Wasser-

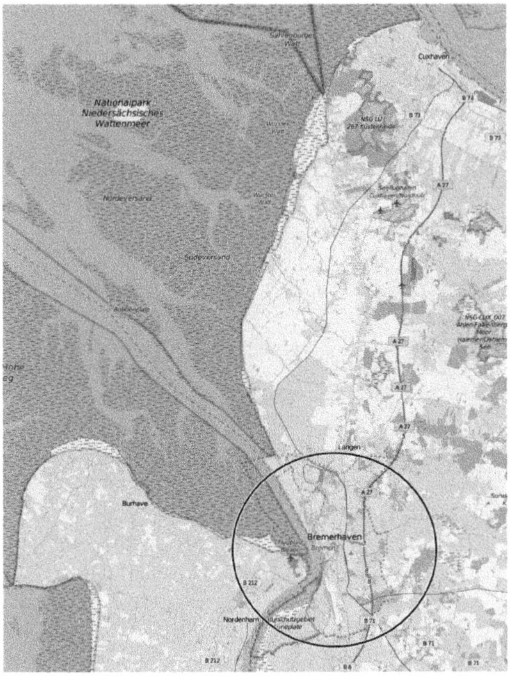

Abb. 10.2: Wesermündung mit Bremerhaven (Quelle: OpenSeaMap 2016).

stand an der Pier 9,80 m beträgt und damit den Tiefgang sämtlicher Kreuzfahrtschiffe übertrifft, die derzeit weltweit im Einsatz sind. Somit können alle Kreuzfahrtschiffe die Liegeplätze tideunabhängig und rund um die Uhr anfahren oder verlassen. Das Fahrwasser ist nicht nur tief, sondern auch sehr breit. So können selbst die größten Schiffe der Welt Bremerhaven problemlos anlaufen und im Hafenbecken vor dem Terminal gedreht werden. Es gibt keine Hindernisse wie etwa Brücken oder Schleusen, die die Höhe oder Breite der Schiffe limitieren. Allerdings gilt auch in diesem Hafen Lotsenpflicht (vgl. Columbus Cruise Center o.J., o.S.).

10.1.3 Seeseitige Erreichbarkeit Kiels

Der Seehafen Kiel liegt am Ende der Kieler Förde, in ca. 17 km Entfernung von der Ostsee (vgl. Abb. 10.3). Die Revierfahrt durch die Förde dauert etwa eine Stunde. Die Fahrt zum Hafen dauert damit zwar länger als in Warnemünde oder Bremerhaven, ist aber wesentlich kürzer als in Hamburg. Zudem ist die Passagefahrt für die Passagiere mit einer hohen touristischen Attraktivität verbunden und bietet folglich einen erheblichen Vorteil für den Kreuzfahrtstandort Kiel.

Abgesehen davon, weist der Kieler Hafen in Bezug auf die seeseitige Erreichbarkeit zahlreiche Parallelen zu Warnemünde auf. Auch Kiel bietet sehr gute nautische Bedingungen wie einen Tiefwasserhafen und ein breites Fahrwasser. Es gibt weder Tidenhub noch sonstige Störfaktoren, die die Erreichbarkeit des Hafens zeitlich einschränken. Wie in allen untersuchten Häfen gilt auch in Kiel Lotsenpflicht.

Abb. 10.3: Kieler Förde (Quelle: OpenSeaMap 2016).

10.1.4 Seeseitige Erreichbarkeit Warnemündes

Bezüglich seiner seeseitigen Erreichbarkeit bietet Rostock-Warnemünde nahezu optimale Bedingungen. Die beiden Haupt-Anlegestellen für Kreuzfahrtschiffe (Pier 7 und 8) liegen fast direkt am offenen Meer entlang des Seekanals (Markierung im oberen Bereich der Karte in Abb. 10.4). In Ausnahmefällen müssen Kreuzfahrtschiffe auf den Überseehafen ausweichen (Markierung in der Mitte der Karte), der etwas weiter vom Meer entfernt liegt. Die Fahrt durch den Rostocker Hafen zu diesen Liegeplätzen beansprucht jedoch nicht viel Zeit.

In der Ostsee gibt es keinen nennenswerten Tidehub, folglich ist der Hafen nicht tideabhängig und kann rund um die Uhr befahren werden. Limitierende Hindernisse wie etwa Brücken sind nicht vorhanden. Aufgrund des tiefen und breiten Fahrwassers kann der Hafen auch von großen Schiffen problemlos erreicht werden. Allerdings gilt für Schiffe mit mehr als 110 m Länge und/oder 15 m Breite Lotsenpflicht. Ausnahmeregelungen gelten nur für Fährschiffe; insofern sind auch häufig wiederkehrende Kapitäne von Kreuzfahrtschiffen an die Pflicht zur Lotsenaufnahme gebunden. Martin und Boekhoff (2015) stufen die nautische Lage und die sehr

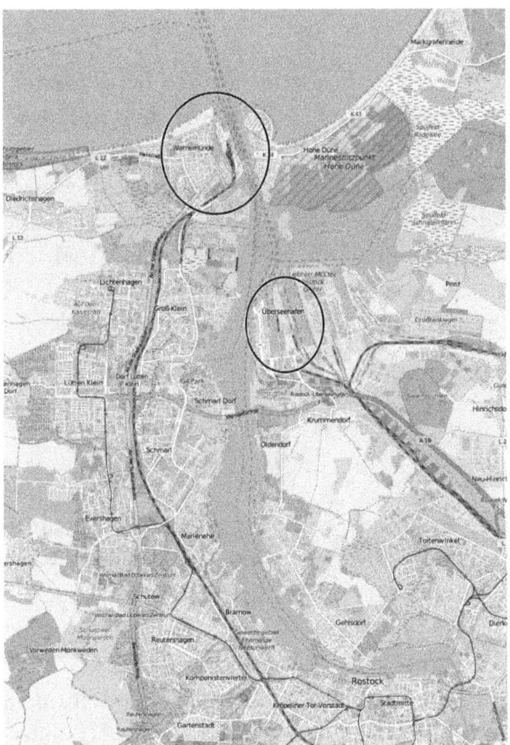

Abb. 10.4: Der Rostocker Seehafen (Quelle: OpenSeaMap 2016).

gute seeseitige Erreichbarkeit des Hafens als die beiden wichtigsten Gründe für seinen Erfolg ein.

10.1.5 Zwischenfazit zur seeseitigen Erreichbarkeit

Bezüglich der seeseitigen Erreichbarkeit weist Bremerhaven zahlreiche Parallelen zu Warnemünde auf. In beiden Häfen ist die schnelle und einfache Erreichbarkeit von der Seeseite einer der wichtigsten Vorteile gegenüber anderen Häfen. Die verhältnismäßig kurze Revierfahrt nach Kiel stellt für die Reedereien kein routenplanerisches Problem dar und bietet zudem einen touristischen Reiz. Abgesehen davon weist Kiel auch sehr gute nautische Bedingungen auf. In Hamburg hingegen stellen die nautischen Gegebenheiten die Reedereien teilweise vor große Probleme. Diese entstehen nicht nur durch den hohen Zeitaufwand für das Erreichen des Hafens, sondern auch durch die dreifache Lotsenpflicht, den zeitweise zu geringen Wasserstand über dem Alten Elbtunnel und auch die zunehmende Verschlickung der Hafenbecken.

10.2 Infrastruktur

Die Infrastruktur gilt unumstritten als einer der wichtigsten Faktoren für den Erfolg eines Kreuzfahrthafens. Zu beachten ist, dass zwischen Turnaround- und Stopover-Häfen differenziert werden muss, da hier je nach Art des Anlaufs unterschiedliche Aspekte von Bedeutung sind, die in den nachfolgenden Unterkapiteln noch genauer erläutert werden. In der Literatur wird meist zwischen Hafeninfrastruktur und allgemeiner Infrastruktur oder Hinterlandinfrastruktur unterschieden. Dabei umfasst die allgemeine Infrastruktur nicht nur das Angebot im näheren Umfeld des Hafens (respektive der jeweiligen Destination), sondern auch die Erreichbarkeit für an- und abreisende Passagiere.

10.2.1 Hafeninfrastruktur

Zur Hafeninfrastruktur gehören alle Infrastruktur- und Suprastruktureinrichtungen, die direkt auf dem Hafengelände liegen. Künstner (2008, S. 39 f.) unterteilt das Angebot zusätzlich in Hafeninfrastruktur und Hafensuprastruktur. Demnach gehören zur Infrastruktur vor allem Anlagen, die für die Anfahrt und das Anlegen der Schiffe erforderlich sind, z. B. die Wasserbecken, Molen und Ankerplätze. Auch die Straßen- und ggf. Schienenanbindung sowie der Anschluss an Wasserleitungen werden dazugezählt. Zur Suprastruktur gehören demnach die Terminals, Transferanlagen wie Parkplätze und Bushaltestellen oder touristische Einrichtungen wie Restaurants und Geschäfte.

Insbesondere mit Blick auf die in Kap. 5.3 behandelten verschiedenen Organisationsformen von Häfen erscheint eine solche Unterteilung grundsätzlich sinnvoll. In der Praxis wird diese Unterscheidung nicht vorgenommen. Vielmehr wird dort beides unter dem Begriff Infrastruktur subsumiert. Aus diesem Grund wird auch hier im Folgenden auf eine Aufsplittung verzichtet. Der Übersicht halber werden die Komponenten der Infra- und Suprastruktur in Tab. 5.1 in Kap. 5.3 dargestellt.

Grundvoraussetzung dafür, dass das Schiff anlegen kann, ist eine ausreichend lange Kaikante. Einen großen technischen Fortschritt stellen die Terminals dar: Während die Passagiere früher über den Kai zum Schiff gingen und dieses dann über eine schmale Gangway betreten mussten, werden heutzutage immer mehr Häfen mit sogenannten Kreuzfahrtterminals ausgestattet. Statt über die Gangway erreichen die Passagiere das Schiff oft über festinstallierte Passagierbrücken. So kommen sie nicht mit den Versorgungsarbeiten auf dem Kai in Berührung. Dies erhöht nicht nur den Komfort für die Passagiere, sondern ermöglicht auch eine effektivere Abfertigung des Schiffes. Die Terminals ähneln denen an Flughäfen: Die Passagierabfertigung findet in klimatisierten Gebäuden statt, es gibt Wartebereiche und Sanitäranlagen. Zusätzlich verfügen sie häufig über Geschäfte, einen Geldautomaten und je nach Lage des Hafens sogar über Restaurants und Bars (vgl. Schulz und Auer 2010, S. 105).

In Turnaround-Häfen ist die Größe und Ausstattung des Terminalgebäudes von großer Bedeutung, da sie die Effizienz der Ein- und Ausschiffung maßgeblich beeinflusst. Für Stopover-Häfen muss nicht zwingend ein Terminal vorhanden sein. Als Beispiel dafür führen Martin und Boekhoff (2015) den (Stopover-)Hafen von Tallin an, wo es lediglich eine große Pier gibt. Stattdessen ist es für Stopover-Häfen von hoher Relevanz, über genügend Parkplätze für die Busse zu verfügen, mit denen die organisierten Landausflüge durchgeführt werden. Außerdem sollten ein Taxistand, ein Café und bestenfalls ein kleiner Shop vorhanden sein. Letzterer ist vor allem für die Crewmitglieder wichtig, die während der Hafenaufenthalte oft nur wenig Zeit haben, das Schiff zu verlassen.

Ein nicht maßgeblicher Faktor, aber für jeden Hafen vorteilhaft, ist das Vorhandensein einer (zumindest kleinen) Werft, sodass im Bedarfsfall während der Liegezeit auch kleinere Reparaturen und Instandhaltungsarbeiten an den Schiffen oder der Ausrüstung durchgeführt werden können. Dies kann den Reedereien im Extremfall eine Unterbrechung der Reise oder die Umleitung des Schiffes in einen anderen Hafen ersparen (vgl. Butler 2003, S. 149). In allen vier untersuchten Häfen ist eine Werft vorhanden.

Hafeninfrastruktur Hamburg

In Hamburg sind die Liegeplätze und Terminals für Kreuzfahrtschiffe auf verschiedene Hafenareale verteilt. Dort gibt es drei Kreuzfahrtterminals mit jeweils einem

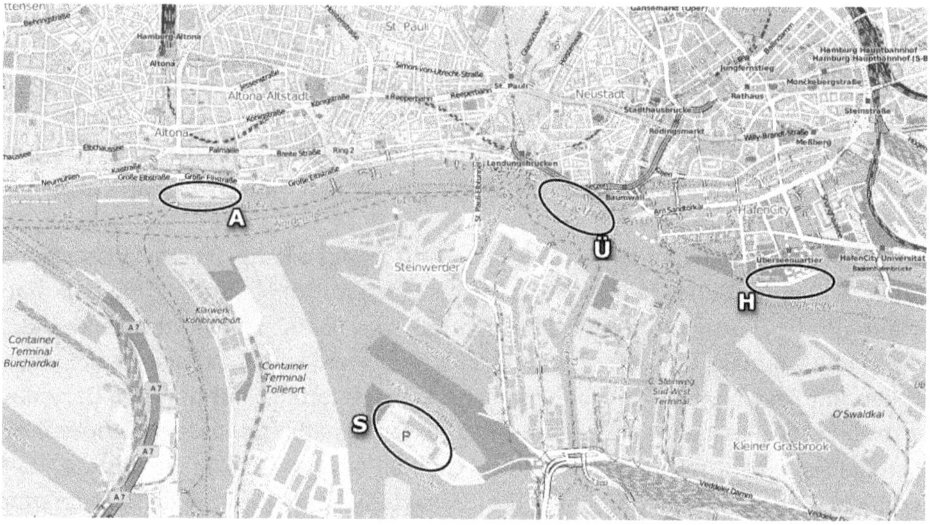

Abb. 10.5: Hamburger Hafen mit den drei Terminals (Quelle: OpenSeaMap 2016; bearbeitet).

Liegeplatz davor: Das erste in der Hafencity (H), das zweite in Altona (A) und das dritte in Steinwerder (S). Abb. 10.5 zeigt ihre jeweilige Lage. Darüber hinaus ist dort auch der Liegeplatz an der Überseebrücke (Ü) markiert, der allerdings kaum genutzt und hier nicht genauer behandelt wird. Gleiches gilt für den Ausweichliegeplatz am O'Swaldkai.

Terminal Hafencity

Das erste Terminal ist das Cruise Center Hafencity, auch als CC1 bezeichnet. Es liegt am nördlichen Elbufer im östlichen Bereich des Hafens (vgl. Abb. 10.6). Es wurde im Jahr 2004 als erstes Kreuzfahrtterminal in der Stadt eingeweiht. Die provisorische Konstruktion aus aufeinandergestellten blauen und grünen Seecontainern war von Beginn an als Provisorium geplant. Inzwischen hat es sich in den Augen vieler Hamburger und Besucher zu einem Markenzeichen der Stadt entwickelt. Allerdings soll es zukünftig durch einen modernen Neubau ersetzt werden, dessen Inbetriebnahme für das Jahr 2021 anvisiert ist (vgl. Rüdiger 2016). Noch ungeklärt ist dabei, für welche Schiffsgröße dieser ausgelegt werden soll. Im Jahr 2017 wird das alte CC1 noch für 25 Schiffsanläufe genutzt, das entspricht knapp 13 % aller angemeldeten Kreuzfahrtschiffschiffsanläufe in Hamburg.

Das alte Terminalgebäude in der Hafencity ist mit einer Fläche von 1.200 m^2 verhältnismäßig klein. Hier können Schiffe bis zu 345 m Länge anlegen; der maximale Tiefgang liegt bei 12 m (vgl. HCC 2016b, o.S.). Problematisch ist die Lage des Liegeplatzes: Dieser befindet sich stromaufwärts hinter dem Alten Elbtunnel. Wie im Abschnitt über die seeseitige Erreichbarkeit beschrieben, hat dies zur Folge, dass große Schiffe mit viel Tiefgang diesen Liegeplatz nur bei Flut erreichen können.

Abb. 10.6: Das alte Cruise Center Hafencity (Quelle: Eigenes Foto).

Den Passagieren stehen vor dem Terminal 300 Kurzzeitparkplätze zur Verfügung. Direkt vor Ort befindliche Langzeitparkplätze gibt es nicht. Allerdings bieten verschiedene Anbieter Parklösungen an, darunter Valet Parking. Im Inneren des Terminals gibt es ein Bistro, einen Souvenirshop sowie ein kleines Internetcafé, das in erster Linie für die Crew der Schiffe gedacht ist. Bemängelt wird die geringe Anzahl an Sitzgelegenheiten im Abfertigungsbereich, sodass die meisten Reisenden stehen müssen, während sie auf den Check-in warten. Insbesondere für ältere Gäste ist diese Situation nicht optimal. Anders als in den beiden anderen Hamburger Terminals betreten die Passagiere das Schiff von der Pier aus über eine Gangway.

Terminal Altona

Das zweite Terminal ist das Cruise Center Altona, auch CC2 genannt (vgl. Abb. 10.7). Mit 1.800 m^2 ist das Terminalgebäude rund ein Drittel größer als das in der Hafencity, insofern ist auch die Passagierkapazität höher. Allerdings ist die Kaikante hier deutlich kürzer als in der Hafencity. Die maximal zulässige Schiffslänge beträgt hier 300 m. Das bedeutet, dass einige Schiffe wie etwa die Queen Mary 2 (die eine Länge von 345 m aufweist) hier nicht anlegen können. Der maximale Tiefgang von 10,50 m stellt hingegen für die Schiffe der heutigen Generation kein Problem dar (vgl. HCC 2016a, o.S.). Für 2017 sind 66 Anläufe am Terminal Altona vorgesehen, etwa ein Drittel aller Anläufe in Hamburg.

Vor dem Terminal gibt es 238 Kurzzeitparkplätze. Auch hier fällt auf, dass das größere Terminal mit einer geringeren Kapazität auskommen muss. Für Dauerparker bieten auch in Altona verschiedene Anbieter Parkservices an. Die Innenausstattung des Terminals ist ähnlich der in der Hafencity. Es verfügt über ein Bistro, einen Souvenirshop und ein Internetcafé. Die Passagiere betreten das Schiff über

Abb. 10.7: Cruise Center Altona (Quelle: Eigenes Foto).

eine Passagierbrücke. Auf dem Dach des Terminalgebäudes befindet sich eine Aussichtsterrasse, die jederzeit öffentlich zugänglich ist. Von hier aus können Passagiere und Kreuzfahrtinteressierte u. a. den Versorgungsarbeiten auf dem Kai zuschauen. Einen interessanten Ausblick bieten auch die Außentreppe und die frei zugängliche Dachterrasse auf dem direkt nebenan gelegenen Dockland-Gebäude. Hamburg ist es in den letzten Jahren gelungen, dem gestiegenen Kreuzfahrtinteresse von Einwohnern und Touristen zu begegnen und zusätzliche Touristen zu akquirieren. Letztlich generiert dies nicht nur eine zusätzliche Wertschöpfung, sondern sendet auch ein positives Signal an die Reedereien.

Im Sommer 2016 sorgte jedoch eine neue Vorschrift der Hamburg Port Authority für Aufsehen: Die Behörde hatte verfügt, dass nur noch Kreuzfahrtschiffe bis zu einer Breite von 32,30 m am Liegeplatz vor dem Terminal Altona anlegen durften. Zur Begründung hieß es, das die ebenfalls immer breiter gebauten Containerschiffe den Kreuzfahrtschiffen im engen Hafenbecken sonst zu nahe kämen. Dies führte zur Sorge unter Branchenexperten um die Zukunftsfähigkeit von Hamburg als Kreuzfahrtdestination, da einige Schiffe wie Mein Schiff 3, 4, 5 und 6 oder etwa die Costa Pacifica, Schiffsbreiten von ca. 35–38 m aufweisen (vgl. Lewerenz 2016, S. 30).

Im Frühjahr 2017 konnte die maximal zulässige Schiffsbreite in Altona auf 40 m erhöht werden, nachdem die Hamburg Port Authority ein Bauprojekt zur Anpassung des Vorhafens planmäßig abgeschlossen hatte (vgl. Cruise Gate Hamburg 2017). Nun stellt diese Beschränkung zumindest kein zusätzliches Problem mehr dar, da Schiffe, die 40 m Breite überschreiten, in aller Regel auch zu lang für den Liegeplatz in Altona sind.

Terminal Steinwerder

Das derzeit neueste Terminal ist das Cruise Center Steinwerder (CC3; vgl. Abb. 10.8), das im Juni 2015 eingeweiht wurde. Mit einer Fläche von insgesamt 9.000 m^2 ist es um ein Vielfaches größer als die beiden anderen. Es befindet sich am Kronprinzkai im Kaiser-Wilhelm-Hafen auf einer Halbinsel mitten im Hafen. Die Besonderheit ist hier, dass es aus zwei getrennten Gebäudeteilen besteht und über zwei Passagierbrücken verfügt. So kann die Abfertigung der abreisenden und neu ankommenden Passagiere räumlich getrennt und parallel erfolgen. Das ermöglicht eine Kapazität von bis zu 8.000 Passagieren pro Anlauf. Hier können folglich Schiffe mit bis zu 4.000 Gästen an einem Tag einen vollständigen Passagierwechsel vornehmen. An den anderen Hamburger Terminals ist dies nicht möglich. Die zulässigen Schiffsmaße am Liegeplatz Steinwerder betragen maximal 330 m Länge und 13 m Tiefe. Das Terminal Steinwerder wird von allen drei Hamburger Terminals am meisten genutzt. 2017 sind hier 96 Anläufe vorgesehen, knapp die Hälfte der 196 geplanten Anläufe.

Der Wartebereich für die abreisenden Passagiere ist öffentlich zugänglich. Hier gibt es u. a. eine Bar und einen Souvenirshop. Als einziges der Hamburger Terminals haben die Passagiere hier die Möglichkeit, ihr Auto für die Dauer der Kreuzfahrt direkt am Terminal zu parken. Dafür stehen 1.500 Lang- und Kurzzeitparkplätze zur Verfügung. Zudem gibt es zwanzig Stellflächen für Reisebusse, die im Gegensatz zu den Haltepunkten vor den anderen Terminals überdacht sind. Die Ein- und Ausfahrten für PKW sind räumlich von der Zufahrt für Busse und den Zulieferverkehr getrennt. Bei der gleichzeitigen An- und Abreise mehrerer tausend Passagiere ist Stau auf dem Gelände und den Zufahrtswegen zwar nahezu unvermeidlich, er wird auf diese Weise zumindest eingedämmt.

Abb. 10.8: Cruise Center Steinwerder (Quelle: Eigenes Foto).

Hafeninfrastruktur Bremerhaven

Das Columbus Cruise Center Bremerhaven, wird oft als das modernste Kreuzfahrtterminal Europas bezeichnet. Dabei wirkt das große, kastenförmige Gebäude an der Columbuskaje von außen zunächst etwas in die Jahre gekommen, stammt es noch aus der Zeit der großen Auswandererwellen. Doch in einiger Hinsicht übertrifft dieses Terminal alle anderen hier analysierten Standorte: Vor dem Gebäude befindet sich eine ca. 1.000 m lange zusammenhängende Kaje, die bei Mehrfachanläufen beliebig unter den Schiffen aufgeteilt werden kann. 500 m dieser Kaje liegen direkt vor dem Terminalgebäude.

In diesem Bereich gibt es drei Passagierbrücken, die auf Schienen flexibel entlang der Kaje verschoben werden können, um an die jeweilige Position der Schiffe angepasst zu werden. Die Brücken sind lasergesteuert und justieren sich automatisch neu, wenn sich das Schiff durch den Tidenhub bewegt. Mit diesen Passagierbrücken können bis zu drei Schiffe parallel direkt an das Terminal angebunden werden, sofern das in der Mitte liegende Schiff nicht zu lang ist. Außerdem stehen hier zwei große Portalkräne, mit deren Hilfe die Schiffe zügig be- und entladen werden können. Ebenso wie die Passagierbrücken können auch die Kräne auf Schienen entlang der Kaje zur jeweiligen Einsatzposition gefahren werden.

Bei Bedarf kann an der südlichen Spitze der Kaje vor den Hallen des Unternehmens Heuer Port Logistics noch ein viertes Kreuzfahrtschiff anlegen (vgl. Abb. 10.9). In diesem Fall wird das Schiff über Shuttlebusse und eine mobile Gangway an das Terminal angebunden. Bei Vierfachanläufen von verschiedenen Reedereien kann eines der Schiffe in Absprache mit der Reederei an die Seebäderkaje vor dem Zoo am Meer ausweichen (in Abb. 10.9, am unteren Rand). So zum Beispiel im September 2015, als drei Schiffe der Phoenix Reisen-Flotte und die MS Berlin von FTI Cruises zeitgleich nach Bremerhaven kamen. Der zusätzliche Liegeplatz der MS Berlin an der Seebäderkaje hatte für die Reederei den Vorteil, dass zum einen das relativ kleine Schiff einen etwas exklusiveren und prominenteren Liegeplatz erhielt und zum anderen, dass vor dem Terminal auf begrenztem Raum nicht vier Schiffe gleichzeitig abgefertigt werden mussten (vgl. Columbus Cruise Center 2016a, o.S.; Kamjunke-Weber 2016).

Das Terminal ist in ein mehrstöckiges Gebäude integriert, von denen jedoch nur das Erdgeschoss und der erste Stock für die Schiffs- und Passagierabfertigung genutzt werden (vgl. Abb. 10.10). Im Erdgeschoss befinden sich der landseitige Eingang für die Passagiere, der Check-in und die Kofferrückgabe für ankommende Gäste. Zudem sind hier eine Tourist-Information und zwei Autovermietungen angesiedelt und es werden Leihfahrräder angeboten. Der Wartebereich für die abreisenden Passagiere befindet sich darüber im ersten Stock. In diesem gibt es einen Informationsschalter, einen kleinen Shop, ein Internetcafé und ein Restaurant-Café, das an Abfahrtstagen geöffnet und dann öffentlich zugänglich ist. Für Besucher und Kreuzfahrtinteressierte wurde zudem im vierten Obergeschoss der Aussichtsbalkon *Panorama View* eingerichtet. Dieser ist über einen separaten Eingang an der Steubenstraße auf der der Stadt zugewandten Rückseite des Terminalgebäudes rund um

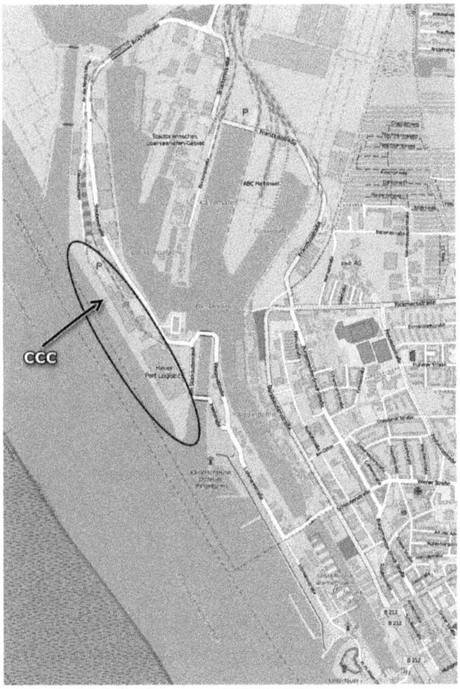

Abb. 10.9: Bremer Überseehafen mit dem CCC (Quelle: OpenSeaMap 2016; bearbeitet).

Abb. 10.10: Columbus Cruise Center (CCCB) vonseiten der Pier (Quelle: Eigenes Foto).

Abb. 10.11: Landseitiger Blick auf das CCCB (Quelle: Eigenes Foto).

die Uhr öffentlich zugänglich, unabhängig von Schiffsanläufen. Von hier aus bietet sich eine gute Aussicht über den Schiffsverkehr auf der Weser und der Nordsee.

Vor dem Terminal sind 400 Kurzzeit- und Dauerparkplätze vorhanden. Die Gebühren sind wesentlich niedriger als beispielsweise am Terminal Steinwerder in Hamburg (54 € pro Woche statt 99 €). Bei Bedarf werden seitens des Terminalbetreibers weitere Flächen angemietet. Alternativ wird den Passagieren Valet-Parking angeboten.

Neben dem Terminalgebäude gibt es einen überdachten Busbahnhof mit zwanzig Halteplätzen für die An- und Abreise- oder Ausflugsbusse (vgl. Abb. 10.11, hinten links). Passagiere, die mit dem Bus oder dem Shuttlebus vom Hauptbahnhof anreisen, müssen ihr Reisegepäck nicht beim Ausstieg aus dem Bus in Empfang nehmen und zur Gepäckabgabe bringen. Stattdessen halten die Busse erst am Passagierausstieg und fahren dann weiter zur Gepäckabgabe, wo die Koffer von Hafenmitarbeitern ausgeladen und auf das Schiff transportiert werden. Ähnliches gilt für Passagiere, die mit dem Auto anreisen: Diese können zunächst direkt vor der Gepäckabgabe halten (vgl. Abb. 10.11, rechts unter dem überdachten Korridor) und ihr Gepäck ausladen, bevor sie sich auf dem Gelände einen Parkplatz suchen (vgl. Kamjunke-Weber 2016). Durch diese Services wird den Passagieren eine komfortable Ankunft am Terminal ermöglicht. Bei den Anreisenden per Bus spart dieses System auch Zeit, weil diese nach dem Ausstieg nicht erst auf das Ausladen ihres Gepäcks warten und damit zur Aufgabestation gehen müssen, sondern sich direkt zu den Check-in-Schaltern begeben können.

An der Stelle des heutigen Busbahnhofs befand sich zuvor der Columbusbahnhof. Dieser wurde früher dafür genutzt, erst die Auswanderer und später die Kreuzfahrer zum Hafen zu bringen. Vor etwa fünfzehn Jahren wurde dieser zum Busbahnhof umgebaut. Das Problem mit der Schienenverbindung war, dass die Strecke vom Hauptbahnhof durch den Hafen zum Terminal nicht elektrifiziert war. Insofern mussten Züge, die beispielsweise aus anderen Teilen Deutschlands nach Bremerhaven kamen, für diesen letzten Streckenabschnitt umgekoppelt, bzw. es musste eine Diesellokomotive vorgespannt werden. Daher war es einfacher, günstiger und schneller, die Passagiere am Hauptbahnhof aussteigen zu lassen und mit Bussen zum Hafen zu fahren. Ein Gleis wurde erhalten, insofern ist es auch heute noch möglich, mit Sonderzügen zum Cruise Center zu fahren. Dies stellt allerdings die Ausnahme dar und findet nur zu besonderen Anlässen statt. Aktuell dient dieses verbliebene Gleis der Hafenbahn als Abstellgleis (vgl. Kamjunke-Weber 2016).

Hafeninfrastruktur Kiel

Im Kieler Seehafen gibt es vier Liegeplätze für Kreuzfahrtschiffe an drei verschiedenen Anlegestellen, die auf unterschiedliche Areale innerhalb des Hafens verteilt sind. In Abb. 10.12 sind diese markiert: der Ostseekai (OK), der Norwegenkai (NK)

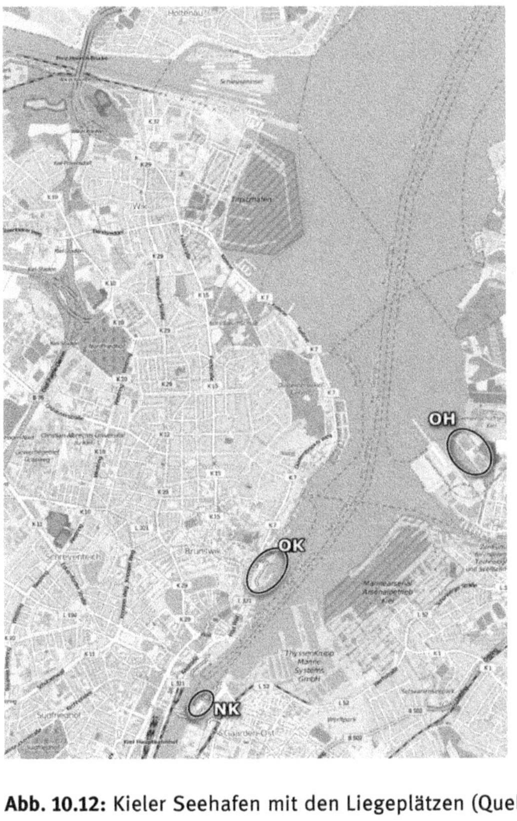

Abb. 10.12: Kieler Seehafen mit den Liegeplätzen (Quelle: OpenSeaMap 2016; bearbeitet).

und der Liegeplatz 1 im Ostuferhafen (OH). Zusätzlich wird im Bedarfsfall auch der Sartorikai (SK) für den Anlauf von Kreuzfahrtschiffen genutzt. In Einzelfällen laufen auch Flusskreuzfahrtschiffe Kiel an, diese machen meist am Anleger Geomar fest (nördlich des Ostseekais).

Ostseekai

Die wichtigste Anlegestelle ist der Ostseekai im Stadthafen, der direkt in der Innenstadt liegt. Dort gibt es zwei Schiffsliegeplätze. Der eine (LP 27) ist für Schiffe von bis zu 365 m Länge zugelassen, der andere (LP 28) bietet Schiffen mit bis zu 285 m Länge Platz. Der zulässige Tiefgang beträgt bei beiden Liegeplätzen 9,5 m. Am Ostseekai steht ein großes und modernes Kreuzfahrtterminal mit einer Kapazität von bis zu 6.000 Passagieren (vgl. Abb. 10.13).

Dieses bietet zahlreiche Annehmlichkeiten, insbesondere im Vergleich zu den Terminals in einigen anderen Städten. Das Kreuzfahrtterminal am Ostseekai ist übersichtlich gestaltet und verfügt über zwei Ebenen für die Gästeabfertigung. Der Zugang zu den Schiffen erfolgt über Passagierbrücken. Im Inneren des Terminals gibt es ein Bistro, eine Tourist-Information und einen kleinen Souvenirshop. In einem separaten Bereich befindet sich zudem ein Shop für die Besatzung der Schiffe. Für Passagiere, die mit dem Auto anreisen, sind direkt auf dem Terminalgelände Dauerparkplätze vorhanden. Das gilt auch für die beiden anderen Kieler

Abb. 10.13: Kreuzfahrtterminal am Ostseekai (Quelle: Eigenes Foto).

Terminals. Alternativ dazu werden auch andere Parklösungen wie etwa Valet Parking angeboten. Die Parkplätze für die Liegeplätze 27 und 28 haben räumlich getrennte Zufahrten, so wird vermieden, dass sich die an- bzw. abreisenden Passagiere zweier Schiffe in die Quere kommen. Im Jahr 2017 sollen etwa 86 % aller geplanten Anläufe (114 von 133) hier erfolgen (vgl. Port of Kiel o.J.b, o.S., 2017b, S. 1 ff.).

Norwegenkai

Am östlichen Ufer der Kieler Hörn befindet sich der Norwegenkai. Dieser verfügt über zwei Fähr-Anleger und ein Passagierterminal (vgl. Abb. 10.14). Über die Hörn-Fußgängerbrücke ist auch dieser direkt mit der Kieler Innenstadt und dem Hauptbahnhof verbunden, der von beiden Anlagen aus fußläufig erreichbar ist. Der Norwegenkai wird in erster Linie für die Abfertigung der Color Line-Fähren genutzt, die täglich zwischen Kiel und Oslo pendeln. Während der Hauptsaison im Sommer wird der Liegeplatz 22 für Kreuzfahrtschiffe genutzt, für Jahr 2017 betrifft das ca. 9 % aller geplanten Anläufe (12 von 133). Dieser ist der kleinste der vier Kieler Kreuzfahrtliegeplätze. Er kann lediglich von Schiffen mit maximal 175 m Länge und 9 m Tiefgang angefahren werden. Das Terminal hat eine Passagierkapazität von 2.500 Personen und verfügt über ein Bistro mit einem integrierten Souvenirshop. Wie am Ostseekai erfolgt der Zugang zum Schiff über eine Passagierbrücke (vgl. Port of Kiel o.J.b, o.S., 2017b, S. 1 ff.).

Abb. 10.14: Passagierterminal am Norwegenkai (Quelle: Eigenes Foto).

Ostuferhafen

Im Juni 2014 wurde ein weiterer Liegeplatz mit einem großen Pavillon für die Passagierabfertigung eröffnet (vgl. Abb. 10.15). Er befindet sich im Ostuferhafen, etwa acht Kilometer von der Innenstadt entfernt. Dieses Areal wird ansonsten vor allem als Fähr- und Frachthafen genutzt. Der Liegeplatz ist mit einer Länge von 395 m der größte in Kiel. Der maximale Tiefgang beträgt wie am Ostseekai 9,5 m. Das Terminal bietet Kapazitäten für 4.000 Passagiere. Der Zugang zum Schiff erfolgt von der Pier aus über eine Gangway. Dieser Neubau dient als Ausweichliegeplatz für sehr große Schiffe, wenn der Ostseekai belegt ist. 2015 gab es im Ostuferhafen 19 Anläufe von Kreuzfahrtschiffen (15 % aller Anläufe in Kiel), 2016 waren es noch 15. Für 2017 sind dort nur zwei Anläufe vorgesehen (vgl. Port of Kiel o.J.b, o.S.; Port of Kiel o.J.c, o.S.; Heinisch 2015; Port of Kiel 2015b, S. 1 ff.; Port of Kiel 2016, S. 1 ff; Port of Kiel 2017b, S. 1 ff.).

Der Kieler Seehafen ist bei den Reedereien für seine sehr gute Hafeninfrastruktur bekannt und geschätzt. Alle Terminals sind modern, bieten ausreichend Platz und Sitzgelegenheiten für die Passagiere. Heinisch (2015) bezeichnet die Infrastruktur, die Terminalanlagen und das Platzangebot als wichtigste Erfolgsfaktoren des Kieler Hafens. Als besonderer Service besteht für die Reedereien die Möglichkeit, bei der Port of Kiel Cruise, einer Tochterfirma der Seehafen Kiel GmbH und Co. KG, für ihre Reisewechsel einen Gepäcktransport ab dem Hauptbahnhof zu buchen. Die Passagiere können ihr Reisegepäck direkt nach der Ankunft am Kieler Hauptbahnhof abgeben. Dieses wird von dort auf das Schiff transportiert.

Abb. 10.15: Neugebauter Liegeplatz 1 im Ostuferhafen (Quelle: Port of Kiel/Kai Trenner).

Hafeninfrastruktur Warnemünde

Wie bereits erwähnt, wurde der Passagierhafen Rostock-Warnemünde räumlich von anderen Arealen des Rostocker Seehafens getrennt. Das wird aus Abb. 10.16 ersichtlich. Kreuzfahrtschiffe legen in der Regel in diesem Einzelhafen am Passagierkai an. Von den dort vorhandenen neun Schiffsliegeplätzen (P1 – P8 + P8A) sind zwei (P7 und P8) lang genug, um großen Kreuzfahrtschiffen (mit über 250 m Länge) Platz zu bieten: Pier 7 hat eine Länge von 276 m und ist für Schiffe bis zu 8,38 m Tiefgang zugelassen. Pier 8 ist 410 m lang, die zulässige Schiffslänge beträgt 330 m und der maximale Tiefgang 9 m. Das bedeutet, dass nur zwei große Kreuzfahrtschiffe gleichzeitig in Warnemünde anlegen können. Im Bedarfsfall können die nebeneinanderliegenden Liegeplätze P1 bis P4 gemeinsam für ein zusätzliches, etwas kleineres Kreuzfahrtschiff mit einer Länge von maximal 240 m und maximal 7,30 m Tiefgang genutzt werden (vgl. Abb. 10.16).

Weitere Kreuzfahrtschiffe müssen auf den Rostocker Überseehafen ausweichen, wo zwei weitere Anlegestellen (LP 31 und LP 41) mit einer Kailänge von 195 m und 165 m und jeweils 9,30 m zulässigem Tiefgang zur Verfügung stehen (vgl. Abb. 10.17). Ein Passagierterminal existiert dort nicht, da dieser Standort nur für

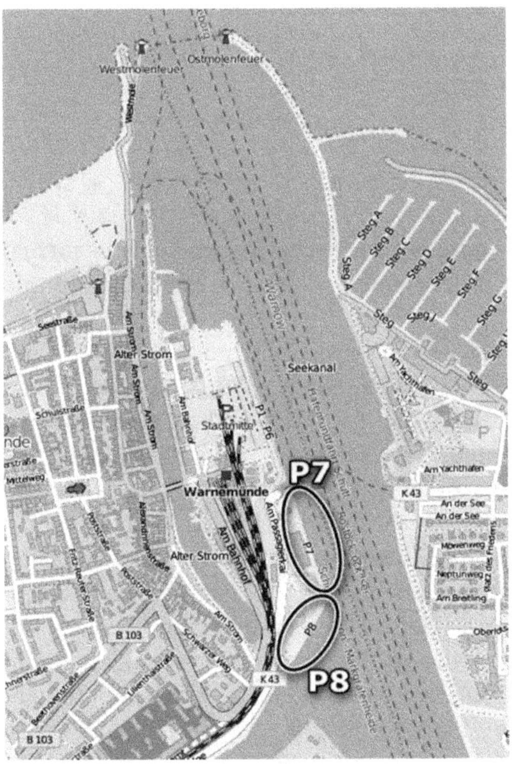

Abb. 10.16: Die Liegeplätze am Passagierkai in Warnemünde (Quelle: OpenSeaMap 2016; bearbeitet).

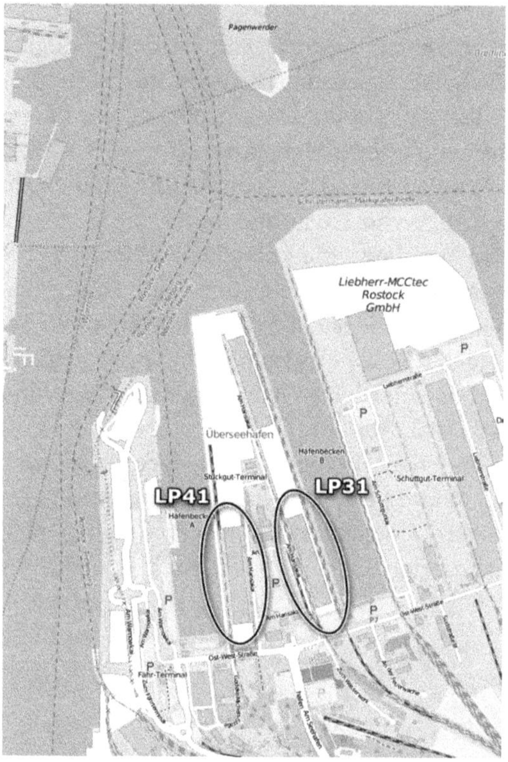

Abb. 10.17: Die Liegeplätze im Überseehafen (Quelle: OpenSeaMap 2016; bearbeitet).

Stopover-Anläufe genutzt wird. Schiffe mit Reisewechsel erhalten immer bevorzugt einen Liegeplatz am Passagierkai, auch bei späterer Anmeldung (vgl. Martin und Boekhoff 2015).

Der Warnemünder Hafen verfügt über ein modernes, aber nur mittelmäßig großes Kreuzfahrtterminal, das *Warnemünde Cruise Center* (WCC) an Pier 7 (vgl. Abb. 10.16 und 10.18). Dessen Kapazität ist mit 2.500 Passagieren relativ gering. Kiel, Hamburg und Bremerhaven verfügen über höhere Passagierkapazitäten.

Darüber hinaus steht an Pier 8 ein Abfertigungszelt (vgl. Abb. 10.19). Da in Warnemünde deutlich weniger Reisewechsel stattfinden als in den anderen Häfen und die großen Schiffe den Hafen meist als Stopover- oder Part-Turnaround-Hafen nutzen, stellen die geringeren Kapazitäten bislang kein Problem dar. Da aber immer mehr Reedereien den Hafen für Passagierwechsel nutzen, wird dringend ein weiteres Terminal und neuer Parkraum benötigt. Die Erweiterung des Warnemünder Hafengebiets durch den Zukauf eines alten Werftgeländes, das bisher größtenteils der Firma Nordic Yards gehört (in Abb. 10.16, unten – gegenüber von Pier 8), ist seit längerem in Planung. Aufgrund der langwierigen Rückkaufsverhandlungen und bürokratischer Hürden verzögert sich die Erweiterung (vgl. Martin und Boekhoff 2015).

Abb. 10.18: Warnemünde Cruise Center an Pier 7 (Quelle: Eigenes Foto).

Abb. 10.19: Abfertigungszelt an Pier 8 (Quelle: Eigenes Foto).

Für Turnaround-Passagiere sind Parkmöglichkeiten bedeutsam. Direkt am Warnemünde Cruise Center existieren lediglich Kurzzeitparkplätze. Langzeitparkplätze, die für die Dauer der Kreuzfahrt genutzt werden können, gibt es nicht vor Ort. Alternativ bieten verschiedene Anbieter Parkservices mit Transfer zum Terminal an. Zudem ist in der Nähe des Rostocker Überseehafens westlich zur Hafenzufahrt der Parkplatz P4 mit 648 PKW-Stellplätzen vorhanden. Eine Wochenkarte kostet hier 7 €; ein Bruchteil der sonst üblichen Gebühren. Die Weiterfahrt nach Warnemünde kann von dort aus mit dem Linienbus, der S-Bahn oder per Taxi erfolgen.

Eingangs wurde bereits erwähnt, dass in Stopover-Häfen ausreichend Parkraum für die Ausflugs-Busse vorhanden sein muss. Dies stellt nach Martin und Boekhoff (2015) einen Schwachpunkt des Warnemünder Hafens dar: Es gibt nicht genügend Parkflächen für die Busse, vor allem der Platz zum Rangieren ist relativ eng. Hier würde das in Planung befindliche neue Terminal mit einem Parkareal Abhilfe schaffen. Verschärft wird die Parkplatzproblematik dadurch, dass immer mehr Passagiere ihre Landausflüge nicht über die Reedereien (und somit bei den offiziell unter Vertrag stehenden *Shore-Excursions*-Firmen) buchen, sondern online bei Drittanbietern. Das führt zu einem unkontrollierten und unkoordinierten Andrang an Fahrzeugen. Da das Hafengebiet im rechtlichen Sinne nicht als öffentliches Gelände gilt und nur mit Genehmigung befahren werden darf, beinträchtigen die inoffiziellen Drittanbieter mit ihren Fahrzeugen regelmäßig die Zufahrtsstraßen vor dem Gelände.

Neben diesem kritischen Aspekt gab es jedoch auch Maßnahmen, die in den letzten Jahren zu einer Verbesserung der Hafeninfrastruktur geführt haben: Dazu gehört zum einen der barrierefreie Ausbau der Zugänge zum Hafengelände und zum Terminalgebäude. Zum anderen wurde ein alter Bahnübergang auf der Zufahrtsstraße durch eine Brücke ersetzt. Zuvor kam es bei einer dichten Taktung der S-Bahn- und Fernverkehrs-Züge häufiger vor, dass Busse, die von Tagesausflügen zurückkamen, zwanzig Minuten vor der Schranke warten mussten, bevor sie zum Schiff fahren konnten (vgl. Martin und Boekhoff 2015).

Zwischenfazit zur Hafeninfrastruktur

Zur besseren Übersicht werden in Tab. 10.1 die wichtigsten Kennzahlen der Hafeninfrastruktur gegenübergestellt. Die Tabelle liest sich wie folgt: In der zweiten Zeile (Liegeplätze) gibt die erste Zahl die Anzahl der regulären Kreuzfahrt-Schiffsliege-

Tab. 10.1: Gegenüberstellung der Hafenkapazitäten (Quelle: Eigene Darstellung).

Hafen	Hamburg	Bremerhaven	Kiel	Warnemünde
Liegeplätze	3 (5)	2–3 (5)	4 (6)	2 (5)
Terminals	3 (H; A; S)	1	3 (OK (2 LP); NK; OH)	2 (P7 und P8)
Max. Schiffslänge (m)	345; 300; 330	unbegrenzt	365; 285; 175; 395	276; 330
Max. Tiefgang (m)	12; 10,5; 13	9,8	9,5; 9,5; 9; 9,5	8,38; 9

plätze an, die über eine Terminalanbindung verfügen, während die Zahl in Klammern die mögliche Gesamtzahl bei Hinzunahme von Ausweichliegeplätzen beziffert. Die Angaben zu den zulässigen Schiffsmaßen in Zeile 4 und 5 sind in der in Zeile 3 angegebenen Reihenfolge sortiert, also z. B. in Kiel erst die beiden Liegeplätze am Ostseekai, dann der am Norwegenkai und zuletzt der Liegeplatz 1 im Ostuferhafen.

Wie aus der Tab. ersichtlich wird, verfügt Kiel über die meisten Liegeplätze, die zudem Schiffen mit großer Länge Platz bieten. Insbesondere in Warnemünde kann es bei weiter steigenden Schiffsgrößen in Zukunft zunehmend Probleme mit der maximal zulässigen Schiffslänge geben. Der Tiefgang ist hingegen bisher in allen Häfen ausreichend.

Durch ihren hohen Anteil an Turnaround-Anläufen stehen Kiel und Hamburg vor der Herausforderung, dass die meisten Reedereien den jeweiligen Hafen am Wochenende anlaufen wollen, vorwiegend am Samstag. Das sorgt dafür, dass die Zahl der Anfragen die Kapazitäten an diesen Tagen teilweise übersteigt, während die Anlagen unter der Woche überwiegend leer stehen. In Bremerhaven ist der Turnaround-Anteil zwar noch höher als in den zuvor genannten Häfen, aber hier reichen die gegebenen Kapazitäten in der Regel auch am Wochenende aus. Obwohl in Warnemünde die Stopover-Anläufe überwiegen – dieses verbessert die Verteilung der Anläufe auf die einzelnen Wochentage – gibt es auch hier zu wenig Platz, sodass Schiffe nicht selten auf zusätzliche Liegeplätze im Überseehafen ausweichen müssen. Generell stellen die beengten Platzverhältnisse rund um das Warnemünde Cruise Center ein Problem dar. Bei beiden Schwachstellen soll die geplante Erweiterung auf das alte Werftgelände Abhilfe schaffen.

Abgesehen davon stechen einzelne Terminalanlagen an verschiedenen Standorten positiv hervor: So hat Bremerhaven die einmalige Möglichkeit, die lange Kaje sehr individuell zwischen mehreren Schiffen aufzuteilen und trotzdem bis zu drei Schiffe direkt an das Terminalgebäude anzubinden. Hamburg-Steinwerder wartet hingegen mit der Innovation auf, über zwei Passagierbrücken und zwei separate Terminalbereiche die gleichzeitige Ein- und Ausschiffung der Passagiere zu ermöglichen, welches bei großen Schiffen zu einer erheblichen Zeitersparnis führt. Diese Annehmlichkeit bietet allerdings nur Steinwerder, in der Hafencity und in Altona gibt es diese Möglichkeit nicht. Bei der Ausstattung der jeweils meistgenutzten Terminals in allen Häfen fällt auf, dass der Hamburger CC1 in der Hafencity qualitativ deutlich hinter dem CCCB und dem Kieler Ostseekai zurückliegt. Auf der anderen Seite ist Hamburg mit der Landstromanlage in Altona und der von AIDA Cruises betriebenen Powerbarge[19] Vorreiter in Bezug auf den Umweltschutz. Ein weiterer Einflussfaktor ist der Passagierkomfort. Dazu gehören u. a. Dauerparkplätze direkt am Terminal. In Kiel sind diese an allen Terminals gegeben, am CCCB in Bremerhaven ebenfalls. In Hamburg gibt es nur welche am CC3 Steinwerder, in Warnemünde sind keine vorhanden.

19 kleine, auf Schwimmpontons montierte Gaskraftwerke

Insgesamt zeigt sich, dass der Vergleich der Hafeninfrastruktur von einer Vielzahl unterschiedlicher Faktoren abhängt. Wie diese zu gewichten sind, kann nicht allgemeingültig festgelegt werden, denn jede Reederei hat ihre eigenen Maßstäbe, abhängig von Schiffsgröße, Zielgruppe und Geschäftsmodell. Insgesamt bieten Kiel, Bremerhaven und das Hamburger Terminal Steinwerder gute Bedingungen, während in Warnemünde dringender Verbesserungsbedarf besteht.

10.2.2 Hinterlandinfrastruktur

Für den Erfolg als Stopover-Hafen spielt neben der touristischen Attraktivität der Stadt und den möglichen Landausflugszielen vor allem die Hinterlandinfrastruktur eine entscheidende Rolle. Damit ist in erster Linie die Verkehrsanbindung des Hafens an die Stadt und an die weiteren Ausflugsziele bedeutsam. Denn auch, bzw. besonders für Kreuzfahrten gilt der touristische Grundsatz, dass nur Attraktionen, die von den Reisenden in angemessener Zeit und mit hinnehmbaren Aufwand erreicht werden können, auch zur touristischen Attraktivität einer Destination beitragen. „Gerade bei Kreuzfahrten hat eine gute, schnelle und sichere Erreichbarkeit der vom Schiff aus angepeilten Ziele entscheidende Bedeutung. Die Auswahl der Häfen erfolgt deshalb auch unter dem Gesichtspunkt, von dort aus möglichst kurze Ausflüge anbieten zu können, damit das Schiff nicht unnötig lang im Hafen liegen muss und die Touren die Teilnehmer nicht überanstrengen.“ (Schäfer 1998, S. 132)

Das Argument, dass die Liegezeiten nicht unnötig lang sein sollen, ist kritisch zu betrachten: Die Kalkulation der Liegezeiten basiert auf verschiedenen Faktoren (vgl. auch Kap. 7.5). Abgesehen von den technisch notwendigen Mindestliegezeiten (z. B. für das Ein- und Aussteigen der Passagiere und ggf. die Versorgung des Schiffes) sind dies in erster Linie rechtliche und nautische Faktoren (etwa die Durchfahrtsbeschränkungen und Behördenöffnungszeiten), die Entfernung zu den touristischen Attraktionen sowie die Distanz zum nächsten Anlaufhafen (vgl. Schulz und Auer 2010, S. 104). Unter Berücksichtigung, dass die Hafengebühren in der Regel entweder pauschal pro Anlauf oder pro 24 Stunden berechnet werden und der Ein- und Auslauf in den meisten Häfen rund um die Uhr möglich ist, bleibt als limitierender Faktor letztlich nur die Entfernung zum nächsten Zielhafen. Solange dieser rechtzeitig erreicht werden kann, stellen auch längere Liegezeiten, etwa bis spät in den Abend, kein Problem dar.

Der Terminus Hafenhinterland stammt ursprünglich aus der Frachtschifffahrt und bezeichnet dort ein „landeinwärts, hinter dem Hafen liegendes Territorium, welches durch die Herkunfts- und Bestimmungsorte der im Hafen abzufertigenden Güter und Passagiere begrenzt wird“ (Biebig 2004, S. 290). In der Kreuzschifffahrt wird unter Hafenhinterland „das Gebiet landeinwärts hinter dem Hafen liegend [...], welches die Passagiere während des Landganges besichtigen können [verstanden]. Begrenzt wird es durch die maximal erreichbare Entfernung vom Schiff auf Grund der zeitlichen Einschränkungen (Liegezeit des Schiffs im Kreuzfahrthafen) und der gegebenen Verkehrsmittel.“ (Künstner 2008, S. 41) Nach dieser Definition fallen auch Landausflüge von Rostock-Warnemünde zur Zugspitze und zum Schloss Neuschwanstein darunter, so beispielsweise organisiert von dem Luxuskreuzfahrtveranstalter Viking Ocean Cruises (vgl. Martin und Boekhoff 2015). Diese potenziellen Ausflugsziele erfüllen damit durchaus o. g. Kriterien. Dennoch erscheint es nicht sinnvoll, diese als Hinterland von Warnemünde (oder eines anderen deutschen Seehafens) zu bezeichnen. Auf der anderen Seite bedeutet die Tatsache, dass eine Stadt in der Nähe eines Kreuzfahrthafens liegt und somit theoretisch als Ausflugsziel genutzt werden könnte, nicht, dass sie für den Hafen relevant ist. Beispielsweise kommen Städte, denen die touristische Attraktivität fehlt, nicht für Landausflüge infrage. Wie gut diese vom Hafen aus erreichbar sind, spielt folglich keine Rolle.

In der Ostseeregion befinden sich auf kleinem Raum zahlreiche attraktive und infrastrukturell gut ausgebaute Häfen, was die Planung von Routen erheblich vereinfacht. Verglichen mit anderen Fahrtgebieten liegen die meisten Häfen verhältnismäßig dicht an den Stadtzentren. Dies erhöht aus Sicht der Passagiere den (subjektiv wahrgenommenen) Wert der Reise. Aus der Perspektive der Reedereien bedeutet es hingegen, dass in solchen Häfen der Anteil der Gäste geringer ist, die einen organisierten Landausflug buchen (vgl. Mucha 2015; Larsen 2009, S. 105).

Mucha (2015) weist allerdings darauf hin, dass die Entscheidung eines Gastes, einen organisierten Landausflug zu buchen, neben der Entfernung vom Schiff zu den Sehenswürdigkeiten auch von weiteren, individuellen Faktoren abhängt. Dazu gehören unter anderem folgende Aspekte:

- Sicherheitsempfinden: Welches Sicherheitsempfinden hat der Gast in der Destination?
- Fremdwährung: Muss erst Geld gewechselt werden?
- Sprache: Spricht der Gast Englisch oder weitere Fremdsprachen? Wie gut sind die Fremdsprachenkenntnisse der lokalen Bevölkerung?
- Repeater: Wenn der Reisende die Stadt schon von einer früheren Reise kennt, wird er erneut eine Sightseeingtour buchen?
- Landausflugsprogramm: Sind für den Gast z. B. kulinarische Touren von größerem Interesse als klassische Sehenswürdigkeiten?

Die folgende Analyse der Hinterlandinfrastruktur beschränkt sich bei allen Häfen auf die jeweilige Stadt selbst und die Verkehrsverbindungen zu den beliebtesten Ausflugszielen. Die touristische Infrastruktur wird aufgrund ihres hohen Stellenwerts in Kap. 10.3 eingehend erläutert.

Hinterlandinfrastruktur Hamburg

Die Stärken und Schwächen der Hinterlandinfrastruktur hängen im Hamburger Hafen von dem betrachteten Terminal ab. Das CC1 in der Hafencity bietet den Passagieren eine sehr gute Anbindung an den öffentlichen Nahverkehr: Nicht weit entfernt befindet sich eine Haltestelle der U-Bahnlinie U4, mit der die Besucher in wenigen Minuten die Innenstadt mit dem Jungfernstieg und der Alster erreichen können. Zudem hält direkt vor dem Terminal die Buslinie 111, die durch die Speicherstadt, am Hafen entlang und über die Reeperbahn bis nach Altona fährt. Die Hafencity bietet mit der Elbphilharmonie als neuem Wahrzeichen der Stadt, der modernen Architektur und im Kontrast dazu, den alten Kaispeichern der Speicherstadt im Hintergrund ein attraktives Umfeld. In der näheren Umgebung des Terminals befinden sich einige kleine Restaurants, Cafés und Geschäfte. Die meisten sind allerdings vom Schiff oder Terminalvorplatz aus nicht sichtbar, da sie entweder in Seitenstraßen liegen oder durch hohe Häuser verdeckt werden. Insofern kann bei ankommenden Passagieren zunächst der Eindruck entstehen, dass die unmittelbare Umgebung des Terminals touristisch wenig erschlossen ist. Verstärkt wird dieser Effekt dadurch, dass seit der Terminaleröffnung im Jahr 2004 in dessen Umfeld permanent gebaut wird. Zusammen mit dem sehr improvisiert wirkenden Terminalvorplatz und der teilweise aus Bauzäunen bestehenden Eingrenzungen entsteht bei den Passagieren oftmals der Eindruck, dass ihr Schiff inmitten eines Baugebietes festgemacht hat.

Das CC2 in Altona liegt weniger zentral, ist aber dennoch gut zu erreichen. Die nächstgelegene S-Bahn-Station ist ca. 1 km entfernt. Auch hier hält die Buslinie 111 direkt vor dem Terminal und fährt zahlreiche touristische Sehenswürdigkeiten an. Zudem liegt das Terminal in unmittelbarer Nähe zum Fähranleger Dockland. Von hier aus fahren im 10- bis 15-Minutentakt Hafenfähren (als Teil des ÖPNV-Angebotes) zu den Landungsbrücken und in touristisch attraktive Stadtareale, wie beispielsweise das Treppenviertel Blankenese oder die Elbinsel Finkenwerder. Die unmittelbare Umgebung des Terminals wird vom Dockland-Bürogebäude und dem Altonaer Fischmarkt dominiert. Entlang der Großen Elbstraße befinden sich eine Vielzahl an Cafés, Restaurants und Geschäften. Das Umfeld des Terminals ist jedoch architektonisch und auch atmosphärisch nicht besonders reizvoll.

Das CC3 in Steinwerder liegt abseits der Innenstadt und der meisten Sehenswürdigkeiten. Bei Landgängen wird folglich verhältnismäßig viel Zeit für den Hin- und Rückweg benötigt, zudem ist auch die Taktung der öffentlichen Verkehrsmittel nicht optimal. Üblicherweise wird dieses Terminal ausschließlich für Turnaround-Anläufe genutzt. Dies entschärft die Situation insofern, da die Passagiere den Weg nur einmal zurücklegen müssen: entweder bei ihrer An- oder Abreise.

Nach Steinwerder verkehren Linienbusse ab der S-Bahn-Station Wilhelmsburg (Linien 156 und 256 bis Argentinienbrücke). Zusätzlich werden kostenlose und öffentliche Shuttlebusse angeboten, die bei jedem Schiffsanlauf in Steinwerder im 30-Minutentakt zwischen der S-Bahnhaltestelle Veddel und dem Terminal pendeln. Alternativ gibt es kostenpflichtige Shuttlebusse vom ZOB am Hauptbahnhof. Zudem wurde ein Anleger für die Hafenfähren eingerichtet. Der hier geplante Linienverkehr zu den Landungsbrücken ist vor allem für diejenigen Passagiere von Interesse, die vor oder nach ihrer Kreuzfahrt noch in der Stadt verweilen möchten.

Die Umgebung des Terminals weist keine touristische Infrastruktur in Form von gastronomischen Angeboten, Souvenirshops oder sonstigen Möglichkeiten zum Zeitvertreib auf. Bei Turnaround-Anläufen besteht allerdings auch keine Notwendigkeit, sich länger in der Umgebung des Terminals aufzuhalten.

Nach Rüdiger (2016) muss hierbei jedoch zwischen der touristischen und der operationellen Sicht unterschieden werden. Denn während das Terminal aus der Perspektive der Passagiere ungünstig gelegen und verhältnismäßig schlecht erreichbar ist, bietet die Lage den Reedereien optimale logistische Bedingungen, weil es für die (ohnehin angebotenen) Shuttlebusse und Zulieferfahrzeuge schnell und einfach erreichbar ist und nicht wie in der Innenstadt eine permanente Staugefahr besteht.

Hinterlandinfrastruktur Bremerhaven

Das CCCB liegt etwas abgeschieden in einem Freihafen-Areal. Die Anbindung an den öffentlichen Nahverkehr der Stadt ist ausbaufähig. Im Freihafen rund um das Terminal gibt es keine reguläre Bushaltestelle, die nächstgelegene ist die Haltestelle Schleusenstraße in ca. 2 km Entfernung. Dieses Problem wird zumindest zum Teil dadurch behoben, indem der Terminalbetreiber für jeden Schiffsanlauf einen stündlichen Buspendelverkehr zwischen dem Terminal und dem Hauptbahnhof sowie der Innenstadt eingerichtet hat.

Die wichtigsten Touristenattraktionen der Stadt befinden sich auf dem Areal der *Havenwelten*, diese liegen fußläufig in ca. 2,5 km Entfernung. Ein touristisch attraktiver Weg führt nach Verlassen des Freihafens auf dem Deich entlang der Weser. Auf der zweiten Hälfte der Strecke können die Kreuzfahrtpassagiere alternativ längs des modern gestalteten Binnenhafens mit einem Yacht- und Sportboot-Areal und Anlegestellen für Ausflugsschiffe flanieren. Entlang der Strecke werden mehrere Schleusentore überquert. Eine Nutzung des ÖPNV bietet keine sinnvolle Alternative. Direkt im Terminal besteht für die Passagiere die Möglichkeit, Fahrräder auszuleihen.

Das beliebteste Ausflugsziel außerhalb Bremerhavens ist die Hansestadt Bremen. Mit dem Bus dauert die Fahrt in die Bremer Innenstadt über die A27 etwa 45 Minuten. Dabei kommt es dem CCCB zugute, dass die Autobahn vom Terminal aus schnell und unkompliziert erreichbar ist. Passagiere, die einen individuellen Landausflug nach Bremen unternehmen wollen, nutzen den Shuttlebus zum Bahnhof und fahren von dort aus mit dem Regionalzug nach Bremen. Diese Züge fahren zweimal pro Stunde; die Bahnfahrzeit beträgt eine halbe bis Dreiviertelstunde pro Strecke.

Neben den *Havenwelten* und der Stadt Bremen zählt Hamburg zu den wichtigsten Landausflugszielen. Vor einigen Jahren führte eine über mehrere Jahre andauernde Baumaßnahme auf der A1 zwischen Bremen und Hamburg zu verkehrlichen Einschränkungen. Dies machte die von einigen Reedereien angebotenen Landausflüge mit Bussen von Bremerhaven nach Hamburg kaum noch praktikabel. Seit Abschluss der Bauarbeiten werden solche Landausflüge nun wieder angeboten. Mit dem Reisebus dauert die Fahrt etwa zwei Stunden pro Strecke. Selbstorganisierte Landausflüge nach Hamburg sind schwieriger durchzuführen: Die Reisenden müssten zunächst mit dem Shuttlebus oder Taxi zum Bremerhavener Bahnhof fahren, dann mit dem Regionalzug nach Bremen, von dort mit dem Intercity oder Regionalzug zum Hamburger Hauptbahnhof und von dort weiter zu den jeweiligen Ausflugszielen. Die Bahn- und Straßenanbindung Bremerhavens an die Metropolregion Hamburg wird in Kap. 10.2.3 beschrieben.

Für die Besatzungsmitglieder, die nur wenig Zeit haben, das Schiff zu verlassen, bietet die Umgebung des Terminals ähnlich wie in Hamburg-Steinwerder keinerlei Annehmlichkeiten. Dieser Nachteil wird dadurch kompensiert, dass es direkt im Terminal ein Café und einen Shop gibt. Auch auf die Passagiere wirkt der umliegende Freihafen eher trist und wenig einladend. Dies ist jedoch unproblematisch, da Bremerhaven mit 95 % einen sehr hohen Turnaround-Anteil aufweist. Die Passagiere, die hier ihre Reise beginnen, begeben sich direkt zum Check-in und die, deren Kreuzfahrt hier endet, verlassen den Hafen auf direktem Wege. Vor dem Hintergrund des hohen Turnaround-Anteils sind sämtliche beschriebenen positiven wie negativen Aspekte der Erreichbarkeit von Landausflugszielen für den Erfolg von Bremerhaven auf dem Kreuzfahrtmarkt als nachrangig anzusehen. Diese werden dann an Bedeutung gewinnen, wenn sich die Zahl der Stopover-Anläufe erhöhen sollte, wie dies von dem Terminalbetreiber gewünscht wird (vgl. Kamjunke-Weber 2016). In der aktuellen Situation stellen die Hafeninfrastruktur und die Verkehrsanbindung an die Quellgebiete die wichtigeren Faktoren dar.

Hinterlandinfrastruktur Kiel

Der Kieler Hafen liegt direkt in der Innenstadt. Somit können die Passagiere vom Ostsee- und Norwegenkai aus die wichtigsten Attraktionen der Stadt und den Hauptbahnhof zu Fuß erreichen; es ist kein Transfer notwendig. Der Ostuferhafen liegt weiter außerhalb, von hier aus verkehren Busse in die Innenstadt. Trotz der geringen Größe Kiels, in Relation zu den meisten anderen wichtigen Ostsee-Kreuzfahrt-Destinationen, bietet diese dennoch eine Vielzahl an Einkaufsmöglichkeiten, Gastronomiebetrieben und Unterhaltungsangeboten. Die Holstenstraße, die größte Fußgängerzone und wichtigste Einkaufsmeile der Stadt, liegt in unmittelbarer Nähe zum Hafen. Auch die anderen eingangs erwähnten Ausflugsziele sind sowohl mit Bussen als auch mit der Bahn gut zu erreichen. Gleiches gilt auch für andere Nahziele wie beispielsweise Flensburg. Dafür ist zum einen der nahe gelegene Hauptbahnhof von Vorteil, der eine Fahrt ohne Umstieg ermöglicht, und zum anderen auch eine Schnellstraße, die von der Autobahn fast bis zum Hafen führt.

Hinterlandinfrastruktur Warnemünde

Der Rostocker Kreuzfahrthafen liegt abseits der Innenstadt im Stadtteil Warnemünde. In der Nähe der Schiffsliegeplätze gibt es eine S-Bahn-Station, von wo aus in ca. 5–10-minütiger Taktung S-Bahnen in die Rostocker Innenstadt und zum Hauptbahnhof fahren. Der Bahnhof Warnemünde wird zudem von einigen Regional- und Fernverkehrszügen angefahren. Die internationalen Reedereien können so für ihre organisierten Landausflüge nach Berlin gecharterte Züge einzusetzen, die direkt in Warnemünde und in fußläufiger Entfernung vom Hafen starten.

Ein weiterer Aspekt ist die lokale Infrastruktur, die eine der großen Stärken des Hafens darstellt. Nicht nur in Rostock, sondern auch in Warnemünde finden die Besucher eine Vielzahl von Geschäften, Eisdielen, Cafés, Restaurants und Bars vor. Laut Martin und Boekhoff (2015) machen die nahegelegenen Supermärkte, Drogerien und Fachgeschäfte Warnemünde auch für die Schiffsbesatzung sehr attraktiv. Demnach nutzt sie den Aufenthalt gerne für Einkäufe, insbesondere da diese deutlich preiswerter sind als beispielsweise in Skandinavien oder St. Petersburg. Insgesamt wird dadurch eine hohe Wertschöpfung generiert.

Der Rostocker Überseehafen, auf den die Kreuzfahrtschiffe in Einzelfällen ausweichen müssen, wenn alle Liegeplätze in Warnemünde belegt sind, befindet sich in nur ca. 2 km Luftlinie Entfernung. Dadurch, dass er am anderen Ufer der Warnow liegt und es vor Ort keine Brücke gibt, dauert der Transfer über Land unter Umständen lange. Die kürzeste Straßenverbindung von dort nach Warnemünde führt über die B105 durch den Warnowtunnel und nimmt bei adäquatem Verkehrsfluss ca. 15 Minuten in Anspruch, zu den Hauptverkehrszeiten jedoch deutlich mehr. Mit öffentlichen Verkehrsmitteln dauert die Fahrt ebenfalls wesentlich länger. Aufgrund dieser Problematik wurde im Jahr 2015 ein kostenloser Boots-Shuttleservice mit Barkassen eingerichtet, der im Überseehafen liegende Kreuzfahrtschiffe mit Warnemünde verbindet (vgl. Martin und Boekhoff 2015).

Zwischenfazit zur Hinterlandinfrastruktur

Die Hinterlandinfrastrukturen der vier Häfen weisen deutliche Unterschiede auf. In Hamburg variiert die Qualität dieser zwischen den Liegeplätzen stark. Das CC1 in der Hafencity ist zentral gelegen und bietet mit der nahen Station der U4 und der Buslinie 111 eine sehr gute Verkehrsanbindung an die Innenstadt und die Sehenswürdigkeiten. Der Hauptbahnhof ist mit der U-Bahn ebenfalls in wenigen Minuten erreichbar. Im Umfeld des Terminals finden die Passagiere einige Bars, Cafés und kleinere Geschäfte; die unmittelbare Umgebung wirkt mit den zahlreichen Baustellen derzeit jedoch wenig einladend.

Das CC2 in Altona liegt weniger zentral, befindet sich jedoch ebenfalls in Innenstadtnähe. Die nächste S-Bahn-Station ist die Königstraße in ca. 1 km Entfernung. Alternativ fährt auch hier der Bus 111. Zudem befindet sich direkt neben dem Terminal eine Anlegestelle der Hamburger Hafenfähren, mit denen die Passagiere auf preisgünstige Weise den Hafen erkunden und diverse touristische Ziele der Stadt erreichen können. In der näheren Umgebung befindet sich die Große Elbstraße mit einigen Cafés und Geschäften.

Das CC3 in Steinwerder liegt abseits der Innenstadt und weist eine schlechte ÖPNV-Anbindung an die Innenstadt auf. Dies wird sich durch die geplante Hafenfährlinie direkt zum Terminal merklich verbessern. Dieses Terminal wird derzeit nur für Turnaround-Anläufe genutzt, sodass die Erreichbarkeit der landseitigen Ausflugsziele keine bedeutende Rolle spielt. Zu erwähnen sind in diesem Zusammenhang auch die verschiedenen, zum Teil kostenlosen Shuttlebus-Angebote von der S-Bahn-Station Veddel und vom ZOB. Die Umgebung des Terminals bietet keine touristischen Reize.

Das CCCB liegt etwas außerhalb der Innenstadt im Freihafen und ist mit öffentlichen Verkehrsmitteln nicht direkt erreichbar. Bei allen Schiffsanläufen bietet der Terminalbetreiber einen stündlich verkehrenden Shuttlebus zum Hauptbahnhof und in die Innenstadt an. Die Hauptattraktionen Bremerhavens sind die *Havenwelten*, die über einen ca. 2,5 km langen, weitgehend touristisch attraktiven Fußweg zu erreichen sind. Individuell organisierte Ausflüge nach Bremen sind möglich, andere Ausflugsziele wie Hamburg sind nur im Rahmen organisierter Landausflüge in angemessener Zeit zu erreichen. Aufgrund des sehr hohen Anteils von Turnaround-Anläufen spielen klassische Landausflüge bislang eine verschwindend geringe Rolle.

Ein erheblicher Vorteil Kiels ist die Innenstadtlage des Hafens. Somit können die Passagiere vom Ostsee- und Norwegenkai aus die wichtigsten Sehenswürdigkeiten sowie eine Vielzahl von Geschäften und gastronomischen Betrieben zu Fuß erreichen. Kiel ist auch die einzige der vier Städte, in der der Hauptbahnhof vom Schiff aus fußläufig erreichbar ist. Dies und die gute Autobahnanbindung ermöglichen eine einfache und schnelle Erreichbarkeit der Ausflugsziele wie etwa Hamburg, Lübeck und die Holsteinische Schweiz. Für den Liegeplatz 1 im Ostuferhafen gilt diese privilegierte Lage nicht, da dieser in ca. 8 km Entfernung zur Innenstadt liegt. Von hier verkehren Shuttlebusse zum Hauptbahnhof.

In Warnemünde befindet sich in unmittelbarer Nähe zu den Liegeplätzen ein S-Bahnhof, von dem aus die Rostocker Innenstadt in ca. zwanzig Minuten zu erreichen ist. Auch können die Reedereien Charterzüge für ihre Landausflüge z. B. nach Berlin einsetzen, die ebenfalls direkt in Warnemünde starten und enden. Bei Busausflügen profitieren die Reedereien von der Nähe zur Autobahn. Die lokale Infrastruktur in der direkten Umgebung des Cruise Centers kann als sehr gut bewertet werden. Im nahe gelegenen Warnemünder Ortskern gibt es zahlreiche Geschäfte, Restaurants, kleine Cafés etc., weshalb der Hafen von Passagieren und Besatzung sehr stark frequentiert wird. Vom Überseehafen aus, auf den die Schiffe vereinzelt ausweichen müssen, führt der kürzeste und schnellste Weg per kostenlosen Bootshuttle über das Wasser nach Warnemünde.

Insgesamt schneiden Kiel und Warnemünde in Bezug auf ihre Hinterlandinfrastruktur am besten ab. Für Kiel spricht die Lage des Hafens in der Innenstadt und die Nähe zum Hauptbahnhof, für Warnemünde die Nähe zu Berlin, die die großen amerikanischen Reedereien seit langem an diesen Hafen bindet. Zudem ist der

Warnemünder Ortskern überschaubarer als die Kieler Innenstadt. Die Hamburger Hinterlandinfrastruktur weist einige Defizite auf. Bremerhaven zeichnet sich vor allem durch die unattraktive Umgebung des Terminals und der mangelhaften Anbindung an den öffentlichen Nahverkehr aus.

10.2.3 Verkehrsanbindung für An- und Abreise

Ein weiterer Aspekt der Infrastruktur ist die Anbindung des Hafens an die nationalen und internationalen Verkehrssysteme. Dieser ist in erster Linie für Turnaround-Häfen relevant, kann aber auch für die Durchführung von Landausflügen von Bedeutung sein. Bei nachfolgender Analyse werden die drei wichtigsten Verkehrsmittel für die Anreise der Passagiere berücksichtigt: die Fernstraßenanbindung für den Individualverkehr, die Bahnanbindung und die Erreichbarkeit per Flugzeug (Linien- und Charterflüge).[20]

Verkehrsanbindung Hamburg

In Hamburg kreuzen sich zwei der wichtigsten Autobahnachsen Deutschlands, die A7 und die A1, daher ist die Hansestadt mit dem Auto aus allen Himmelsrichtungen gut erreichbar. Die Terminals in Steinwerder und der Hafencity liegen nicht weit von den Autobahnen entfernt. Um dort hinzugelangen, ist lediglich eine kurze Fahrt durch den ehemaligen Freihafen oder die Hafencity erforderlich. Das Terminal in Altona ist nur über die häufig staugeplagte Innenstadt zu erreichen.

Auch die Bahnanbindung Hamburgs kann als gut eingestuft werden. Von zahlreichen deutschen Großstädten aus gibt es direkte Schnellzugverbindungen zum Hamburger Hauptbahnhof, von den meisten anderen ist lediglich ein Umstieg erforderlich. Auch die Nahverkehrsanbindung in die umliegenden Bundesländer Niedersachsen, Schleswig-Holstein und Mecklenburg-Vorpommern ist positiv zu bewerten. Die gute Bahnanbindung führt dazu, dass Passagiere, die ihre Kreuzfahrt in Hamburg beginnen und beenden, diese Anreiseart präferieren, statt mit dem eigenen Auto anzureisen wie in Warnemünde oder Kiel (vgl. Rüdiger 2016). Die innerstädtische Verkehrsanbindung der Terminals an den Hauptbahnhof ist zum Teil suboptimal, wie im vorherigen Kapitel erläutert.

Für Turnaround-Anläufe hat Hamburg den Vorteil, dass die Stadt als einziger deutscher Kreuzfahrtstandort über einen eigenen national und international agierenden Flughafen verfügt. Dieser ist vom Hauptbahnhof mit der S-Bahn in zwanzig Minuten erreichbar und liegt insofern relativ zentral. Innerhalb Deutschlands und Europas bietet dieser Flughafen gute Verbindungen zu zahlreichen Metropolen der Welt. Internationale Reedereien bieten ihren Gästen für den Transfer vom Flugha-

20 Fernlinienbusse bleiben unberücksichtigt.

fen zum Schiff in der Regel Shuttlebusse an. Die Fahrt zu jedem der Terminals dauert üblicherweise ca. 20 bis 30 Minuten. Der Flughafen macht Hamburg als Ein- und Ausschiffungshafen für Passagiere aus dem europäischen Ausland (und teilweise auch aus Süddeutschland) deutlich attraktiver als die anderen deutschen Häfen. Für nordamerikanische Passagiere werden derzeit nur von New York aus Direktflüge nach Hamburg angeboten, was ihn, wie alle anderen deutschen Häfen auch, als Turnaround-Hafen für diese Zielgruppe unattraktiv macht.

Verkehrsanbindung Bremerhaven

Die Fernstraßenanbindung Bremerhavens ist insgesamt als suboptimal einzustufen. Von Bremen aus führt die A27 bis Bremerhaven, daher ist die Stadt aus dem Westen und Süden Deutschlands gut zu erreichen. Verbesserungswürdig ist hingegen die Anbindung an den Norden und Nordosten Deutschlands, zwischen Schleswig-Holstein und Berlin. Aus weiten Teilen Schleswig-Holsteins sorgt die notwendige Überquerung der Elbe für eine deutlich verlängerte Fahrzeit. Entweder muss die Fähre von Glückstadt nach Wischhafen genutzt oder ein Umweg über Hamburg und den dortigen Elbtunnel in Kauf genommen werden. Von Hamburg aus führt die einzige Autobahnverbindung über die A1 und A27 in einem großen Bogen über Bremen. Die direkte Verbindung über Stade und Bremervörde (B73, B74 und B71) ist nicht ausgebaut, insofern ist die Fahrzeit hier noch länger. Der Umweg über Bremen verlängert die Strecke von etwa 120 auf 180 km. Abhilfe soll die Verlängerung der Küstenautobahn A20 schaffen, die nördlich von Stade die Elbe überqueren und dann der eben beschriebenen direkten Route folgen soll. Dieser Ausbau wird auch die Fahrzeit und -strecke für Passagiere aus Mecklenburg-Vorpommern, Berlin und dem nördlichen Teil Brandenburgs verkürzen, für die Bremerhaven von allen vier Häfen mit Abstand am schlechtesten erreichbar ist.

Die Fertigstellung der A20 ist derzeit nicht absehbar. Bisher endet diese bei Bad Segeberg, nordöstlich von Hamburg. Der weitere Ausbau ist für das Jahr 2018 geplant. Derzeit ist das Projekt in der niedersächsischen Politik und Gesellschaft umstritten, u. a. aufgrund der hohen Kosten für die neue Elbüberquerung.

Bremerhaven ist nicht an das Fernverkehrsnetz der Deutschen Bahn angeschlossen. Reisende müssen von Bremen aus mit einem Regionalzug weiterfahren. Diese Fahrt dauert eine halbe bis dreiviertel Stunde. Besser ist die Nahverkehrsanbindung innerhalb Niedersachsens. Über Bremen hinaus fahren die Regionalexpresszüge direkt bis Hannover und Osnabrück, außerdem gibt es Anbindungen an Cuxhaven und Buxtehude. Eine Direktverbindung nach Hamburg existiert nicht, wäre aber wünschenswert, um die Metropolregion Hamburg, Schleswig-Holstein und Mecklenburg-Vorpommern besser anzubinden. Reisende müssen hier entweder über Bremen fahren oder in Buxtehude erneut umsteigen.

Bremerhaven fehlt ein internationaler Flughafen. Der nächstgelegene ist Bremen Airport in ca. 70 km Entfernung. Die Fahrt vom Flughafen zum Terminal dauert mit Shuttlebussen etwa 45–60 Minuten. Damit ist sie etwas kürzer als die Fahrt vom Hamburg Airport nach Kiel (die mindestens eine Stunde dauert) und viel kürzer als die Fahrt aus Hamburg oder Berlin nach Warnemünde. Es bleibt allerdings das Problem der geringeren Anzahl an Flugverbindungen im Vergleich zum Hamburger Flughafen. Da Bremerhaven hauptsächlich von Turnaround-Passagieren aus Deutschland frequentiert wird, lohnt ein Blick auf die innerdeutschen Verbindungen. Bremen wird derzeit von drei deutschen Flughäfen aus direkt angeflogen (Frankfurt/Main, München und Stuttgart). Im Vergleich dazu bietet der Hamburg Airport Direktverbindungen zu zehn Flughäfen in Deutschland, außerdem zu acht weiteren in Österreich und der Schweiz (Stand: Sommerflugplan 2017; vgl. Bremen Airport 2017, o.S.; Hamburg Airport 2017, o.S.).

Anders als in den drei übrigen Häfen lässt sich in Bremerhaven keine allgemeingültige Aussage darüber treffen, welches Verkehrsmittel die Passagiere für ihre An- und Abreise bevorzugen. Alle Verkehrsmittel sind in gewissem Maße vertreten. Der Modal Split[21] unterscheidet sich in Abhängigkeit von der Reederei. Während Phoenix Reisen beispielsweise vor allem Busanreisen durchführt, reisen bei TUI Cruises überdurchschnittlich viele Gäste mit dem eigenen PKW an (vgl. Kamjunke-Weber 2016). Insofern ist für den Erfolg Bremerhavens als Turnaround-Destination die Erreichbarkeit auf allen Verkehrswegen gleichermaßen wichtig.

Verkehrsanbindung Kiel

Ähnlich wie Warnemünde ist auch Kiel gut an das deutsche und europäische Fernstraßennetz angebunden: Aus allen Richtungen führen Autobahnen oder gut ausgebaute Bundesstraßen direkt in die Stadt. Der Ostseekai ist vom Ende der jeweiligen Fernstraße aus nur ca. drei bis vier Kilometer entfernt.

Auch die Fernbahnanbindung kann als gut eingestuft werden. Der Kieler Hauptbahnhof ist über mehrere ICE-Linien (ICE 20, 22 und 28) mit zahlreichen deutschen Großstädten verbunden. Allerdings verkehren auf dem letzten Streckenabschnitt ab Hamburg jeweils nur einzelne Züge, sodass in vielen Fällen ein Umstieg in Hamburg erforderlich ist. Die IC-Linie 31 verbindet Kiel einmal täglich direkt mit Bremen und Nordrhein-Westfalen. Die Nahverkehrsanbindung innerhalb Schleswig-Holsteins ist optimal. Die Landeshauptstadt ist mit fast allen Mittelstädten Schleswig-Holsteins direkt verbunden, ebenso mit Hamburg.

Die Luftverkehrsanbindung wird als bedingt geeignet eingestuft. Zwar verfügt Kiel über einen eigenen kleinen Verkehrsflughafen (Kiel Holtenau; IATA-Code KEL), dieser wird derzeit lediglich für Charter- und Privatflüge genutzt. Der ebenfalls nicht weit entfernt gelegene Flughafen Lübeck-Blankensee (LBC) wird seit dem Rückzug von Ryanair und Wizzair aktuell von keiner Linienfluggesellschaft bedient.

21 Verkehrsmittelwahl

Der nächst gelegene Verkehrsflughafen mit nationalen und internationalen Linienflugverbindungen ist der Hamburg Airport. Die Bahnfahrt von dort zum Kieler Hauptbahnhof dauert 100–120 Minuten. Alternativ kann ein öffentlicher Shuttlebus genutzt werden: Der *Kielius Airport Bus* verkehrt täglich im Stundentakt zwischen dem Hamburg Airport und dem Kieler ZOB. Die Fahrzeit beträgt etwa 90 Minuten.

Verkehrsanbindung Warnemünde

Die Fernstraßenanbindung des Hafengeländes in Rostock-Warnemünde ist als gut einzustufen. Rostock kann aus Richtung Hamburg/Lübeck über die A20, aus Richtung Berlin über die A19 erreicht werden. Von dort führt die Rostocker Stadtautobahn B103 bis in den Hafen. Ein genereller Nachteil ist die geografische Lage Rostocks im Nordosten Deutschlands. Dadurch ergeben sich aus großen Teilen des Landes weitere Anfahrtswege als zu den drei anderen Häfen. Eine kürzere Distanz ergibt sich fast nur aus Berlin und den verhältnismäßig schwach besiedelten ostdeutschen Bundesländern. Allerdings kann insbesondere dieser Umstand für Reedereien bei der Wahl des Reisewechselhafens für ihre Ostseekreuzfahrten auch ausschlaggebend sein. So hat MSC Cruises mit Beginn der Saison 2014 Warnemünde sowohl als Reisewechsel- als auch als Transithafen neu in sein Programm aufgenommen und sich dafür teilweise aus Kiel zurückgezogen. Grund war eine stärkere Fokussierung auf den ostdeutschen Quellmarkt (vgl. Heinisch 2015).

Nach Martin und Boekhoff (2015) ist das bevorzugte Verkehrsmittel der Passagiere bei der An- und Abreise das eigene Auto. Mit der Bahn ist Warnemünde nicht so gut zu erreichen wie Kiel oder Hamburg. Zwar gibt es direkt am Hafen einen Regional- und Fernbahnhof, die meisten Züge verkehren jedoch nur bis zum Rostocker Hauptbahnhof. Von dort müssen die Passagiere mit der S-Bahn nach Warnemünde fahren. Bei Turnarounds bieten die meisten Reedereien ihren Kunden einen Busshuttle vom Hauptbahnhof an. Auf der ICE-Linie 28.1 verkehren einzelne Züge zwischen Rostock und Bayern. Die IC-Linien 26, 27, 30 und 37 verbinden den Rostocker Hauptbahnhof mehrmals täglich mit zahlreichen deutschen Metropolen. Bei den meisten Verbindungen erfolgt allerdings in Hamburg oder Berlin ein Umstieg. Die meisten Mittelstädte Mecklenburg-Vorpommerns sind durch Regionalverkehrslinien direkt mit dem Rostocker Hauptbahnhof verbunden. Darüber hinaus gibt es direkte Nahverkehrsverbindungen nach Berlin und Hamburg.

Das größte Problem, das internationale Reedereien bis vor kurzem davon abhielt, Warnemünde für Turnaround-Anläufe zu nutzen, ist das Fehlen eines internationalen Flughafens. In der Nähe liegt der Rostock-Laage Airport (IATA-Code RLG), von hier gibt es jedoch nur wenige Linienflugverbindungen in das Inland und in das benachbarte Ausland. Die nächstgelegenen Großflughäfen sind Hamburg und Berlin. Mit öffentlichen Verkehrsmitteln dauert die Fahrt von jedem dieser Flughäfen nach Warnemünde etwa drei bis vier Stunden. Wird der Transfer von einem dieser Flughäfen mit Shuttlebussen organisiert, dauert diese Fahrt ca. zwei

Stunden. Vor diesem Hintergrund war es für die internationalen Reedereien bisher immer attraktiver, den Reisewechsel in Kopenhagen durchzuführen, da es vom dortigen Flughafen aus direkte Linienflugverbindungen zu diversen Zielen in Europa und Übersee gibt.

Eine mögliche Lösung für dieses Problem stellen Charterflüge nach Rostock-Laage dar, wie sie seit zwei Jahren von immer mehr Reedereien durchgeführt werden. Das dahinterstehende Prinzip, die Vorteile für Reedereien und Passagiere und das Konzept der Part-Turnarounds wurden in Kap. 8.4 behandelt.

Zwischenfazit zur Verkehrsanbindung

Hamburg weist im Vergleich zu den anderen drei Häfen die beste Verkehrsanbindung auf. Die Stadt verfügt aufgrund ihrer Größe über gute und meist direkte Bahnverbindungen nach ganz Deutschland, ist über das Fernstraßennetz gut zu erreichen und hat als einzige in diesem Vergleich einen Flughafen mit einem nationalen und internationalen Streckennetz. Problematisch ist, wie bei allen deutschen Häfen, das Fehlen von Direktflügen nach Nordamerika. Dies macht die deutschen Häfen als Turnaround-Destinationen für den wichtigen amerikanischen Quellmarkt unattraktiv. Auch mit Blick auf die Flugverbindungen zu den südeuropäischen Quellmärkten kann Hamburg nicht mit Amsterdam oder Kopenhagen konkurrieren.

Die zweitbeste Verkehrsanbindung weist Kiel, mit einigem Abstand vor Warnemünde, auf. Kiel bietet den Vorteil, dass es dichter an der Metropolregion Hamburg sowie dem bevölkerungsreichen Nordrhein-Westfalen liegt. Zudem können die Passagiere das Schiff vom Hauptbahnhof aus zu Fuß erreichen. Passagiere aus Süddeutschland können nach Hamburg fliegen und von dort weiter mit dem Bus nach Kiel reisen.

Warnemünde bietet wiederum den Vorteil, dass es näher an der Metropolregion Berlin und den östlichen Regionen Deutschlands liegt als Kiel. Wie zuvor erwähnt, war dies für MSC Cruises ein Grund, die Turnaround-Anläufe teilweise nach Warnemünde zu verlegen. Zudem bietet das Konzept der Charterflüge nach Rostock-Laage dem Hafen gute Chancen, verbessert es doch die Anbindung auf dem Luftweg drastisch. Dies verschafft Warnemünde in dieser Hinsicht sogar eine bessere Position als Hamburg, da die geringere Kapazitätsauslastung in Rostock-Laage den Reedereien mehr Möglichkeiten gibt, die Flugzeiten nach ihren Wünschen zu vereinbaren. Zudem bietet der kleine Flughafen den außergewöhnlichen Service, dass das Reisegepäck der Passagiere direkt vom Flugzeug auf das Schiff transportiert wird. Außerdem beansprucht die Transferfahrt von Rostock-Laage nach Warnemünde je nach Verkehrslage weniger Zeit als vom Hamburg Airport zu den dortigen Terminals. In jedem Fall ist diese schneller als von Hamburg nach Kiel oder Bremerhaven.

Die ungünstigste Verkehrsanbindung aller Häfen weist Bremerhaven auf. Die Hauptprobleme der Stadt sind der fehlende Anschluss an das Fernverkehrsnetz der

Bahn und die schlechte Erreichbarkeit für Reisende aus den Regionen Hamburg, Schleswig-Holstein und dem Nordosten Deutschlands sowohl auf der Schiene als auch auf der Straße. Für Flugreisende ist der Airport Bremen nur ca. 45 Minuten Autofahrt entfernt. Aber zum einen gibt es nur ein vergleichsweise geringes Angebot an Flugverbindungen nach Bremen, und zum anderen kann die Strecke nur mit einem reedereiseitig angebotenen Shuttlebus oder einem Mietwagen in angemessener Zeit bewältigt werden, nicht aber mit öffentlichen Verkehrsmitteln.

Während die zu bemängelnde Hinterlandinfrastruktur für Bremerhaven aufgrund des sehr hohen Turnaround-Anteils kein wesentliches Problem darstellt, ist die ungünstige Verkehrsanbindung hingegen ein deutlicher Wettbewerbsnachteil. Demzufolge besteht hier Handlungsbedarf. Abzuwarten bleibt, wie sich das Bauprojekt A20 weiterentwickeln wird. Deren Fertigstellung würde nicht nur die Straßenanbindung an die Metropolregion Hamburg und weitere Regionen erheblich verbessern, sondern zugleich auch die Erreichbarkeit des Hamburger Flughafens.

10.3 Touristische Attraktivität

Die touristische Attraktivität der Destination ist für einen Kreuzfahrthafen sehr bedeutsam. Nach Künstner (2008, S. 41) „ist das touristische Angebot seines Hinterlandes eines der wichtigsten Voraussetzungen für seine Existenz." Dennoch muss zwischen der Nutzung als Turnaround- und als Stopover-Hafen unterschieden werden:

Für Stopover-Anläufe ist die Attraktivität der Destination von entscheidender Bedeutung: Die Reedereien müssen ihre angebotenen Kreuzfahrten erfolgreich vermarkten. Für die meisten europäischen Passagiere ist die Route noch immer das entscheidende Auswahlkriterium. Destinationen, die für ihre Attraktivität oder Einzigartigkeit bekannt sind, werten die Route aus Kundensicht erheblich auf. Der Anlauf einer bestimmten Destination spielt häufig eine ausschlaggebende Rolle bei der Buchungsentscheidung (vgl. Benkenstein und Werner 2011, S. 126; Lubatschowski 2000, S. 190).

An dieser Stelle sei noch einmal auf die in Kap. 9 erläuterte ABC-Analyse verwiesen. Ein *Must-see*-Hafen der Kategorie A verdankt diese privilegierte Stellung in erster Linie der außergewöhnlich hohen touristischen Attraktivität der Destination. Aus Marketingperspektive legen die Reedereien folglich bei der Auswahl ihrer Stopover-Häfen großen Wert auf deren touristische Attraktivität. Lubatschowski (2000, S. 190) schreibt dazu: „Wichtigster Faktor für die Aufnahme eines Kreuzfahrthafens in das Programm der Anbieter ist das Angebot an touristischen Attraktionen als Bestandteile eines touristischen Angebotsbündels. Bei Anlaufhäfen ist entscheidend, dass diese Attraktionen zum einen reizvoll sind und zum anderen während eines Tages besichtigt werden können. Diese Häfen werden nur für einen Tagesstop genutzt, der drei bis vier, aber auch zwölf Stunden dauern kann."

Kritisch ist jedoch anzumerken, dass vor allem bei größeren Städten es den Touristen oft nicht möglich ist, alle Attraktionen, die sie theoretisch interessieren, innerhalb eines Tages zu besichtigen, zumindest nicht in einem angemessenen Umfang. Dies ist jedoch auch nicht das Ziel: Diejenigen Besucher, für die Sightseeing das Hauptmotiv der Reise darstellt, wollen während einer Kreuzfahrt mehrere Städte in kurzer Zeit kennenlernen und nicht eine einzige intensiv erleben. Sie müssen folglich bewusst in Kauf nehmen, nicht alle Attraktionen einer Destination besuchen zu können. Im Übrigen ist das für die Reedereien durchaus von Vorteil: So besteht die Chance, dass Repeater ein zweites Mal die gleiche oder eine ähnliche Route buchen, um in den Destinationen weitere Sehenswürdigkeiten zu entdecken.

Bei der Auswahl der Turnaround-Häfen spielt die touristische Attraktivität hingegen nur eine untergeordnete Rolle. Entscheidend sind hier eher die Ausstattung des Terminals, eine gute Verkehrsanbindung und eine schnelle Passagierabfertigung. Nach Heinisch (2015) sehen die Reedereien bei Turnaround-Anläufen die touristische Attraktivität der Stadt nur als positiven Zusatznutzen, der nicht entscheidungsrelevant ist. Andererseits generieren die Reedereien zusätzliche Einnahmen, indem sie ihren Gästen organisierte Vor- und Nachprogramme anbieten. Dabei reisen die Gäste bereits einen oder mehrere Tage vor der Kreuzfahrt in die Stadt oder bleiben nach deren Ende noch am Zielort. Dieses Geschäftskonzept funktioniert nur in touristisch attraktiven Turnaround-Destinationen. Insofern kann bei ansonsten ähnlich guten Bedingungen die touristische Attraktivität des Turnaround-Hafens durchaus den Ausschlag geben. In jedem Fall stehen hier andere Faktoren im Vordergrund. Allerdings scheint es auch einige Turnaround-Destinationen zu geben, für die ihre touristische Attraktivität geradezu die Existenzgrundlage ist: Hamburg verdankt seinen Erfolg als (Turnaround-)Kreuzfahrtdestination nicht zuletzt seiner hohen Anziehungskraft auf Touristen.

Bei Stopover-Anläufen ist es nicht immer zwingend erforderlich, dass die Hafenstadt selbst touristisch attraktiv ist. Unter Umständen reicht es den Reedereien aus, wenn sie von dort aus Landausflüge in bekannte und interessante Städte anbieten können. Das zeigt zum Beispiel ein Blick auf die italienische Stadt Livorno in der Toskana. Livorno ist eine klassische Industriestadt mit einem großen und traditionellen Fähr- und Werfthafen. Sie bietet keine erwähnenswerten touristischen Reize: Es gibt nur wenige Sehenswürdigkeiten und ein Großteil der historischen Substanz wurde im Zweiten Weltkrieg zerstört. Dennoch hat sich die Stadt seit geraumer Zeit als Tor zur Toskana bei Mittelmeerkreuzfahrten etabliert. Zahlreiche Reedereien nutzen den Hafen als Stopover-Destination und bieten ihren Passagieren von hier aus Landausflüge in das nahe gelegene Pisa oder in das etwas weiter entfernte Florenz an (vgl. Behling 2001, S. 79; Waters o.J.b, o.S.).

So profitiert Livorno direkt von der touristischen Attraktivität und Bekanntheit anderer Städte und kann damit den Mangel an eigener Anziehungskraft zumindest teilweise ausgleichen. Für den Kreuzfahrthafen Livorno bildet die Attraktivität und

Erreichbarkeit der anderen Städte somit seine Existenzgrundlage. Der Nachteil ist, dass ein großer Teil der passagierbezogenen Wertschöpfung, d. h. der persönlichen Ausgaben der Reisenden für Restaurantbesuche, Eintrittsgelder, Souvenirs usw. in Florenz und Pisa verbleibt und somit nicht Livorno zu Gute kommt. Zudem ist diese Strategie auch mit einem gewissen Risiko verbunden, wie in Kap. 2.2 dargelegt. MSC Cruises hatte Bremerhaven in sein Programm aufgenommen, um von dort aus Landausflüge nach Hamburg anzubieten. Als zwei Jahre später eine jahrelange Großbaustelle auf der A1 dafür sorgte, dass diese Ausflüge nicht mehr praktikabel durchzuführen waren, verließ die Reederei Bremerhaven wieder und schickte ihre Schiffe stattdessen direkt nach Hamburg.

Bayazit et al. (2015, S. 1) bezeichnen Häfen wie Hamburg, die selbst über eine hohe touristische Anziehungskraft verfügen und bei denen die wichtigsten Ziele für Landausflüge in der näheren Umgebung des Hafens liegen, als *destination cruise ports*. Häfen wie Bremerhaven, Livorno, Le Havre oder Southampton, die vor allem als Durchgangsort zu anderen, landeinwärts gelegenen touristischen Destinationen dienen, werden als *gateway cruise ports* bezeichnet.

10.3.1 Touristische Attraktivität Hamburgs

Hamburg besitzt von den vier analysierten Städten die größte touristische Anziehungskraft. Im bundesweiten Vergleich der Gästeübernachtungen lag die Hansestadt im Jahr 2014 auf Platz 3, hinter Berlin und München. Rostock belegte Platz 13, Kiel und Bremerhaven waren nicht in den Top 50 vertreten (vgl. Statistisches Bundesamt 2014, S. 611). Dementsprechend wird die touristische Attraktivität der Stadt als ein wichtiger Grund für den Erfolg als Kreuzfahrtdestination angesehen. Zu den wichtigsten Sehenswürdigkeiten und Ausflugszielen in der Stadt gehören der Hafen, die Landungsbrücken, die Speicherstadt, die Alster, der Jungfernstieg, der Alte Elbtunnel, die St. Michaeliskirche, die Reeperbahn und sonntagsmorgens der St.-Pauli-Fischmarkt. Darüber hinaus gibt es diverse Museen und eine Vielzahl an Veranstaltungen und Festivals. Zuletzt hat die Eröffnung der Elbphilharmonie im Januar 2017 die Anziehungskraft Hamburgs auf deutsche und ausländische Touristen zusätzlich erhöht.

In Kap. 6.1 wurde bereits beschrieben, dass eine Stadt oder Region umso attraktiver ist, je mehr unterschiedliche Reize sie gleichzeitig bieten kann. Hamburg ist in dieser Hinsicht sehr gut aufgestellt, da die Bandbreite an touristischen Sehenswürdigkeiten deutlich größer ist als in den drei anderen untersuchten Hafenstädten. Theoretisch bietet sich den Reedereien dadurch eine Vielzahl an Möglichkeiten für Landausflüge. Der Anteil der Stopover-Anläufe in Hamburg beträgt jedoch nur ca. 10 % (vgl. Rüdiger 2016), insofern besteht nur ein verhältnismäßig geringer Bedarf an klassischen Landausflügen. Allerdings können Reedereien, die in Hamburg ihren Passagierwechsel durchführen, ihren Gästen abwechslungsreiche Vor- und Nachprogramme zu einer Vielzahl von Themen anbieten. Auf diese Weise lassen sich zusätzliche Umsätze generieren. Der Anteil der Passagiere, die vor oder nach ihrer Kreuzfahrt einen (reedereiseitig oder selbstorganisierten) Aufenthalt in Hamburg verbringen, wird von Rüdiger (2016) auf etwa 20 % geschätzt.

10.3.2 Touristische Attraktivität Bremerhavens

Aufgrund des sehr hohen Turnaround-Anteils ist die touristische Attraktivität Bremerhavens nur von nachrangiger Bedeutung für ihren Erfolg als Kreuzfahrtdestination. Die Stadt wartet mit geringer historischer und sehenswerter Bausubstanz auf und hat anders als Hamburg oder Rostock keine historische Altstadt. Die wichtigsten Standbeine der lokalen Wirtschaft sind damals wie heute der Warenumschlag im Hafen, der Fischfang sowie die Schiffbauindustrie. Tourismus spielt lediglich eine untergeordnete Rolle.

Insbesondere seit der Jahrtausendwende wurde das Areal um den Alten und Neuen Hafen saniert und touristisch aufgewertet. Durch den Bau der *Havenwelten* entstand ein maritimes Tourismuszentrum mit verschiedenen Museen und Freizeitrichtungen. Touristische Leuchttürme der Stadt sind das Deutsche Auswandererhaus, das Klimahaus Bremerhaven 8° Ost und der Zoo am Meer. Diese stellen zugleich auch die beliebtesten Ausflugsziele für Kreuzfahrttouristen dar.

Darüber hinaus werden bei Stopover-Anläufen in Bremerhaven häufig Ausflüge nach Bremen angeboten. Die bevorzugten Ziele sind hier die historische Altstadt mit dem mittelalterlichen Gängeviertel Schnoor, die Beck's-Brauerei sowie das Mercedes Benz Werk. Reedereien mit größeren Schiffen bieten auch Landausflüge nach Hamburg an. Weitere mögliche Ausflugsziele sind die VW-Autostadt in Wolfsburg, die Meyer Werft in Papenburg und der Park der Gärten in Bad Zwischenahn (vgl. Kamjunke-Weber 2016).

10.3.3 Touristische Attraktivität Kiels

Ebenso wie Bremerhaven zeichnet sich Kiel durch einen hohen Turnaround-Anteil aus; damit spielt die touristische Attraktivität der Stadt und ihrer Umgebung lediglich eine untergeordnete Rolle für seinen Erfolg als Kreuzfahrtdestination. Dennoch versucht auch Kiel, sich bei Reedereien und Passagieren als touristisch attraktives Reiseziel zu profilieren, denn die Seehafen Kiel GmbH & Co. KG sieht insbesondere bei den Stopover-Anläufen noch Wachstumspotenzial (vgl. Heinisch 2015).

Einerseits weist Kiel nicht das besondere Flair auf, das beispielsweise für Warnemünde zu einem Markenzeichen geworden ist. Andererseits bietet die Lage des Hafens in der Innenstadt eine größere Bandbreite von fußläufig erreichbaren Attraktionen. In der Altstadt gibt es neben Restaurants und Geschäften diverse Museen zu verschiedensten Themen und weitere Sehenswürdigkeiten. Besondere touristische Höhepunkte der Stadt sind das Kieler Schloss und der Panorama-Aussichtspunkt auf dem Turm des alten Rathauses.

Die Stadt nutzt die zentrale Lage ihres Hafens und die fußläufige Erreichbarkeit des Hauptbahnhofes, um sowohl von Tagesgästen als auch von an- und abreisenden Passagieren wirtschaftlich zu profitieren. Seit 2014 leitet die *Blaue Linie* Touristen auf einer ca. 2,5 km langen Route zu Fuß vom Hauptbahnhof über das Sophienblatt, die Holstenstraße und die Dänische Straße bis zum Ostseekai durch die Stadt. Sie führt quer durch die Kieler Altstadt, vorbei an einigen Attraktionen wie dem alten Rathaus und dem Kieler Schloss sowie an diversen Geschäften und dem Shopping Center Sophienhof (vgl. Port of Kiel 2014, S. 1; Heinisch 2015). Mittlerweile bindet sie auch den Norwegen- und Schwedenkai mit ein.

Einer Passagierbefragung der Seehafen Kiel GmbH & Co. KG zufolge bleibt etwa ein Drittel aller Turnaround-Gäste vor oder nach der Kreuzfahrt mindestens eine Nacht in der Stadt (vgl. Heinisch 2015; Martin und Boekhoff 2015). Die beliebtesten Ziele für Landausflüge sind neben Kiel selbst vor allem die Hansestädte Lübeck und Hamburg. Das Kieler Umland wird vor allem von den Tagesgästen nachgefragt, etwa der Nationalpark Holsteinische Schweiz mit dem Plöner See.

10.3.4 Touristische Attraktivität Warnemündes

Wie bereits in Kap. 2.4 beschrieben, ist Warnemünde bei den US-amerikanischen Touristen, die die Mehrheit der Passagiere in Warnemünde bilden, vor allem als *Berlin Harbour* oder *Port of Berlin* bekannt. Laut Martin und Boekhoff (2015) wird die Bedeutung der Nähe zu Berlin jedoch oft überschätzt. Laut Breitzmann (2010, S. 84) dominieren die Landausflüge nach Berlin inzwischen nicht mehr so stark wie in den 1990er-Jahren. Eine Studie aus dem Jahr 2010 liefert konkrete Zahlen: Von 638 auf dem Warnemünder Passagierkai befragten Stopover-Passagieren äußerten sich nur 9,1 % dahingehend, dass es ihnen wichtig oder sehr wichtig gewesen ist, während ihrer Kreuzfahrt einen Landausflug nach Berlin unternehmen zu können. Über 70 % der Befragten zeigten keinerlei Interesse an einem solchen Ausflug (vgl. Benkenstein und Werner 2011, S. 126).

Nichtsdestotrotz kann Warnemünde durch sein Image als *Berlin Harbour* nach wie vor die Mehrheit der US-amerikanischen Reedereien an sich binden (vgl. auch Kap. 8.4). Auch wenn der Anteil der Passagiere, die tatsächlich einen Landausflug nach Berlin unternehmen, seit Jahren rückläufig ist, gehört der Hafen *Warnemünde (Berlin)* und die Möglichkeit eines solchen Ausflugs in den Augen der meisten US-amerikanischen Kreuzfahrtpassagiere bis heute zu einer Ostseekreuzfahrt dazu (vgl. Stille 2015).

Im Jahr 2008 buchte ein Viertel aller Stopover-Passagiere Ausflüge nach Rostock oder in die Umgebung. Darüber hinaus erkundeten zahlreiche Gäste Rostock und Warnemünde individuell (vgl. Breitzmann 2010, S. 84). Laut Martin und Boekhoff (2015) hat sich dieser Trend in den letzten Jahren fortgesetzt. Weitere beliebte

Abb. 10.20: Straße *Am Strom*, das touristische Zentrum Warnemündes (Quelle: Eigenes Foto).

Ausflugsziele sind demnach kleinere Hansestädte wie Lübeck und Wismar. Darüber hinaus sind die Landeshauptstadt Schwerin sowie Güstrow und das Moorheilbad Bad Doberan in der näheren Umgebung von Rostock häufig frequentierte Ziele. Naturinteressierte können zu Fuß, mit dem Kanu oder Fahrrad die Mecklenburgische Seenplatte erkunden oder sich auf dem Europäischen Fernwanderweg E9 entlang der mecklenburgischen Küste fortbewegen.

Amerikanische Reedereien wie Norwegian Cruise Line bewerben auf ihren Internetseiten mittlerweile organisierte Ausflüge in kleinere Städte wie Rostock, Schwerin, Wismar und Potsdam (in Kombination mit Berlin) (vgl. Norwegian Cruise Line 2015, o.S.). Stille (2015) weist auf eine interessante Ambivalenz hin: Bei der Buchung ihrer Ostseekreuzfahrt legt die Mehrheit der US-amerikanischen Passagiere großen Wert darauf, einen Ausflug nach Berlin unternehmen zu können. Dementsprechend ist ein Anlauf im als Warnemünde (Berlin) titulierten Hafen allein aus Gründen des Marketings unerlässlich. Während der Reise verändern sich bei zahlreichen Passagieren jedoch die favorisierten Landausflugsziele: Statt eines Ausflugs nach Berlin werden eine oder mehrere kleinere typisch deutsche Städte besichtigt.

Martin und Boekhoff (2015) sehen in der lokalen Attraktivität und dem dörflichen Charakter Warnemündes das wichtigste Alleinstellungsmerkmal des Hafens: Der Ortskern ist vom Passagierkai zu Fuß erreichbar. Es handelt sich um einen kleinen Fischerort mit den dafür typischen engen Gassen, ehemaligen Kapitänshäusern, kleinen Restaurants, Cafés und Geschäften. Abb. 10.20 zeigt die zentrale Straße des Ortes, Am Strom. Die lokale Kultur und das oft als romantisch beschriebene Flair üben vor allem auf die US-amerikanischen Passagiere eine hohe Attraktivität aus, da es sich stark von ihrer Heimat unterscheidet. Viele Stopover-Passagiere nutzen die Zeit zwischen der Rückkehr von ihrem Ausflug und der Abfahrt des Schiffes, um abends im Ort spazieren zu gehen und sich zu entspannen. Einige verweilen den ganzen Tag in Warnemünde, um sich von den Sightseeing-Touren in den anderen Hafenstädten zu erholen. Sie schätzen es, dass sie den Ort zu Fuß erkunden können, keine öffentlichen Verkehrsmittel nutzen müssen und dass im Gegensatz zu größeren Städten keine Gefahr besteht, sich zu verlaufen. Zudem gibt es nur wenige Gehminuten entfernt einen großen Sandstrand. Darin unterscheidet sich Warnemünde von seinem größten Konkurrenten, der Stadt Kiel. Der dortige Badestrand ist nur per Bus oder Taxi zu erreichen. Zwar ist die Ostsee für Kreuzfahrtpassagiere in erster Linie als Kultur- und weniger als Badedestination in den Köpfen verankert, dennoch kann die Strandnähe als ein weiterer Zusatznutzen Warnemündes angesehen werden.

Die geringe Größe des Ortes nimmt den Passagieren den gedanklichen Druck, in kurzer Zeit zahlreiche Sehenswürdigkeiten besuchen zu müssen, um nichts zu verpassen. Hier können sie stattdessen in aller Ruhe den kleinen Ort erkunden oder in einem Café sitzen. Dies entspricht dem erklärten Grundsatz, dass eine Kreuzfahrtroute umso interessanter erscheint, je unterschiedlicher die unterwegs angelaufenen Häfen sind. Daraus kann abgeleitet werden, dass es für einen Kreuzfahrthafen ein wichtiges Alleinstellungsmerkmal sein kann, wenn sich dessen touristisches Angebot deutlich von dem in anderen Destinationen des gleichen Fahrtgebiets unterscheidet, wie dies in Warnemünde der Fall ist (vgl. Martin und Boekhoff 2015).

10.3.5 Zwischenfazit zur touristischen Attraktivität

Hamburg ist von den vier untersuchten Städten touristisch am attraktivsten und bietet nicht zuletzt aufgrund seiner Größe eine beträchtliche Vielfalt an Attraktionen und Sehenswürdigkeiten. Klassische Landausflüge spielen aufgrund des niedrigen Stopover-Anteils eine untergeordnete Rolle. Stattdessen lässt sich die Attraktivität der Stadt nutzen, um den Passagieren interessante Vor- und Nachprogramme anzubieten. Die touristische Attraktivität stellt einen gewichtigen Erfolgsfaktor für die Stadt dar.

Warnemünde ist ebenfalls touristisch sehr attraktiv und bietet neben dem fußläufig erreichbaren Strand eine große Vielfalt von möglichen Ausflugszielen im Hinterland: Rostock, Berlin, weitere Hansestädte wie Wismar, das Moorheilbad Bad Doberan und den Ostseeradweg. Vor allem für die US-amerikanischen Reedereien ist die Nähe zu Berlin ein wichtiges Argument, diesen Hafen anzulaufen, da er sich in das häufig angebotene Reisekonzept *Sieben Hauptstädte in sieben Tagen* integrieren lässt. Insofern gehört Warnemünde für amerikanische Reedereien auf Ostseekreuzfahrten zum Pflichtprogramm, woran sich voraussichtlich auch in absehbarer Zukunft nichts ändern wird.

Warnemündes unmittelbarer Konkurrent ist Kiel. In Hinblick auf die touristische Attraktivität der Stadt schneidet Kiel verglichen mit Warnemünde eindeutig schlechter ab. Die Stadt weist eine eher durchschnittliche Attraktivität auf und bietet nur wenige Reize. Dennoch gibt es auch in Kiel einige Attraktionen: In der Innenstadt finden sich diverse Museen zu unterschiedlichen Themen, dazu weitere Sehenswürdigkeiten wie das Kieler Schloss. In einiger Entfernung liegt die Holsteinische Schweiz mit dem Großen Plöner See, eine Region, die sich zum Wandern, Radfahren und Entspannen eignet. Insofern verfügen auch Kiel und die von dort aus erreichbaren Ausflugsziele über vielfältige touristische Attraktionen.

In Kiel ergibt sich durch den hohen Turnaround-Anteil ein hohes wirtschaftliches Potenzial für Vor- oder Nachprogramme. Die Seehafen Kiel GmbH & Co. KG schätzt, dass ca. ein Drittel der Turnaround-Passagiere mindestens eine Nacht in der Stadt verbringt. Bei Turnaround-Anläufen in Warnmünde sind solche Vor- oder Nachprogramme hingegen bisher eher die Ausnahme. Vermutlich wird sich der Anteil dort im Zuge der steigenden Turnaround- und Part-Turnaround-Anläufe in den nächsten Jahren ebenfalls erhöhen.

Bremerhaven konkurriert aufgrund der geografischen Lage insbesondere mit Hamburg. Da Bremerhaven erst im 19. Jahrhundert entstand und sich vorrangig als Industriestadt entwickelte, ist sie aus touristischer Sicht nicht mit Hamburg oder Rostock vergleichbar. Erst durch die in den 2000er-Jahren entstandenen *Havenwelten* erlebte der Tourismus in Bremerhaven einen Aufschwung. Zudem profitiert Bremerhaven von der Nähe zu Bremen, die als historische Hansestadt eine Vielzahl von Attraktionen aufweist. Aufgrund des Turnaround-Anteils von 95 % spielt die touristische Attraktivität im Fall von Bremerhaven aber ohnehin nur eine geringe Rolle.

10.4 Hafenanlaufkosten

Die Kosten eines Anlaufs sind für die Reedereien von großer Bedeutung, schließlich müssen sie über die Einnahmen aus den Reisebuchungen und Bordumsätzen refinanziert werden. Sie setzen sich abhängig von der Gebührenordnung des jeweiligen Hafens aus verschiedenen Gebühren und Abgaben zusammen. Dies sind im wesentlichen Hafennutzungsentgelte, Liegeplatzgebühren, Kosten für den Einsatz von Schleppern, Vertäuungsgebühren und sogenannte Passagiersteuern, auch Kaigeld oder Kaibenutzungsgeld genannt. Als problematisch werden die Lotsenentgelte angesehen, weil diese die Kosten eines Anlaufs erheblich erhöhen. In allen hier untersuchten Häfen besteht Lotsenpflicht (in Hamburg aus Sicherheitsgründen sogar eine dreifache). Diese führt zu einer signifikanten Erhöhung der Kosten für

Tab. 10.2: Vergleich der Hafengebühren in den vier Häfen (Quelle: Eigene Darstellung nach Rostock Port 2016, S. 18 ff.; Port of Kiel 2017a, S. 9 f.; Cruise Gate Hamburg 2016b, S. 1; Hamburg Port Authority 2017b, S. 37 ff.; Bremenports 2016, S. 7 ff.).

Hafen	Hafennutzungsentgelt (je BRZ, pro 24h)	Kaigeld (je PAX)/ Terminalgeld *je Schiff/ **je BRZ	Liegegeld (je BRZ, pro 24h/ *7 Tage)	Entsorgung (je BRZ)	ISPS (je PAX/ *je Schiff)
Hamburg	0,2432 €	6,60 € + 0,0325 €**	0,0201 €	k.A.	1,00 €
Bremerhaven	TA: 0,119 €; SO: bis 0,238 €	k.A.	0,0525 €*	0,0525 €	k.A.
Kiel	0,14 €–0,35 €	0,50 €–2,55 € + 500 €*–1500 €*	0,22 €*	k.A.	0,75 €
Warnemünde	0,07 €–0,14 €	2,30 €–3,70 €	0,10 €	0,026 €	1.100 €*

TA = Turnaround; SO = Stopover

einen Anlauf und wirkt sich negativ auf die Wettbewerbsfähigkeit des Hamburger Hafens aus (vgl. Schulz und Auer 2010, S. 102 ff.; Port of Kiel 2015a, S. 9 f.; Rostock Port, S. 15; Martin und Boekhoff 2015). In Häfen, die nicht zum Schengen-Raum gehören, können zusätzlich Visagebühren für die Passagiere anfallen.

Tab. 10.2 gibt einen Überblick über die verschiedenen Kosten, die in den vier Häfen bei einem Anlauf anfallen können, sofern diese in den Gebührenordnungen der jeweiligen Hafen- und Terminalbetreiber angegeben sind (Stand: Februar 2017).

Hafengeld/Hafennutzungsentgelt: Hierunter wird eine Art Nutzungsgebühr verstanden, die alle Schiffe (sowohl für die kommerzielle Personen- und Frachtschifffahrt als auch für private Segel- oder Sportboote und Yachten) für die Nutzung der Hafenanlagen entrichten müssen. Bei kommerziell genutzten Schiffen richtet sich die Höhe in der Regel nach der Größe des Schiffes, gemessen an der Bruttoraumzahl (BRZ). In den meisten Fällen wird pauschal für 24 Stunden Liegezeit erhoben, auch wenn das Schiff nur acht oder zehn Stunden im Hafen liegt. Fast allen Häfen haben in ihren Gebührenordnungen Rabattsysteme für Schiffe oder Reedereien enthalten, die den Hafen mehrmals pro Jahr oder regelmäßig anlaufen. Diese Rabatte richten sich meist nach der Anzahl der Anläufe (pro Reederei), vereinzelt aber auch nach der kumulierten Tonnage aller Anläufe, wie z. B. in Kiel (vgl. Port of Kiel 2017a, S. 9).

Kaigeld/Passagiergebühr/Terminal occupancy fee/Wharfage: Das Kaigeld ist eine Abgabe für die Nutzung der Terminal- und Kaianlagen; dieses wird pro Passagier berechnet. Bei Turnaround-Anläufen werden ein- und ausschiffende Passagiere stets separat gezählt, aber jeweils mit dem vollen Gebührensatz berechnet. Unterschiede gibt es bei der Kalkulation für Stopover-Anläufe: In Kiel und Hamburg wird die Gebühr für Transit-Passagiere nur einmal erhoben; in Warnemünde hingegen doppelt, jeweils für das Verlassen des Schiffes und für die Rückkehr (vgl. Martin und Boekhoff 2015). Manche Häfen sehen in ihrer Gebührenordnung eine Staffelung nach dem jährlichen Passagieraufkommen der Reederei vor, andere nicht. Oftmals ist die Höhe des Kaigeldes, wie auch einige der anderen hier genannten Gebühren, Bestandteil individueller (und geheimer) Vertragsverhandlungen zwischen einem Hafen und einer Reederei (vgl. Schmitz-Aha 2011, S. 56). Neben der Gebühr pro Passagier erheben die Häfen auch für jedes Fahrzeug ein Kaigeld, das den Sicherheitsbereich auf dem Kai befährt, etwa zur Proviantierung des Schiffes. Die Berechnung erfolgt mancherorts gestaffelt nach Fahrzeugkategorie (Warnemünde), andernorts pro Tonne Ladung (Kiel). Teils werden zusätzlich Gebühren für Transferbusse u.ä. erhoben, die das Hafengelände außerhalb des Sicherheitsbereiches nutzen (vgl. Rostock Port 2016, S. 20).

Mit diesen Gebühren ist jedoch meist nur die Bereitstellung der Infrastrukturanlagen abgegolten. Alle operativen Tätigkeiten (wie das Verladen des Gepäcks auf das Schiff oder der Check-in im Terminal) werden in der Regel von privatwirtschaftlichen Drittfirmen angeboten, teils auch als optionale Zusatzangebote von Tochtergesellschaften der Hafenbetreiber (z. B. der Port of Kiel Cruise; vgl. auch Kap. 5.3). Diese Leistungen müssen entsprechend separat vergütet werden.

Terminalgeld: In Häfen wie etwa Hamburg und Kiel berechnen die Terminalbetreiber zusätzlich ein sogenanntes Terminalgeld oder Terminalnutzungsentgelt. In Kiel wird dieses zunächst nicht den Reedereien, sondern den vor Ort tätigen Umschlagsunternehmen in Rechnung gestellt. Es wird entweder fließend pro BRZ berechnet (Hamburg) oder gestaffelt nach Passagierkapazität (Kiel). Diese Abgabe ist als Nutzungsgebühr für die Terminalgebäude und Kaiflächen zu verstehen, die für die Abfertigung des Schiffes zur Verfügung gestellt werden (Port of Kiel 2017a, S. 9). In Tab. 10.2–10.4 wird dieses mit dem Kaigeld zusammengefasst.

Liegegeld: Ein Liegegeld wird nur dann erhoben, wenn die Liegezeit im Hafen einen bestimmten Zeitraum übersteigt. In Hamburg sind das fünf Tage, in Kiel zwei und in Rostock ein Tag. Die Berechnung erfolgt pro BRZ; entweder auf Basis von 24 Stunden oder pauschal für sieben Tage.

Entsorgungsentgelt: Das Entsorgungsentgelt deckt die Entsorgung von schiffsseitigen Abfällen im Hafen ab. Dies bezieht sich vorrangig auf die Abfälle aus der Gastronomie und dem Hotelbereich, teils auch auf ölhaltige Rückstände aus den Schiffsmaschinen und die Abgasreinigung. Manche Häfen gewähren sogenannte Müllfreimengen, die kostenlos abgenommen werden. Ansonsten richtet sich diese Gebühr meist nicht nach der Menge, sondern nach der Schiffsgröße. Auch hier können entsprechende Höchstabgabemengen gelten.

Sicherheitsentgelt/ISPS/Security-Fee: Mit dieser Gebühr wird die Einrichtung und Bewachung eines Sicherheitsbereiches im Terminal und auf dem Kai gemäß den ISPS-Vorschriften abgegolten. Sie wird entweder pro Passagier berechnet (Hamburg, Kiel) oder pro Schiff (Warnemünde). Die operativen Tätigkeiten wie die Durchführung der vorgeschriebenen Sicherheitskontrolle von Passagieren und Gepäck sind darin allerdings ebenso wenig enthalten wie die Bereitstellung der dafür notwendigen Geräte und des Personals. In der Regel kann dies bei den Terminalbetreibern optional hinzugebucht oder von den Umschlagsagenturen gestellt werden.

Frischwasserversorgung; Grau- und/oder Schwarzwasserentsorgung: Diese Möglichkeit ist nicht in allen Häfen bzw. nicht an allen Liegeplätzen gegeben. Ist die entsprechende Infrastruktur vorhanden, werden von den Häfen zum Teil Freimengen gewährt. Darüber hinaus erfolgt die Abrechnung pro Kubikmeter. Gegebenenfalls sind für Abwässer Höchstmengen zu beachten. Zu den neuen Umweltauflagen bezüglich der Grauwasserabgabe-Möglichkeiten vgl. Kap. 14.1.3. Aufgrund der unterschiedlichen Freimengen und Berechnungsgrundlagen ist ein Vergleich dieses Kostenfaktors sehr komplex, zugleich macht er nur einen vergleichsweise geringen Anteil an den Gesamtkosten eines Anlaufs aus. Daher wird dieser in Tab. 10.2–10.4 nicht berücksichtigt.

Zwischenfazit zu den Anlaufkosten

Ein Vergleich der Gebühren in den vier Häfen gestaltet sich problematisch, da diese für die Reedereien zwar eine große Bedeutung haben, die anfallenden Kosten in den verschiedenen Häfen aber kaum vergleichbar sind: Zum einen setzen sich die Gebühren aus mehreren Abgaben zusammen, deren genaue Kombination in jedem Hafen variiert. Außerdem verwenden die Hafenverwaltungsgesellschaften verschiedene Berechnungsgrundlagen: pro Passagier, pauschal pro Anlauf, in Abhängigkeit von der Schiffsgröße oder gestaffelt nach der Anzahl der Anläufe einer Reederei in einem Jahr. Selbst Abgaben, die auf den ersten Blick vergleichbar erscheinen, weisen bei genauerer Betrachtung Unterschiede in der Berechnung auf.

Bei Reisewechseln und Teilreisewechseln berechnen die Hafenverwaltungsgesellschaften zusätzliche Abgaben für die Bereitstellung der Reise- und Handgepäckkontrollgeräte sowie des Bedienpersonals. Auch diese Abgaben werden in den Häfen auf unterschiedliche Weise berechnet. Aufgrund der vielen variablen Bestandteile ist es nicht möglich, durch eigene Berechnungen pauschale Aussagen darüber zu treffen, in welchem Hafen die Abgaben insgesamt günstiger sind.

Grundsätzlich variieren die Gebühren zwischen den verschiedenen Häfen stark. Die Preisspanne für den Anlauf eines Schiffes mit etwa 2.500 PAX liegt bei etwa 8.000 bis 60.000 € (vgl. Hey 2016). Ein Vergleich der Gebühren in den verschiedenen Häfen gestaltet sich auch für Reedereien schwierig. Teilweise werden Müllfreimengen gewährt, die es andernorts nicht gibt. In manchen Häfen werden sogenannte Head-Taxes erhoben, d. h. zusätzliche Gebühren pro Passagier, die am Wochenende höher sind als an Werktagen. Die großen Must-see-Häfen wie Kopenhagen und St. Petersburg nutzen ihren hohen Bekanntheitsgrad und das touristische Interesse und erheben deutlich höhere Gebühren als andere. Kleinere und unbekanntere Häfen (die in vielen Fällen auch über eine schlechtere Infrastruktur und eine geringere touristische Attraktivität verfügen) versuchen hingegen, sich über günstigere Tarife zu profilieren (vgl. Martin und Boekhoff 2015; Mucha 2015).

Kalkulationsbeispiel für die Hafengebühren

Um diese abstrakt wirkenden Zahlen zu veranschaulichen und besser vergleichbar zu machen, wird im Folgenden eine exemplarische Beispielrechnung der Hafengebühren durchgeführt, die für ein Bemessungsschiff in jedem der vier Häfen anfallen. Dem zugrunde gelegt wurde ein Schiff mit einer Größe von 90.000 BRZ und einer Passagierkapazität von 2.500 PAX. Das entspricht den meisten neugebauten Schiffen, die in Nordeuropa im Einsatz sind. Im ersten Szenario (Tab. 10.3) läuft das Schiff den Hafen in diesem Jahr einmal an und führt dort einen kompletten Passagierwechsel durch. Die Liegezeit beträgt dabei weniger als 24 Stunden.

Demnach ist Hamburg mit Abstand der teuerste Hafen. Auch zwischen den Kostensätzen in Bremerhaven, Kiel und Warnemünde zeigen sich jeweils deutliche Abstufungen.

Bei der Kalkulation der Hafengebühren gibt es noch einen weiteren Aspekt, der einen objektiven Vergleich der Kosten und Gebührensätze vollends unmöglich macht: die unterschiedlichen Rabattsysteme und Preisabstufungen der Reedereien. In Kiel wird das Hafengeld nach BRZ pro Reederei und Kalenderjahr gestaffelt, wobei die Einstufung rückwirkend ab dem ersten Anlauf gilt (vgl. Port of Kiel 2017a, S. 9). Hamburg und Warnemünde gewähren Rabatte je nach Anzahl der Anläufe, ebenfalls rückwirkend ab dem ersten Anlauf (vgl. Rostock Port 2016, S. 18; Hamburg Port Authority 2014, S. 14). Bremerhaven rabattiert ebenfalls je nach Anzahl der Anläufe, hier gilt der Rabatt beispielsweise ab dem dritten Anlauf, jedoch nicht rückwirkend für die beiden ersten (vgl. Bremenports 2016, S. 8).

Die Auswirkungen dieser Rabatte veranschaulicht Tab. 10.4. Dabei werden noch einmal die Gebühren von einem Anlauf des gleichen Bemessungsschiffes berechnet wie zuvor, allerdings auf der Grundlage, dass es den Hafen im Laufe des Jahres elfmal anläuft anstatt nur einmal.

Der Vergleich von Tab. 10.3 und 10.4 zeigt, dass sich die Verhältnisse stark verändert haben. Zwar ist Hamburg immer noch am teuersten und Bremerhaven nach wie vor am günstigsten. Doch während sich die Gesamtkosten in Hamburg nur marginal verringert haben, sind sie vor allem in Kiel stark gesunken. Dadurch liegt Kiel nun sogar gleichauf mit Warnemünde.

Tab. 10.3: Hafengebühren für ein Bemessungsschiff bei einem Anlauf pro Jahr (alle Werte in €) (Quelle: Eigene Darstellung nach Hamburg Port Authority 2017b, S. 37 ff.; Cruise Gate Hamburg 2016b, S. 1; Bremenports 2016, S. 7 ff.; Port of Kiel 2017a, S. 9 f.; Rostock Port 2016, S. 18 ff.).

Hafen	Hafennutzungs-entgelt	Kaigeld/ Terminalgeld	Liege-geld	Entsorgung	ISPS	gesamt
Hamburg	21.888,00	35.925,00	–	k.A.	2.500,00	60.313,00
Bremerhaven	21.420,00	k.A.	–	4.725,00	k.A.	26.145,00
Kiel	31.500,00	12.751,50	–	k.A.	1.850,00	41.225,00
Warnemünde	12.600,00	18.500,00	–	2.340,00	1.100,00	34.540,00

Tab. 10.4: Hafengebühren für ein Bemessungsschiff bei elf Anläufen pro Jahr (berechnet für den elften Anlauf; alle Werte in €) (Quelle: Eigene Darstellung nach Cruise Gate Hamburg 2016b, S. 1; Hamburg Port Authority 2017b, S. 37 ff.; Bremenports 2016, S. 7 ff.; Port of Kiel 2017a, S. 9 f.; Rostock Port 2016, S. 18 ff.).

Hafen	Hafennutzungsentgelt	Kaigeld/ Terminalgeld	Liegegeld	Entsorgung	ISPS	gesamt
Hamburg	19.699,20	35.925,00	–	k.A.	2.500,00	58.124,20
Bremerhaven	14.994,00	k.A.	–	4.275,00	k.A.	19.719,00
Kiel	17.100,00	7.500,00	–	k.A.	1.850,00	26.450,00
Warnemünde	9.900,00	13.000,00	–	2.340,00	1.100,00	26.340,00

Die Reedereien achten nicht nur auf die Höhe der Gebühren, sondern auch auf das Kosten-Nutzen-Verhältnis. Erhöht ein Hafen seine Gebühren, erwarten diese dafür auch eine spürbare Verbesserung des Angebotes, etwa durch Instandhaltungsarbeiten an der Pier oder die Gewährung von Müllfreimengen (vgl. Mucha 2015).

Abschließend bleibt festzuhalten, dass der Kostenfaktor für die Reedereien zwar einen wichtigen, aber auch einen problematischen Aspekt enthält. Dies zeigt das folgende Beispiel: Etwa 40 km nördlich von Kopenhagen liegt die kleine dänische Hafenstadt Helsingør. Die Kosten eines Anlaufes sind hier deutlich niedriger als in der Hauptstadt, daher wird er von einigen Reedereien als Ausweichhafen genutzt. Die Passagiere reisen von dort mit der Bahn oder Shuttlebussen in das ca. 45 Minuten entfernte Kopenhagen. Für die Reedereien ist die Entscheidung zwischen dem touristisch attraktiven, aber teureren Haupthafen oder dem touristisch weniger attraktiven, aber günstigeren problematisch. Auf der einen Seite können Kosten gespart werden. Auch ist in diesem Fall der Anteil der Kunden höher, die bei der Reederei einen organisierten Landausflug buchen. Auf der anderen Seite erwarten die Gäste insbesondere bei Kreuzfahrten im höheren Preissegment, dass das Schiff in den Häfen großer und touristisch attraktiver Städte anlegt und ihnen keine Transfers zugemutet werden. Daher entscheiden sich zumindest Premiumanbieter aufgrund der Kundenerwartungen überwiegend für einen Anlauf in teureren, aber touristisch attraktiveren Häfen (vgl. Heinisch 2015; Mucha 2015).

Folglich lassen sich für den Kostenfaktor zwei Schlussfolgerungen ziehen:

1. Je niedriger das allgemeine Preisniveau einer Reederei ist, desto eher werden die Kosten eines Anlaufs zum ausschlaggebenden Faktor.
2. Für den Anlauf von Häfen der Kategorien B und vor allem C, die aus Sicht der Passagiere weitestgehend austauschbar sind, spielen die Kosten eine deutlich wichtigere Rolle als für die Must-see-Destinationen der Kategorie A (vgl. auch Kap. 9). Diese sind zwar meist sehr teuer, aber aus Sicht des Marketings und um die Zufriedenheit der Passagiere zu gewährleisten, werden sie ungeachtet dessen angelaufen.

10.5 Service

Die zuverlässige Ausführung aller Hafendienstleistungen stellt einen wichtigen Faktor für Reedereien dar. Dies betrifft alle Institutionen, Firmen und sonstigen Akteure, die am Anlauf des Schiffes im Hafen beteiligt sind. So muss die Hafenverwaltungsgesellschaft darauf achten, die Anlegestellen nicht zu überbuchen. In Häfen mit Lotsenpflicht muss sichergestellt sein, dass immer ausreichend Lotsen zur Verfügung stehen, da die Schiffe ihre Liegeplätze ansonsten nicht erreichen oder verlassen können. Gleiches gilt für die Firmen oder Institutionen, die mit der Vertäuung oder der Abfertigung der Schiffe betraut sind. Auch die Ver- und Entsorgungseinrichtungen sowie die Abfertigungsanlagen müssen stets ordnungsgemäß funktionieren. Zudem müssen die Terminalgebäude für jede geplante Nutzung einsatzbereit sein (vgl. Langen 2004, S. 95).

Alle vier untersuchten Häfen führen o.g. Hafendienstleistungen zuverlässig aus. Das sich mangelnde Serviceleistungen negativ auf die Entwicklung der Anlaufzahlen auswirken können, zeigt ein Beispiel aus Oslo: Im Jahr 2012 gab es in Norwegen einen landesweiten Streik der Mitarbeiter im öffentlichen Dienst. Daran beteiligten sich auch die Hafenlotsen in Oslo und anderen Hafenstädten. Dies führte dazu, dass für die Dauer des Streiks fast alle Anläufe von Kreuzfahrtschiffen in diesen Häfen ausfielen und die Reedereien ihre Routen kurzfristig ändern mussten. Neben dem erheblichen Mehraufwand für die Anbieter sorgte dies für Unzufriedenheit bei den Passagieren. Bis zu diesem Zeitpunkt war die Anzahl der jährlichen Anläufe von Kreuzfahrtschiffen in Oslo kontinuierlich gestiegen. In Verbindung mit den von den Reedereien als zu hoch empfundenen Hafengebühren führte der Lotsenstreik zu einer Wende in dieser Entwicklung: In den Folgejahren sank die Zahl der Anläufe stetig, von 173 Anläufen im Jahr 2011 auf nur noch 78 in 2016. Seitens der Stadt wurden keine Maßnahmen unternommen, um dem Rückgang der Anläufe entgegenzuwirken, da Oslo in wirtschaftlicher Hinsicht nicht auf den Kreuzfahrttourismus angewiesen ist (vgl. Martin und Boekhoff 2015; Cruise Baltic 2017a, S. 2).

10.6 Sicherheit

Das Thema Sicherheit kann unter verschiedenen Gesichtspunkten betrachtet werden, je nachdem, ob aus Sicht der Hafenbehörden, der Reedereien oder der Passagiere argumentiert wird. Der wichtigste Sicherheitsaspekt ist die Anwendung des ISPS-Codes (International Ship and Port Facility Security Code). In Folge der Terroranschläge vom 11. September 2001 wurden unter der Führung der internationalen Schifffahrtsorganisation (IMO) weltweit einheitliche Bestimmungen für die Sicherheitsmaßnahmen in Häfen festgelegt, die die Seeschifffahrt vor terroristischen Angriffen und Geiselnahmen schützen sollen. Diese betreffen auch die Kreuzschifffahrt. Die vorgeschriebenen Überprüfungen sind im ISPS-Code geregelt, der im Juli

2004 in Kraft trat. Dieser Code dient der Gefahrenabwehr bei Schiffen und in Häfen. Er gilt u. a. für Frachtschiffe mit einer Tonnage von mindestens 500 BRZ, für Fahrgastschiffe, die im internationalen Seeverkehr unterwegs sind sowie für Hafenanlagen, an denen diese Schiffstypen abgefertigt werden. Zu den Vorschriften gehört, dass die Reedereien vor dem Anlauf eines Hafens detaillierte Informationen über ihre Ladung und Passagiere an eine lokale Aufsichtsinstitution übermitteln müssen. Außerdem sind Sicherheitskontrollen vor dem Betreten des Schiffes und Passkontrollen bei allen ankommenden Passagieren vorgeschrieben.

In Deutschland obliegt es den jeweiligen Landesbehörden bzw. der verantwortlichen Hafenbehörde, die Zuständigkeit nach eigenem Ermessen festzulegen. In Hamburg wurde dafür eine neue Einheit gebildet, die der Wasserschutzpolizei angehört und in der auch Mitarbeiter der Hamburg Port Authority vertreten sind. In Niedersachsen, Schleswig-Holstein und Mecklenburg-Vorpommern sind diese Zuständigkeiten anders geregelt (vgl. Wiese 2011, S. 27).

Auch aus Sicht der Passagiere spielt der Sicherheitsaspekt eine wichtige Rolle. Vor allem ältere Reisende legen Wert auf ein hohes Maß an Sicherheit. Dabei kommt es nicht nur auf eine objektive Bewertung von potenziellen Gefahrenquellen oder Risiken an, sondern auch auf das subjektive Empfinden der Passagiere. Insbesondere in Folge von Naturkatastrophen, Terroranschlägen u.ä. kann dieses subjektive Sicherheitsempfinden deutlich von einer eventuellen tatsächlichen Gefährdung abweichen. Die Gefahr wird von Kundenseite tendenziell eher überschätzt. Aus Image- und Marketinggründen geben die Reedereien den Bedenken der Passagiere dennoch oftmals nach und laufen den betroffenen Hafen/die Stadt vorübergehend oder auch dauerhaft nicht mehr an (vgl. Hall 2004, S. 110).

Neben o.g. Gefährdungspotenzialen verweist Hall (2004, S. 110) auf die Kriminalitätsrate in den Destinationen und deren Auswirkungen auf das (subjektiv empfundene) persönliche Sicherheitsempfinden der Passagiere. Ausschlaggebend sind jedoch nur schwere Verbrechen wie etwa Raubüberfälle, Entführungen oder Tötungsdelikte. Kleinere Delikte wie Taschendiebstähle spielen keine Rolle. Beispielsweise führte eine Mordserie an Touristen in der Region um Miami Anfang der 1990er-Jahre vorübergehend zu erheblichen Buchungsrückgängen im südlichen Florida.

Der Begriff Sicherheit beinhaltet unterschiedliche Aspekte: Zunächst den der Verkehrssicherheit; sowohl auf den Straßen der Destination als auch im Hafengebiet. Dabei geht es vorrangig darum, dass die Passagiere das Schiff oder das Ziel ihres Landausfluges möglichst gefahrlos erreichen können. Dazu gehört zum Beispiel, auf dem Weg vom Bahnhof oder Parkhaus zum Schiff keine Hauptverkehrsstraßen ohne Ampel überqueren zu müssen und als Passagier auf dem Kai nicht mit den Versorgungsfahrzeugen in Kontakt zu kommen. Auch die Sicherheitsausstattung der Busse oder Züge, die für Landausflüge eingesetzt werden, fällt hierunter (vgl. Balken 2007).

Ein weiterer sicherheitsrelevanter Aspekt ist die politische und ökonomische Stabilität des jeweiligen Landes (vgl. Langen 2004, S. 95). Diese ist in mehrfacher

Hinsicht bedeutsam: In politisch instabilen Staaten oder Regionen können schnell gewaltsame Ausschreitungen oder Auseinandersetzungen zwischen verschiedenen Bevölkerungsgruppen ausbrechen. Diese können die Gesundheit und das Leben von Kreuzfahrtpassagieren gefährden. Für die Reedereien bergen unklare Machtverhältnisse oder Regierungswechsel zudem das Problem, dass sich die gesetzlichen Rahmenbedingungen wie z. B. Einreisebestimmungen kurzfristig ändern können oder von den Behörden nicht eingehalten werden. Für die Reedereien und Passagiere stellt es ein großes Ärgernis dar, wenn ihnen nach der Ankunft im Hafen die Einreise verweigert wird. Dies war im März 2014 im tunesischen Hafen La Goulette der Fall. Bei einem Anlauf der Norwegian Jade untersagte die tunesische Regierung mitreisenden Passagieren aus Israel, von Bord zu gehen. Als Konsequenz daraus strich Norwegian Cruise Line alle weiteren geplanten Anläufe in tunesischen Häfen. Nach Aussage des damaligen CEO Kevin Sheehan wollte die Reederei damit ein Zeichen setzen, dass derartige willkürliche Handlungen der Diskriminierung gegen Kreuzfahrtgäste nicht toleriert werden (vgl. Kasszian und Lettl-Schröder 2014).

Ein weiteres Problem in politisch instabilen Regionen ist die erhöhte Gefahr von Terroranschlägen. Wie sehr ein einzelner derartiger Zwischenfall den Erfolg eines Kreuzfahrthafens beeinflussen kann, zeigt ein weiteres Beispiel aus Tunesien: Nachdem am 18. März 2015 bei einem Terroranschlag in Tunis auch neun Passagiere der MSC Splendida ums Leben kamen, strichen mehrere große Reedereien den Hafen bis auf weiteres aus ihren Mittelmeer-Kreuzfahrtprogrammen (vgl. Mersch 2015).

Die weitestgehende politische und ökonomische Stabilität ihrer Anrainerstaaten ist eine der großen Vorteile der Fahrtgebiete in Nord- und Westeuropa. Dies erhöht auch die Attraktivität der Region für ausländische Passagiere. Die Ostsee gilt als eine der sichersten Kreuzfahrtregionen der Welt und ist damit für die Reedereien auch ein gutes Verkaufsargument (vgl. Larsen 2009, S. 103).

In den untersuchten Häfen sind hohe Standards in Bezug auf die Sicherheit der Passagiere gleichermaßen gegeben. Allerorts ist ein sicherer Zugang zum Hafengelände und zu den Schiffen gewährleistet. Für die Verkehrswege und Transportmittel gelten hohe Sicherheitsstandards. Die Bedrohung der Passagiere durch Kriminalität oder Terrorismus wird derzeit in allen vier Häfen als vergleichsweise gering eingestuft.

10.7 Logistische und organisatorische Kompetenz

Insbesondere bei Turnaround-Häfen müssen die Hafenbetreiber und Dienstleister neben ausreichenden logistischen Kapazitäten für die Passagierabfertigung auch über eine entsprechende logistische und organisatorische Kompetenz verfügen. Die Reedereien legen Wert darauf, dass ihre Passagiere möglichst schnell, aber dennoch freundlich und ordnungsgemäß abgefertigt werden. Zudem erwarten sie, dass die Versorgung des Schiffs mit Lebensmitteln, Treibstoff und Frischwasser ebenso wie die Entsorgung von Abfällen und Abwässern reibungslos und zügig abläuft (vgl. Schulz und Auer 2010, S. 105).

Um dies zu gewährleisten, müssen verschiedene Voraussetzungen erfüllt sein: Vor allem müssen das Management der Hafenverwaltung und die beauftragten Dienstleister professionell arbeiten, die Kommunikation zwischen den beteiligten Akteuren einwandfrei funktionieren und die für die operative Durchführung der Aufgaben zuständigen Mitarbeiter gut ausgebildet sein.

Diesbezüglich profitieren die vier untersuchten Häfen von ihrer Tradition als Fährhafen: Die Hafenverwaltungsorganisationen und zumindest einige der privaten Dienstleister haben dadurch viel Erfahrung mit der effizienten Ein- und Ausschiffung von hohen Passagieraufkommen. Zudem fördern die jeweiligen Hafenmanagement-Organisationen auch den hafeninternen Wettbewerb. Die meisten Hafendienstleistungen werden vor Ort von mehreren, miteinander konkurrierenden Unternehmen angeboten, was für ein besseres Preis-Leistungsverhältnis sorgt und zugleich die Qualität steigert (vgl. hierzu Kap. 5.3). Zudem haben Reedereien im Bedarfsfall die Möglichkeit, den Dienstleister zu wechseln (vgl. Butler 2003, S. 148 f.; Schlennstedt 2004, S. 77; Rostock Port, o.S.). In Hinblick auf dieses Kriterium sind die Bedingungen in allen Häfen nahezu gleich.

10.8 Bekanntheitsgrad und Marketing

Ein Hafen muss den Reedereien zunächst einmal bekannt sein, damit sie ihn für ihre Routenplanung in Betracht ziehen können. Doch mit Blick auf ausländische Reedereien ist dies insbesondere für Häfen in kleineren Städten wie etwa Bremerhaven oder Kiel keineswegs ein Selbstverständnis. Am problematischsten ist eine Positionierung für deutsche Häfen auf dem US-amerikanischen Markt, da die Städte bei den Entscheidern der Reedereien und den Passagieren oftmals unbekannt sind. Die einzige Ausnahme bildet hier Warnemünde, in dem die US-amerikanischen Reedereien von Beginn an den größten Teil der Anläufe generierten (vgl. auch Kap. 2.4 und Kap. 8.4). Alle anderen Häfen müssen einen erheblichen Aufwand betreiben, um auf diesem Markt wahrgenommen zu werden. Hierbei helfen Netzwerke wie die Atlantic Alliance.

Für Kiel stellt sich das grundsätzliche Problem, dass Warnemünde als *Port of Berlin* für die meisten US-amerikanischen Reedereien aus Marketinggründen alternativlos ist. Da die Schiffe auf einer Reise in der Regel höchstens einen deutschen Hafen anlaufen, wird dieser Markt für Kiel auf absehbare Zeit weitgehend verschlossen bleiben. Bremerhaven und Hamburg haben insofern eher Chancen, durch ein effizientes Marketing ihre Präsenz im amerikanischen Markt zu erhöhen, da es im direkten Umfeld keinen mit Warnemünde vergleichbaren Konkurrenten gibt (etwa eine andere Landeshauptstadt). Im Turnaround-Geschäft stellen Amsterdam und Southampton Konkurrenten dar, wobei Southampton unbestritten als Marktführer gilt. Für Stopover-Anläufe oder Teilreisewechsel der deutschen Passagiere besteht jedoch durchaus Potenzial.

Allerdings zeigt ein aktuelles Fallbeispiel, dass nicht nur die Bekanntheit eines Hafens bei den Reedereien entscheidend ist, sondern auch die Bekanntheit bei den Passagieren eine wichtige Rolle spielt. So verkündete Norwegian Cruise Line im Januar 2016, dass die Norwegian Jade im Jahr 2017 in Hamburg stationiert wird und von dort aus im Laufe des Sommers neunzehn Mal zu Reisen nach Westeuropa, Großbritannien und Norwegen starten sollte. Im August 2016 wurde dann bekannt, dass die Reederei die Zahl der geplanten Anläufe in Hamburg auf sechs reduzierte. Zu den Gründen soll neben der Konkurrenz auf den Westeuropa-Routen durch die AIDAprima vor allem der Umstand gehört haben, dass diese Reisen von der amerikanischen Kernzielgruppe kaum gebucht wurden. Dies liegt zum Teil in der verhältnismäßig schlechten Fluganbindung an die USA begründet, zum anderen aber auch an dem Umstand, dass Hamburg bei den Amerikanern noch immer relativ unbekannt ist. Die Stadt dort bekannter zu machen, ist Aufgabe der Hamburg Tourismus GmbH. Ein direktes B2C-Marketing mit dem Ziel, durch eine wachsende Nachfrage der Passagiere die Reedereien zu mehr Anläufen zu veranlassen, wird derweil in keinem der Häfen praktiziert und ist auch international nicht üblich.

Doch wie läuft das B2B-Marketing gegenüber den Reedereien in der Praxis ab? Die wichtigste Voraussetzung für einen dauerhaften Erfolg ist der Aufbau einer persönlichen Beziehung zu den Reedereien, um auf dieser Basis langfristig zusammenzuarbeiten. Zwar muss die Qualität der Dienstleistung und auch das Preis-Leistungsverhältnis stimmen, aber letztlich geben der Aufbau und die Pflege persönlicher Kontakte oftmals den Ausschlag (vgl. Kamjunke-Weber 2016). Es ist notwendig, die Reedereien regelmäßig zu besuchen, den Kontakt zu halten und diese davon zu überzeugen, dass der eigene Hafen geeignet ist. Dies gilt nicht nur für neue Reedereien, sondern auch für langjährige Stammkunden. Bei dieser Kontaktpflege müssen alle Key-Player bedacht werden, die einen Einfluss auf die Routing-Entscheidungen der Reederei haben, d. h. neben den Routenplanern auch die Shore-Excursion-Abteilung sowie die Marketing- und Vertriebsabteilung. Auch der Kontakt zu den Hafen- und Ausflugsagenturen spielt hier eine wichtige Rolle.

Um Kontakt zu potenziellen Neukunden herzustellen, sind Messen ein wichtiges Marketinginstrument. Neben der jährlichen Seatrade, der weltweiten Leitmesse der Branche in Miami, gibt es für die deutschen Häfen noch einige weitere relevante Messen: Die Seatrade Nordeuropa, die alle zwei Jahre in Hamburg stattfindet und die Seatrade Med, die an wechselnden Orten rund um das Mittelmeer veranstaltet wird. Bei diesen Messen präsentieren sich die deutschen Häfen auf einem gemeinsamen Stand im Verbund. Ziel von Hamburg und Bremerhaven ist es u. a. auch, mit Hilfe der Atlantic Alliance die Europäische Atlantikküste als Fahrtgebiet zu bewerben. Neben diesen Messeauftritten sind die Häfen auch bei wichtigen Branchenkongressen präsent, wie etwa dem jährlichen Kreuzfahrt Kongress in Hamburg oder der Cruise Summit Madrid.

11 SWOT-Analyse der untersuchten Häfen

Bei der SWOT-Analyse wird für die verschiedenen Häfen eine Beurteilung der besonderen Stärken und Schwächen vorgenommen. Weiterhin werden im Rahmen der Analyse Chancen und Risiken für die zukünftige Entwicklung auf dem Markt aufgezeigt. Wichtig ist hierbei, sowohl auf die Möglichkeiten als auch auf die Gefahren hinzuweisen, die der Markt für den jeweiligen Hafen bietet.

Die SWOT-Analyse basiert auf den zuvor dargestellten Erkenntnissen und verdeutlicht zusammenfassend das Potenzial der Häfen.

Die angeführten Wettbewerbsfaktoren beziehen sich in erster Linie auf Hochseekreuzfahrthäfen. Die meisten Faktoren lassen sich jedoch auch auf Flusskreuzfahrthäfen übertragen. Eine Ausnahme bildet hier die seeseitige Erreichbarkeit. Bei der Hafeninfrastruktur und der logistischen Kompetenz ist zu beachten, dass Flusskreuzfahrtschiffe deutlich kleiner sind und entsprechend geringere Passagierkapazitäten haben als Hochseeschiffe. Dementsprechend sind die Anforderungen an die Häfen in diesen Bereichen geringer.

Die Analyse der vier Häfen hat gezeigt, dass jeder von ihnen seine Vor- und Nachteile hat, sie den Reedereien jedoch insgesamt gute Bedingungen bieten. In einigen Aspekten unterscheiden sich die Häfen, ohne dass daraus deutliche Vor- oder Nachteile abgeleitet werden können. Ein Beispiel dafür ist die geografische Lage: Während in Kiel die meisten Liegeplätze direkt in der Innenstadt liegen, befindet sich der Passagierkai in Warnemünde am Rand eines kleinen Fischerdorfes etwas außerhalb von Rostock. Den dadurch entstehenden Nachteil bei der Bahnanbindung kann der Hafen aber durch die S-Bahn-Station in direkter Nähe des Kais wieder ausgleichen. Zudem erhält er durch diese Lage eine außergewöhnliche Authentizität und lokale Attraktivität. Warnemünde und Bremerhaven bieten durch die Lage am offenen Meer optimale nautische Bedingungen. Um nach Kiel zu gelangen, ist zwar eine kurze Revierfahrt durch die Förde erforderlich, sie erhöht aber die touristische Attraktivität. Der wichtigste Unterschied liegt in der Art der Nutzung: Während Hamburg, Bremerhaven und Kiel klassische Reisewechselhäfen sind, wird Warnemünde traditionell vor allem für Stopover-Anläufe genutzt. Allerdings kann sich dieser Hafen aber zunehmend auch für Turnarounds und Part-Turnarounds etablieren und ist inzwischen der drittwichtigste Reisewechsel-Hafen in der Ostseeregion.

https://doi.org/10.1515/9783110480665-011

Tab. 11.1: SWOT-Analyse für Hamburg (Quelle: Eigene Darstellung).

Stärken	**Schwächen**
– strategisch günstige Lage als Turnaround-Destination zu verschiedenen Fahrtgebieten – hohe touristische Attraktivität der Stadt – vielfältige Angebote für Landausflüge – große Kreuzfahrtbegeisterung der lokalen Bevölkerung – internationaler Flughafen – gute Verkehrsanbindung auf Straße und Schiene	– lange und kostspielige Revierfahrt auf der Elbe – hohe Hafengebühren – große Schiffe können den Alten Elbtunnel nur bei Flut überqueren – keine Dauerparkplätze am CC1 und CC2 – dezentrale Lage des Terminals Steinwerder aus touristischer Sicht
Chancen	**Risiken**
– Vorreiterrolle Hamburgs bei der Implementierung alternativer Energieversorgung für Schiffe – großes Potenzial für Vor- und Nachprogramme als zusätzliche Einnahmequelle aufgrund des hohen Turnaround-Anteils in Kombination mit touristischer Attraktivität – weitere Steigerung der touristischen Anziehungskraft und Erhöhung des Bekanntheitsgrades der Stadt durch die Elbphilharmonie – steigende Nachfrage der Fahrtgebiete der Europäischen Atlantikküste und Großbritannien; Boom des Fahrtgebiets Nordland – hohe mediale Aufmerksamkeit durch Großevents wie Hafengeburtstag und Cruise Days und damit Erhöhung des Bekanntheitsgrades	– keine Anlegemöglichkeiten großer Schiffe aufgrund der Verschlickung des Hafenbeckens in der Hafencity – drohender Kapazitätsengpass: Das Terminal in Altona ist zu klein für große Schiffe; Fertigstellung des Neubaus in der Hafencity frühestens für 2021 geplant

Tab. 11.2: SWOT-Analyse für Bremerhaven (Quelle: Eigene Darstellung).

Stärken	**Schwächen**
– modernes und leistungsfähiges Terminal – sehr gute seeseitige Erreichbarkeit durch die Lage am offenen Meer – flexible Kaje (unter verschiedenen Schiffen aufteilbar) – guter Service bei der Gepäck-Abgabe für Passagiere, die per Auto oder Bus anreisen – niedrige Hafengebühren, vor allem im Vergleich zum unmittelbaren Konkurrenten Hamburg	– suboptimale Verkehrsanbindung der Stadt – geringe touristische Attraktivität der Stadt – keine Anbindung des Terminals an die Innenstadt mit öffentlichen Verkehrsmitteln (außer Shuttlebusse) – schlechte Erreichbarkeit Bremerhavens für Passagiere aus Nord- und Ostdeutschland – kaum Flugverbindungen aus Süddeutschland nach Bremen → langwierige Bahn- oder Autoanreise notwendig
Chancen	**Risiken**
– Geschäftsfelderweiterung durch Ausrüstungsschiffe aus der Meyer-Werft – Zugang zu neuen Quellmärkten durch Kooperation mit Wismar (CCCW) – steigende Nachfrage nach den Fahrtgebieten Großbritannien und Europäische Atlantikküste	

Tab. 11.3: SWOT-Analyse für Kiel (Quelle: Eigene Darstellung).

Stärken	**Schwächen**
– sehr gute Hafeninfrastruktur, ausreichend Kapazitäten vorhanden – erhebliche Kapazitätserweiterung durch Ausbau des Ostuferhafens – Innenstadtlage des Hafens – fußläufige Erreichbarkeit des Hauptbahnhofs – gute Verkehrsanbindung – kurze und touristisch attraktive Revierfahrt durch die Kieler Förde – keine zeitlichen Beschränkungen für den Ein- und Auslauf – verhältnismäßig kleine Stadt bietet Abwechslung zu den Metropolen – lange Tradition und Erfahrung als Fährhafen – verlässliches Hafenmanagement – hohes Sicherheitsniveau – Dauerparkplätze direkt an allen Terminals	– keine Linienflüge zum Airport Kiel – schlechte Erreichbarkeit für internationale Passagiere (starke Konkurrenz durch den Flughafen Kopenhagen) – geringe Bedeutung der Kreuzfahrt → geringes Marketing-Budget, keine Kreuzfahrtveranstaltungen – nur bedingte Eignung für Overnight-Stays – kein lokales Kreuzfahrtnetzwerk vorhanden
Chancen	**Risiken**
– Eignung auch als Turnaround-Hafen für Kreuzfahrten zum Nordland, nach Norwegen und Island – Potenziale für die Kundenbindung durch die „Schnupperkreuzfahrten" der Color Line Cruise Ferries – Ausbau der Vor- und Nachprogramme für Turnaround-Passagiere – Eröffnung neuer Geschäftsfelder durch Port of Kiel Cruise – Boom des Fahrtgebiets Nordland	– ungleichmäßige Auslastung der Terminalanlagen (fast alle Turnarounds finden am Wochenende statt) – amerikanischer Quellmarkt wird auf absehbare Zeit weitgehend verschlossen bleiben

Tab. 11.4: SWOT-Analyse für Warnemünde (Quelle: Eigene Darstellung).

Stärken	**Schwächen**
– seeseitig gut und schnell erreichbar – Ein- und Auslaufen jederzeit möglich – lokale Attraktivität und Authentizität des Fischerdorfes Warnemünde – Warnemünde und Rostock als Abwechslung zu den Metropolen – vielseitige Möglichkeiten für Landausflüge – S-Bahn-Station fast direkt am Kai – verlässliches Hafenmanagement – hohes Sicherheitsniveau – lange Erfahrung als Fährhafen – sukzessive Verbesserung der Infrastruktur im Zeitverlauf – Optimierung des touristischen Angebotes durch Cruise Rostock Network – hoher Komfort bei An- und Abreise für Passagieren aus Südeuropa durch Kooperation mit dem Airport Rostock-Laage	– zu wenig Anlegestellen für große Kreuzfahrtschiffe – kein internationaler Flughafen in unmittelbarer Nähe – wenig Park- und Rangierraum für Ausflugsbusse – andauernde Planungen für ein weiteres Kreuzfahrtterminal und ggf. einen zusätzlichen Liegeplatz – Kapazitätsgrenze für Schiffsanläufe ist fast erreicht – nicht als Übernachtungshafen geeignet
Chancen	**Risiken**
– Nutzung des Rostock Airport für Charterflüge erweitert das Potenzial für (Teil-)Reisewechsel – Nähe zu Berlin für den US-amerikanischen Markt als wichtiger Marketing-Vorteil – bessere Auslastung der Anlagen durch Nutzung für Turnaround- und Stopover-Anläufe	– Tragfähigkeit des Ortes durch den hohen Anteil an Gästen nahezu erreicht
– hoher Bekanntheitsgrad bei amerikanischen Passagieren – zunehmende Frequentierung auch von deutschen Reedereien – Aufbau und Pflege von Kontakten durch die Mitgliedschaft bei Cruise Baltic – Hauptsitz von AIDA Cruises → hohe Anlauffrequenz der AIDA-Schiffe	

Im Folgenden sind die wichtigsten Aspekte aus den SWOT-Analysen kurz zusammengefasst:

Hamburg

Hamburg trotzt einigen Widrigkeiten, die die Reedereien vor große Herausforderungen stellen: Allen voran ist das die lange Revierfahrt auf der Elbe, die viel Zeit in Anspruch nimmt und (unter anderem aufgrund der dreifachen Lotsenpflicht) hohe Kosten verursacht. Die Stadt überzeugt jedoch mit ihrer sehr hohen touristischen Attraktivität. Zudem schätzen die Reedereien die schnelle Abwicklung und die professionelle Arbeit von Hafenbehörden, Terminalbetreibern und den anderen Akteuren vor Ort.

Allerdings droht in Hamburg in den nächsten Jahren ein Kapazitätsengpass, da das Terminal in der Hafencity geschlossen und abgerissen werden soll und der dortige Neubau frühestens im Jahr 2021 in Betrieb genommen werden kann. Ein weiteres Risiko ist die Verschlickung des Hafenbeckens, die schon in der Vergangenheit zu Problemen am CC1 geführt hat.

Bremerhaven

Bremerhaven hat als Turnaround-Hafen in Konkurrenz zu Hamburg, Southampton und Amsterdam einen schweren Stand. Allerdings bietet die Stadt vor allem gegenüber Hamburg einige Vorteile, in erster Linie die Lage direkt am offenen Meer. Zudem überzeugt der Hafen mit einem hochmodernen Terminal und der langen, flexiblen, zwischen mehreren Schiffen aufteilbaren Kaikante. Signifikante Nachteile sind im Turnaround-Bereich die verhältnismäßig schlechte Anbindung auf allen Verkehrswegen und im Stopover-Segment die mangelnde touristische Attraktivität der Stadt. Dennoch kommt der Boom der Fahrtgebiete Großbritannien, Grönland und vor allem der Europäischen Atlantikküste Bremerhaven zugute: Die geografische Nähe zu den Zielregionen macht den Hafen für deutsche Passagiere zu einem günstigen Ausgangspunkt für solche Reisen.

Die Kooperation des Terminalbetreibers CCCB mit dem Seehafen Wismar brachte nicht nur dem Cruise Center einen zweiten Standort und neue Kunden, sondern zahlt sich auch für Bremerhaven aus, indem weitere Reedereien für Anläufe in diesem Hafen gewonnen werden können. Zudem erschloss sich Bremerhaven mit den Ausrüsterschiffen aus der Meyerwerft in Papenburg ein zusätzliches Geschäftsfeld.

Kiel

Kiel verfügt über eine sehr gute Hafeninfrastruktur, hervorzuheben sind hierbei vor allem die modernen und geräumigen Terminalanlagen. Die Innenstadtlage des

Hafens ist für an- und abreisende Passagiere sehr praktisch, da sie die Zeit vor der Abfahrt oder der Rückreise nutzen können, um die Stadt zu besichtigen. Mit dem angebotenen Gepäckservice und der bereits erwähnten *Blauen Linie* sollen die Passagiere unter anderem zu Einkäufen in der Stadt animiert werden.

Kiels größte Schwächen sind die mangelnde touristische Attraktivität der Stadt und die verhältnismäßig schlechte Erreichbarkeit für internationale Turnaround-Passagiere. Somit werden die wichtigen Quellmärkte in Nordamerika, Großbritannien und (in Zukunft) China dem Hafen auf absehbare Zeit weitestgehend verschlossen bleiben. Generell scheinen die meisten der in der Kieler SWOT-Matrix genannten Schwächen und Risiken in naher Zukunft nicht zu lösen sein. Dennoch stellt zum jetzigen Zeitpunkt keine dieser eine ernsthafte Gefährdung für den dauerhaften Erfolg des Hafens dar.

Warnemünde

Rostock-Warnemünde hat sich erfolgreich dafür eingesetzt, von den Stopover-Gästen nicht mehr nur als Durchfahrtsort nach Berlin wahrgenommen zu werden, sondern die Aufmerksamkeit zunehmend auf die hohe lokale Attraktivität der Stadt zu lenken. So ist es dem Hafen gelungen, auf Passagier- und Reederei-Ebene neue Zielgruppen anzusprechen. Insbesondere in den letzten Jahren konnte sich der Hafen immer mehr als Turnaround-Destination etablieren und ist inzwischen der drittwichtigste Reisewechsel-Hafen in der Region.

Durch die Nutzung des Flughafens Rostock-Laage für Charterflüge lässt sich die generell schlechte Anbindung an den internationalen Luftverkehr nicht nur wesentlich verbessern, sondern der Hafen erhält durch die enge Kooperation mit dem Airport und die guten Abstimmungsmöglichkeiten ein USP gegenüber den anderen Reisewechselhäfen im Ostseeraum. Da zunehmend auch andere Reedereien dem Beispiel von Costa Crociere folgen und den Reisewechsel für ihre europäischen Gäste von Kopenhagen nach Warnemünde verlagern, ist in diesem Bereich in den nächsten Jahren weiteres Wachstum zu erwarten. Um dieses Wachstum nicht zu gefährden, müssen die Kapazitätsengpässe im Warnemünder Hafen möglichst schnell behoben werden. Wenn der Hafen sich weiter als Turnaround-Destination etablieren will, ist der Bau des geplanten zweiten Terminalgebäudes unabdingbar, optimaler Weise verbunden mit einem dritten Liegeplatz für große Schiffe. Zudem wird für die Ausflugsbusse dringend mehr Park- und Rangierraum benötigt. Da nach Ansicht von Martin und Boekhoff (2015) mit 200 Anläufen pro Jahr aber nicht nur die Kapazitätsgrenze des Hafens, sondern auch die des Seebades Warnemünde erreicht ist, bleibt abzuwarten, wie sich die Zahlen in den nächsten Jahren entwickeln werden und welche Auswirkungen dies auf den Ort hat.

Nach Napp (2007, S. 10) von der Hafenagentur Sartori & Berger müssen auch etablierte und erfolgreiche Häfen ihren hohen Qualitätsstandard dauerhaft halten, da die Reedereien ansonsten zur Konkurrenz abwandern. Demnach müssen die

Häfen kontinuierlich in den Ausbau und die Erhaltung ihrer Infrastruktur sowie in professionelles Marketing investieren, um wettbewerbsfähig zu bleiben. Zudem verlangt der Trend zu steigenden Schiffsgrößen, dass sowohl die Größe und Ausstattung der Terminals als auch die Hinterlandanbindung den wachsenden Passagierzahlen angepasst werden.

12 Wertschöpfung

Unter der Wertschöpfung werden erbrachte wirtschaftliche Leistungen aller (Wirtschafts-)Bereiche verstanden, die in einer bestimmten Wirtschaftsperiode erzielt werden. Wertschöpfung ist die Differenz aus Bruttoproduktionswert und Vorleistungen (vgl. Mundt 2013, S. 448).

Die Wertschöpfung der Kreuzschifffahrt kann unterteilt werden in:
- Schiffs- beziehungsweise anlaufbezogene Wertschöpfung, worunter alle Güter und Dienstleistungen, die durch einen Anlauf nachgefragt werden, fallen,
- Passagierbezogene Wertschöpfung, d. h., alle Passagiere und Crewmitglieder, die ebenfalls Güter an Land nachfragen,
- Unternehmensbezogene Wertschöpfung, hierzu zählen alle Unternehmen mit Kreuzfahrtbezug (z. B. Bau, Instandhaltung, Innenausstattung oder Versorgung von Kreuzfahrtschiffen) sowie die
- Personenbezogene Wertschöpfung, worunter Einnahmen verstanden werden, die durch Schiffsanläufe, Messen oder kreuzfahrtbezogene Veranstaltungen generiert werden und insbesondere Tagestouristen anziehen (vgl. Handelskammer Hamburg 2013, S. 1).

12.1 Arten der Wertschöpfung

Wertschöpfung entsteht in dreifacher Weise:
- **Direkte Wertschöpfungseffekte der 1. Umsatzstufe:** Diese entsteht durch die Umsätze der Schiffe, Passagiere, Touristen oder Unternehmen. Die ermittelten Umsätze müssen dabei um die Vorleistungen bereinigt werden.
- **Indirekte Wertschöpfungseffekte der 2. Umsatzstufe:** Indirekte Wertschöpfungseffekte werden dadurch ausgelöst, dass ein Teil der Vorleistungen der ersten Umsatzstufe aus der betrachteten Hafenstadt bezogen wird und wiederum Wertschöpfung generiert (= durchschnittliche Lieferquote über alle Branchen). Der Produktionswert der 2. Umsatzstufe berechnet sich aus dem Produktionswert, der Vorleistungsquote und der Lieferquote. Dieser Wert muss wiederum um Vorleistungen bereinigt werden.
- **Induzierte Wertschöpfungseffekte:** Diese entstehen durch Konsumausgaben der Arbeitnehmer. *Ein* Anteil der Wertschöpfung kommt den Beschäftigten als Entgelt zu. Dieses wird überwiegend für Konsumausgaben genutzt. Dadurch wird wiederum Wertschöpfung generiert (vgl. Handelskammer Hamburg 2013, S. 1).

Die Kreuzfahrtindustrie schaffte im Jahr 2015 deutschlandweit rund 45.670 direkte und indirekte Arbeitsplätze; es wurden Gehälter in Höhe von 1,634 Mrd. € gezahlt (vgl. CLIA Europe 2016b, S. 5 ff.). In allen deutschen Häfen wurden im Jahr 2015

https://doi.org/10.1515/9783110480665-012

knapp 1,5 Mio. Passagiere abgefertigt, davon ca. 95 % in Hamburg, Warnemünde und Kiel. Hamburg gilt als Deutschlands größter Kreuzfahrthafen und verzeichnete im Jahr 2015 fast 520.000 Kreuzfahrtpassagiere (vgl. CLIA Europe 2016b, S. 14).

Für das Jahr 2013 wurde für Hamburg eine Wertschöpfung von über 270 Mio. € ermittelt. Dabei entfielen auf die Schiffs- bzw. anlaufbezogene Wertschöpfung ca. 24,8 Mio. €, auf die passagierbezogene Wertschöpfung etwa 20,9 Mio. €, auf die personenbezogene Wertschöpfung ca. 32,4 Mio. € und auf die unternehmensbezogene Wertschöpfung etwa 192,3 Mio. €. Insgesamt sind mehr als 1.500 Arbeitsplätze von der Kreuzfahrtbranche abhängig (vgl. Handelskammer Hamburg 2013, S. 3 ff.). Aktuellere Untersuchungen liegen nicht vor.

Einer Studie aus dem Jahr 2009 zufolge, in der die Wertschöpfung nach der Art der Passagiere untergliedert wurde, gibt ein Turnaround-Passagier im Durchschnitt 75,12 € in Hamburg aus. Zu begründen ist dieser niedrige Wert damit, dass nur etwa 30 % der Turnaround-Gäste auch in Hamburg übernachten. Ein Transit-Gast gibt im Schnitt 27,46 € aus, ein Crewmitglied durchschnittlich 25,44 € (vgl. Handelskammer Hamburg 2013, S. 4).

Für Kiel und Rostock-Warnemünde liegen nur wenige, für Bremerhaven keine aussagekräftigen Daten zur Wertschöpfung vor:

Laut Port of Kiel (2016, S. 23) gibt es ca. 150 hafenabhängige oder verbundene Unternehmen, die zusammen einen Umsatz von 475 Mio. € generieren. Die insgesamt 2.550 hafenabhängigen Arbeitsplätze lassen sich unterteilen in ca. 1.600 direkt hafenabhängig Erwerbstätige, in etwa 450 indirekt sowie ca. 500 induziert hafenabhängig Erwerbstätige. Die Kaufkraft der Kreuzfahrt- und Fährpassagiere beläuft sich auf 2,0 Mio. Passagiere pro Jahr. Es werden Umsätze von ca. 50 Mio. € in Kiel und Umgebung von Kreuzfahrt- und Fährgästen generiert. Davon entfallen ca. 8 Mio. € auf das Kreuzfahrtsegment.

In Rostock-Warnemünde konnten im Jahr 2015 485.000 Passagiere verzeichnet werden (vgl. Cruise Baltic 2017a, S. 1). Laut einer Studie der Universität Rostock zum Ausgabeverhalten wurden im Jahr 2015 ca. 15 Mio. € von Seereisenden und Crewmitgliedern insbesondere im lokalen/regionalen Einzelhandel, in der Hotellerie und im Gaststättengewerbe, im öffentlichen Personennahverkehr, bei Taxiunternehmen und Parkplatzwirtschaften in Rostock, Warnemünde und Umgebung ausgegeben. Darüber hinaus wurden durch Busreiseunternehmen, Bahn, Shore-Excursion-Agenturen, Ver- und Entsorgungsunternehmen, Schiffsmakler, Lotsen und Hafenbetreiber weitere Umsätze im Kontext der Kreuzfahrt generiert (vgl. Rostock Port 2017b, o.S.).

12.2 Bedeutung maritimer Großevents

Bekannte maritime Großveranstaltungen wie der Hamburger Hafengeburtstag, die Hamburg Cruise Days, die Kieler Woche und die Warnemünder Woche bringen der jeweiligen Stadt während des Events zusätzliche Touristen. Aus Sicht der städtischen Destinationen wirken sich diese Veranstaltungen, die Teil des abgeleiteten Angebots sind, positiv auf die Attraktivität der Stadt als Reiseziel aus. Für zahlreiche Gäste stellen diese sogar den Hauptreiseanlass für den Besuch der jeweiligen Stadt dar.

Laut einer Untersuchung zur Wertschöpfung der Kreuzfahrtbranche der Handelskammer Hamburg (2013, S. 4) wurde geschätzt, dass jedes Jahr etwa 735.000 Tagesgäste vorwiegend aus dem Umland, Norddeutschland und Deutschland nach Hamburg reisen. So ziehen die Kreuzfahrtschiffe beim Hafengeburtstag ca. 200.000 Besucher an. Von diesen übernachten etwa 20 % in Hamburg. Die alle zwei Jahre stattfindenden Cruise Days generierten im Jahr 2012 ca. 570.000 Besucher. Etwa 25 % davon übernachteten in Hamburg und gaben dabei 171,28 € pro Person aus. Die Tagesbesucher investierten knapp 100 € in der Stadt. Darüber hinaus werden zu Schiffstaufen, Anläufen der Queen Mary 2 oder um Reisende abzuholen oder zu verabschieden weitere 250.000 Tagestouristen angezogen. Das Dwif ermittelte als Durchschnittsausgaben bei einem Tagestourist 47,60 € und bei einem Übernachtungsgast 148,70 €.

Zur Wertschöpfung von Groß-Veranstaltungen der anderen drei Häfen liegen keine Untersuchungen vor.

Aus Sicht der Reedereien bergen Veranstaltungen ein grundsätzliches Problem: Sie sind in der Regel nur von kurzer Dauer, oftmals betragen diese nur wenige Tage. Eine Veranstaltung kann die Attraktivität der Destination folglich nur für diesen kurzen Zeitraum positiv beeinflussen, nicht während der gesamten Saisondauer. Viele Reedereien lassen ihre Schiffe aus Kostengründen jedoch auf Turnusrouten fahren. Für die Planung dieser Routen sind nur solche Attraktionen in einer Destination relevant, die die gesamte Saison über vorhanden sind. Somit wird angenommen, dass Veranstaltungen für die generelle Wettbewerbsfähigkeit einer Destination nicht von zentraler Bedeutung sind (vgl. Heinisch 2015).

Auf die Entscheidung für oder gegen einen Hafen als Turnaround-Destination spielen Veranstaltungen aus den eben genannten Gründen höchstens eine untergeordnete Rolle. Hier sind andere Faktoren ausschlaggebend. Es bleibt jedoch die Frage offen, ob die Reedereien ihre Fahrtroute auf einzelnen Fahrten anpassen, um ihren Passagieren während eines Stopovers den Besuch einer bestimmten Veranstaltung zu ermöglichen. Bei freigeplanten Routen oder des anhand der Mein Schiff 4 erläuterten Konzepts, mehrere Standard-Routen in loser Abfolge zu wiederholen, ist dies grundsätzlich möglich.

Laut Martin und Boekhoff (2015) wird dies bei den Anbietern unterschiedlich gehandhabt: Einige binden keine Großevents in ihr Routing ein, andere eruieren, wo und wann welche Events stattfinden und integrieren diese Termine nach Möglichkeit in ihre Routenplanung. Doch auch hier gilt: Es ist meist Zufall, ob ein Besuch der Veranstaltung in die Route passt und dadurch zum Beispiel den Anlauf in einem anderen, nahe gelegenen Hafen ersetzen kann. Die Reedereien lassen ihre

Schiffe in der Regel keine Umwege fahren, da dies mit zusätzlichen Treibstoffkosten verbunden wäre.

Für die Reedereien und deren Passagiere ergeben sich durch den Anlauf eines Hafens während einer Großveranstaltung auch einige potenzielle Nachteile: Zum einen ist die Stadt von Touristen überlaufen, bei zahlreichen Attraktionen müssen die Gäste lange anstehen und der öffentliche Nahverkehr ist häufig überlastet. Dies sorgt insbesondere bei den Passagieren für Unmut, die kein Interesse am Besuch der Veranstaltung haben. Probleme für die Reedereien können vor allem dadurch entstehen, dass die Landausflugsbusse im Stau stehen. Besonders in kleineren Städten sind an diesen Tagen alle vor Ort verfügbaren Busse schnell ausgebucht (vgl. Mucha 2015).

Veranstaltungen, die einen direkten Bezug zur Kreuzfahrtbranche haben, bieten für die Häfen andererseits die Möglichkeit, ihren Bekanntheitsgrad zu erhöhen und sich selbst als erfolgreichen und professionellen Kreuzfahrthafen zu inszenieren. Beispiel dafür sind die Cruise Days in Hamburg oder die Rostock Port Partys, die drei bis viermal pro Saison in Warnemünde stattfinden. Dabei handelt es sich um Public Events mit Livemusik, Feuerwerk und weiteren Aktionen wie einem Schlepperballett. Etwas Vergleichbares gibt es in Kiel und Bremerhaven nicht. Die dortigen Kieler Woche bzw. Sail Bremerhaven legen den Fokus auf Segelschiffe, nicht auf die Kreuzfahrt.

13 Netzwerke und Kooperationen

Bei der Frage nach dem Einfluss von Kooperationen auf den Erfolg eines Kreuzfahrthafens muss zwischen zwei verschiedenen Arten von Kooperationen unterschieden werden: Zum einen gibt es lokale, destinationsinterne Kreuzfahrtnetzwerke, die durch Hafenbetreiber aufgebaut wurden und zum anderen standortübergreifende Vereinigungen.

13.1 Lokale Kreuzfahrtnetzwerke

Lokale Kreuzfahrtnetzwerke sind überwiegend darauf ausgelegt, die Wettbewerbsfähigkeit der Destination gegenüber anderen Kreuzfahrthäfen in derselben Region zu stärken. Ihr Hauptziel ist in der Regel, das touristische Angebot einer Destination zu optimieren und somit ihre Attraktivität zu steigern. Zudem soll die Kommunikation und Zusammenarbeit der verschiedenen Akteure verbessert werden. Auch politische Lobbyarbeit spielt hierbei eine große Rolle.

Mitglieder in solchen Kooperationen sind vor allem Shore Excursion-Agenturen, die Tourismus-Organisation der Stadt, die Hafenverwaltung und Zulieferer, die Verkehrsbetriebe; außerdem Geschäfte, Museen, Sehenswürdigkeiten, gastronomische Einrichtungen und Hotelbetriebe (vgl. Künstner 2008, S. 46). Folglich partizipieren Unternehmen und Einrichtungen, die direkt oder indirekt vom Kreuzfahrttourismus in der Stadt profitieren. Beispiele für solche lokalen Kreuzfahrtnetzwerke sind das Cruise Copenhagen Network, das Helsinki Cruise Network und das Cruise Rostock Network oder das im Jahr 2014 gegründete Cruise Net Hamburg.

Erklärtes Ziel von Cruise Net Hamburg ist, „die branchenaffinen Unternehmen am Standort noch besser zu vernetzen, eine nachhaltige Kreuzschifffahrt weiter voranzutreiben und die touristische Wertschöpfung zu fördern.“ (Hafen Hamburg Marketing e.V. 2016, o.S.) Gemeinsam wollen staatliche und privatwirtschaftliche Akteure den Kreuzfahrtstandort strategisch weiterentwickeln. Der Einbezug von politischen Gremien wie der Wirtschaftsbehörde bringt den beteiligten privatwirtschaftlichen Unternehmen einen wesentlichen Vorteil: Die politische Mitbestimmung wird vereinfacht und professionalisiert. Zusätzlich zu diesem Netzwerk gibt es in Hamburg den Verein Hamburg Cruise Center e.V. Dies ist ein Zusammenschluss von inzwischen mehr als 130 branchenverwandten Unternehmen, die sich gemeinsam für die Stärkung und Entwicklung des Kreuzfahrtstandortes Hamburg einsetzen. Dazu gehören neben lokalen Tourismusbetrieben auch einige Reedereien, die den Hafen regelmäßig anlaufen (vgl. Hamburg Cruise Center 2016, o.S.).

In Kiel existiert kein lokales kreuzfahrtspezifisches Netzwerk, da die Seehafen Kiel GmbH & Co. KG keine Notwendigkeit dafür sieht. Das Unternehmen arbeitet eng mit den lokalen Akteuren zusammen, insbesondere mit Kiel-Marketing e.V. In

https://doi.org/10.1515/9783110480665-013

Bremerhaven gibt es ebenfalls kein spezifisches Netzwerk, allerdings wurde hier ein Arbeitskreis Kreuzfahrt eingerichtet, der sich um die Belange des Kreuzfahrtstandortes kümmert (vgl. Künstner 2008, S. 46 f.; Heinisch 2015; Kamjunke-Weber 2016).

Die Etablierung eines lokalen Netzwerks bietet einer Kreuzfahrtdestination verschiedene Chancen. Dazu gehören:

- die Erhöhung der Aufmerksamkeit: Dies ist besonders für kleine und noch unbekannte Häfen wichtig. Es geht dabei sowohl um die Gewinnung der Aufmerksamkeit der Reedereien als auch der Passagiere durch einen gemeinsamen Markenauftritt der Mitglieder. Bei den Reedereien entsteht so der Eindruck, dass alle beteiligten Firmen und Organisationen an einem Strang ziehen und sich gemeinsam für einen reibungslosen Ablauf des Schiffsanlaufs engagieren, was Vertrauen schafft. Zudem wird den Reedereien signalisiert, dass es vor Ort Partner für alle vor, während und nach dem Anlauf anfallenden Aufgaben gibt. Im B2C-Bereich, d. h. bei den Kommunikations- und Geschäftsbeziehungen zwischen Unternehmen und den Passagieren, können solche Netzwerke ebenfalls einen positiven Einfluss haben. Maßnahmen wie z. B. ein gemeinsamer Internetauftritt vereinfachen es, den Besuchern die Attraktivität der Destination näherzubringen. Jeder Anlauf soll schließlich auch eine möglichst hohe passagierbezogene Wertschöpfung erzielen. Damit dies gelingt, müssen die Besucher von der Attraktivität der Stadt überzeugt werden, damit sie nicht an Bord bleiben oder in andere, weiter landeinwärts gelegen Städte weiterfahren (vgl. hierzu das Beispiel Livorno in Kap. 10.3).
- die Reduzierung der Kosten: Durch die Bündelung von Marketing- und Marktforschungsaktivitäten der einzelnen Mitglieder und die Nutzung von Synergieeffekten in verschiedenen Geschäftsbereichen lassen sich oft Kostenvorteile erzielen. Speziell bei Marketing-Maßnahmen kann so auch die Reichweite und die Effektivität erhöht werden.
- die Inspiration und Innovation: Durch die Zusammenarbeit der verschiedenen Akteure entstehen innovative Ideen, z. B. für neue touristische Angebote. Ggf. lassen sich auch touristische Schwerpunktthemen finden, die gezielt ausgebaut werden sollen. Ein Beispiel hierfür sind die *Havenwelten* Bremerhaven.
- die Stärkung der Verhandlungsposition: Wenn die zahlreichen verschiedenen Akteure, die in einer Destination für den Kreuzfahrttourismus arbeiten und davon profitieren, sich zusammenschließen, fällt es wesentlich leichter, die Interessen der Branche beispielsweise in politischen Gremien durchzusetzen. Unter Umständen wird den Politikern und der Öffentlichkeit dadurch sogar erst bewusst, welche wirtschaftliche Bedeutung die Branche für die lokale Wirtschaft hat. Wenn es gelingt, Politik und Verwaltung in das Netzwerk einzubinden, können diese zu Partnern werden, die die zukünftige Entwicklung aktiv unterstützen (vgl. Steinecke 2013, S. 121).

13.2 Kooperationen zwischen Kreuzfahrthäfen

Zusammenschlüsse von mehreren Kreuzfahrthäfen zielen darauf ab, eine ganze Region als Kreuzfahrtziel zu etablieren. Sie können verschiedene geografische Ausdehnungen haben: In zahlreichen Ländern gibt es einen Hafenverband als Zentral- und Dachorganisation, z. B. Cruise Denmark oder Cruise Finland. Darüber hinaus gibt es internationale Netzwerke wie Cruise Baltic und Cruise Europe. Mithilfe solcher Netzwerke lassen sich Synergieeffekte erzielen und die Verhandlungsposition der beteiligten Seehäfen gegenüber den Reedereien stärken. Typische Leistungen, die solche Vereinigungen ihren Mitgliedern bieten, sind eine gemeinschaftlich durchgeführte Marktforschung und ein gemeinsames Marketing (vgl. Künstner 2008, S. 47; Martin und Boekhoff 2015).

Die wichtigste Aufgabe und der Fokus von regionalen Kreuzfahrtnetzwerken wie z. B. Cruise Copenhagen oder dem Cruise Rostock Network ist, die Mitglieder im Marketing zu unterstützen, indem die Aktivitäten gebündelt und somit die anfallenden Kosten reduziert werden. Das Spektrum reicht von gemeinsamen Messeauftritten über gemeinschaftlich getragene Werbekampagnen bis hin zu einer geteilten Internetpräsenz (vgl. Künstner 2008, S. 46).

Haahti et al. (2013, S. 131 f.) betonen allerdings, dass die Häfen ihre Mitgliedschaft in solchen Kooperationen nicht als Freifahrtschein sehen dürfen, ihre Verantwortung für die Entwicklung der Region abzugeben, vor allem unter Berücksichtigung der zunehmenden Marktkonzentration in der Kreuzfahrtbranche. Themen wie die Saisonverlängerung und Nachhaltigkeit machen es notwendig, dass sich die einzelnen Häfen auf gemeinsame Standards für die gesamte Region einigen und diese auch umsetzen. Diese Aufgabe stellt eine große Herausforderung dar: Es treffen verschiedene Nationalitäten mit ihren jeweiligen Kulturen, Ansichten, Rechtssystemen und Interessen aufeinander. Zudem müssen sich private und öffentliche Träger mit divergierenden Zielen auf eine gemeinsame Strategie verständigen.

Eine weitere wichtige Aufgabe solcher Netzwerke ist, (insbesondere den kleineren) Häfen zu einer stärkeren Verhandlungsposition gegenüber den Reedereien zu verhelfen. Ohne einen starken Partner geraten diese ansonsten schnell in die Position eines Bittstellers, der, um überhaupt Schiffsanläufe generieren zu können, alle Forderungen akzeptieren muss. In der Ostseeregion ist die Auswahl an attraktiven Häfen groß. Dies verleitet einige Reedereien immer wieder dazu, verschiedene Häfen gegeneinander auszuspielen, um zum Beispiel die Hafengebühren zu senken. Durch die Vernetzung und die verbesserte Kommunikation der Destinationen untereinander sollen solche Versuche von vornherein unterbunden werden (vgl. Martin und Boekhoff 2015).

Auch aus anderen Gründen sind die Verbesserung und Vereinfachung der Kommunikation zwischen den Häfen wichtige Ziele solcher Netzwerke. Da während einer Kreuzfahrt in aller Regel mehrere Destinationen angelaufen werden, sind die verschiedenen Häfen in einem Fahrtgebiet nicht ausschließlich Wettbewerber, sondern vor allem Partner. Es liegt im Interesse aller, dass ihr Fahrtgebiet bei Passagieren und Reedereien einen guten Ruf genießt und als attraktive Zielregion wahrgenommen wird. Daher liegt es nahe, dass diese Vereinigungen auch ein gemeinsames Marketing und Marktforschung für ihre Mitglieder betreiben. So haben sie nicht nur wesentlich bessere finanzielle Möglichkeiten, sondern auch eine deutlich höhere Reichweite (vgl. Haahti et al. 2013, S. 131 f.).

13.2.1 Cruise Baltic

Ein Beispiel für ein solches Hafennetzwerk ist Cruise Baltic. Dabei handelt es sich um eine Kooperation von derzeit 29 Kreuzfahrthäfen aus acht Ostsee-Anrainerstaaten. Das Netzwerk wurde im Jahr 2004 gegründet und wird seitdem von Kopenhagen geleitet. Tab. 13.1 gibt einen Überblick über die Mitgliedshäfen der Kooperation, sortiert nach Ländern in West-Ost Richtung.

Mit Ausnahme von Kiel, St. Petersburg und Riga sind alle relevanten Kreuzfahrthäfen, die unmittelbar im Ostseeraum liegen, Mitglied in dieser Vereinigung. Kommerzielle Partner der Cruise Baltic sind die Scandinavian Airlines Systems (SAS) sowie die Hotelkette Scandic. Es besteht außerdem eine Kooperation mit dem Branchenverband CLIA.

Das erklärte Ziel von Cruise Baltic ist, der erste Kontaktpunkt zwischen Reedereien und den Ostseedestinationen zu sein. Außerdem soll den Reedereien (und Passagieren) in allen beteiligten Häfen ein einheitlich hohes Qualitätsniveau in Bezug auf Infrastruktur, Service und Hafeneinrichtungen geboten werden. Mit der Vision „The world's greatest cruise experience" verspricht das Netzwerk, sich für Qualität, Professionalität, Commitment, Kundenorientierung und Innovation einzusetzen. Dafür müssen alle beteiligten Häfen bestimmte Qualitätsauflagen und Mindeststandards erfüllen. Hierzu zählt u. a. der Aufbau eines lokalen Kreuzfahrt-

Tab. 13.1: Mitgliedshäfen von Cruise Baltic (Quelle: Eigene Darstellung nach Cruise Baltic 2017b; Stand: April 2017).

Deutschland	Lübeck-Travemünde, Rostock (mit Warnemünde)
Dänemark	Ålborg, Skagen, Århus, Fredericia, Kalundborg, Elsinore, Kopenhagen, Rønne (Bornholm)
Norwegen	Kristiansand, Arendal, Oslo
Schweden	Göteborg, Helsingborg, Malmø, Karlskrona, Kalmar, Visby (Gotland), Stockholm
Finnland	Mariehamn, Turku, Kemi, Helsinki, Kotka
Estland	Saaremaa, Tallinn
Litauen	Klaipėda
Polen	Danzig/Gdank

netzwerkes und die Integration einer Tourist-Information am Anleger (vgl. Künstner 2008, S. 50 f.; Cruise Baltic 2014, o.S.).

Rostock-Warnemünde profitiert durch die Mitgliedschaft bei Cruise Baltic von den Erfahrungen der anderen Häfen und dem Networking. In der Kooperation erhalten die Mitarbeiter der Hafenverwaltungen informative Einblicke, die ihnen ansonsten verwehrt blieben (vgl. Martin und Boekhoff 2015).

Kiel ist aufgrund der Höhe der Mitgliedsbeiträge, die sich nach der Größe des jeweiligen Hafens richtet, kein Mitglied bei Cruise Baltic. Aus Sicht der Seehafen Kiel GmbH & Co. KG lohnt sich eine Mitgliedschaft vor allem für kleine Häfen, die mit den Reedereien nicht auf Augenhöhe verhandeln können. Ihrer Ansicht nach schmälert der hohe Anteil an kleinen Häfen in diesem Netzwerk dessen Effektivität, da die strategischen Ziele der großen Destinationen in den Hintergrund treten (vgl. Heinisch 2015).

13.2.2 Atlantic Alliance – Europe's Prime Cruise Destinations

Eine weitere, in diesem Kontext relevante Hafenvereinigung ist die 2008 gegründete Atlantic Alliance – Europe's Prime Cruise Destinations. Hierbei handelt es sich um einen Zusammenschluss von Kreuzfahrthäfen entlang der Europäischen Westküste zwischen Hamburg und Lissabon. Derzeit gehören ihr vierzehn Häfen aus sieben Staaten an. Tab. 13.2 gibt einen Überblick über die Mitgliedshäfen, sortiert nach Ländern in Ost-West-Richtung.

Tab. 13.2: Mitgliedshäfen der Atlantic Alliance (Quelle: Eigene Darstellung nach Atlantic Alliance 2017; Stand: Februar 2017).

Deutschland	Hamburg, Bremerhaven
Niederlande	Amsterdam, Ijmuiden, Rotterdam
Großbritannien	(Isle of) Portland
Irland	Cork
Frankreich	Le Havre, Cherbourg, Saint Malo, La Rochelle, Bordeaux
Spanien	Vigo
Portugal	Lissabon

Der Zusammenschluss verfolgt das Ziel, die Europäische Westküste stärker als eigenständiges Fahrtgebiet in das Blickfeld der Reedereien und Passagiere zu rücken und auf dem Kreuzfahrtmarkt zu etablieren. Zuvor spielte die Region im Kreuzfahrtmarkt eine eher unbedeutende Rolle. Sie wurde hauptsächlich im Zuge von Positionierungsfahrten durchquert, wenn beispielsweise die Schiffe, die den Sommer über in der Ostsee oder im Nordland unterwegs waren, für die Wintersaison in das Mittelmeer oder das Schwarze Meer verlegt werden sollten (vgl. Atlantic Alliance 2017, o.S.; Wiese 2011, S. 42).

13.2.3 Cruise Europe

Als ein weiteres bedeutsames Netzwerk gilt Cruise Europe. Dieser 1991 gegründeten Kooperation gehören mittlerweile etwa 120 Kreuzfahrthäfen in Nord- und Westeuropa an, von St. Petersburg im Osten bis Ísafjörður auf Island im Westen und vom Nordkap bis nach Lissabon. Dazu zählen zahlreiche Häfen mit Weltruf wie z. B. St. Petersburg, Kopenhagen, Amsterdam und Le Havre (Paris). Auch Hamburg und Bremerhaven gehören diesem Netzwerk an, Kiel und Warnemünde hingegen nicht (Stand: April 2017; vgl. Cruise Europe 2015a, o.S., 2015b, o.S.).

Cruise Europe hat ihr Aktivitätsgebiet in vier Regionen unterteilt: die Ostsee, Norwegen, Island und die Färöer-Inseln, Großbritannien und Irland sowie die Europäische Atlantikküste. Bei einem Vergleich der Mitgliedshäfen der drei hier aufgeführten Kooperationen fällt auf, dass nahezu alle Mitglieder der Atlantic Alliance auch dem Netzwerk Cruise Europe angehören, so auch Bremerhaven und Hamburg. Die einzige Ausnahme ist der kleine englische Kanalhafen Portland. Ein Abgleich mit den Mitgliedern von Cruise Baltic ergibt ein anderes Bild. Von deren Mitgliedshäfen ist nur etwas mehr als die Hälfte zugleich Teil der Kooperation Cruise Europe. Warnemünde zählt nicht dazu (Stand: Januar 2016; vgl. Cruise Europe 2015b, o.S.; Cruise Baltic 2017b, o.S.).

Ähnlich zu den zuvor beschriebenen Hafenkooperationen ist das Ziel von Cruise Europe, die nord- und westeuropäischen Küsten als Fahrtgebiete für Kreuzfahrten zu bewerben. Dafür werden die kulturelle, landschaftliche und kulinarische Vielfalt sowie die vielschichtige und wechselhafte Geschichte der angrenzenden Länder hervorgehoben. Über die Internetpräsenz des Netzwerks soll den Reedereien zum einen ein Überblick über die Häfen in dieser Region gegeben werden. Zum anderen werden in standardisierter Form detaillierte Informationen zu den einzelnen Häfen zur Verfügung gestellt (vgl. Cruise Europe 2015a).

13.2.4 CLIA

Der 1975 gegründete, weltweit größte Branchenverband der Kreuzfahrtindustrie, CLIA (Cruise Line International Association), versteht sich als Koordinator, Sprachrohr und Interessenvertretung der Branche. CLIA setzt sich nach eigenen Angaben für eine sichere und nachhaltige Entwicklung in der Kreuzfahrt ein und betreibt Lobbyarbeit in politischen Gremien. Daneben agiert der Verband auch als Marketing-Organisation (vgl. CLIA Global 2016a, o.S.).

CLIA vertritt im Wesentlichen drei wichtige Gruppen der Kreuzfahrtindustrie:

1. Kreuzfahrtreedereien: Derzeit gehören 62 Reedereien diesem Verband an, von den Betreibern der großen Megaliner bis hin zu kleinen und spezialisierten Veranstaltern. Auch Anbieter von Flusskreuzfahrten sind Mitglied. Nach eigenen Angaben vertritt CLIA damit 95 % der weltweiten Schiffskapazität.
2. Executive Partner: Zu den ca. 300 Partnern gehören Häfen (u. a. Port of Kiel sowie die Häfen Århus, Skagen und Kotka), Zulieferer, Werften (z. B. die Meyer

Werft in Papenburg), Hafendienstleister wie der Hamburger Terminalbetreiber Cruise Gate Hamburg und weitere Unternehmen, die im direkten oder indirekten Kontext zur Kreuzfahrtbranche stehen, etwa das Computer-Reservierungs-System AMADEUS, die beiden Airlines Emirates und Qatar Airways, die bereits beschriebene Vereinigung Cruise Baltic, das nationale Kreuzfahrtnetzwerk Cruise Norway und die Reisesparte der HanseMerkur Versicherungsgruppe.

3. Reisemittler: Insgesamt sind ca. 15.000 Reisebüros und 25.000 Expedienten vertreten, darunter auch die weltgrößten Reisebüroketten und -Franchiseunternehmen (Stand: April 2017; vgl. CLIA Global 2016a, o.S.; CLIA Global 2016b, o.S.).

Der weltweite Dachverband CLIA Global besteht aus derzeit fünfzehn nationalen und internationalen Vertretungen in Nord- und Südamerika, Europa, Asien und Australien. Die Mehrzahl davon ist in Europa angesiedelt und zusätzlich in CLIA Europe organisiert. CLIA Deutschland mit Sitz in Hamburg existiert seit dem Jahr 2013 und betreut alle deutschen Mitglieder. Dies sind derzeit vierzehn Reedereien, die im deutschen Hochseekreuzfahrtmarkt aktiv sind (vgl. Tab. 13.3).

Tab. 13.3: Mitglieder von CLIA Deutschland (Quelle: CLIA Deutschland 2016; Stand: April 2017).

Deutsche Reedereien	AIDA Cruises, Hapag-Lloyd Cruises, TUI Cruises
Europäische Reedereien	Cunard Line, MSC Cruises, Costa Crociere, Ponant Yacht Cruises & Expeditions, Seadream Yacht Club, Silversea Cruises
US-amerikanische Reedereien	Azamara Club Cruises, Celebrity Cruises, Norwegian Cruise Line, Oceania Cruises, Royal Caribbean International

Ähnlich wie die Hafenvereinigungen gibt auch CLIA Global seinen Mitgliedern (in diesem Sinne in erster Linie den Reedereien) bestimmte Mindeststandards vor, die von allen Mitgliedern eingehalten werden müssen. Diese betreffen Bereiche der Schiffsgestaltung und des operativen Geschäfts, u. a. die Sicherheit von Schiff und Passagieren (sowohl in Bezug auf die Vermeidung von Pannen und Unfällen als auch auf die Verbrechensprävention), die Hygiene und den Umweltschutz. Diese Regelungen gehen teilweise über die nationalen und internationalen gesetzlichen Vorgaben hinaus, z. B. bei der Entsorgung der Abwässer (vgl. CLIA Global 2016a).

14 Zukünftige Entwicklungen der Kreuzfahrthäfen vor dem Hintergrund allgemeiner Mega-, Konsum- und Reisetrends

Die gesellschaftlichen Werte und Normen verändern sich ebenso schnell wie die politischen und wirtschaftlichen Rahmenbedingungen. Die daraus wachsende Unübersichtlichkeit erschwert das strategische Planen. Die Trendforschung analysiert das Verhalten der Menschen, die Veränderungen der sozialen Systeme und formuliert die Erkenntnisse in Form von Trends. Diese können zur Orientierungs- und Entscheidungshilfe für zukünftige Entwicklungen in der Kreuzfahrtbranche herangezogen werden.

Megatrends sind epochale, d. h. für einen bestimmten Zeitabschnitt sehr bedeutende Veränderungen, die tief in den gesellschaftlichen und ökonomischen Systemen verankert sind, über viele Jahre anhalten (Halbwertzeiten von 25 bis 30 Jahren) und dabei den Lebensalltag der Menschen nachhaltig beeinflussen. Konsumententrends definieren alle das Sozial- als auch das Kauf- und Konsumverhalten beeinflussenden Veränderungen und haben Halbwertzeiten von etwa zehn bis fünfzehn Jahren.

Nach Einschätzung von Experten wird das Marktvolumen des Ostsee-Fahrtgebiets kurzfristig noch weiter steigen, die Steigerungsraten flachen jedoch sukzessive ab. Mittelfristig wird die Zahl der Kreuzfahrten in Nord- und Westeuropa dann auf hohem Niveau stagnieren.

14.1 Änderung rechtlicher Rahmenbedingungen

Die Kreuzfahrtbranche wird von einer Vielzahl von gesetzgebenden Instanzen kontrolliert, die die Entwicklung der Branche durch die Schaffung von rechtlichen Rahmenbedingungen beeinflussen, beispielsweise die EU-Kommission oder die International Maritime Organization (IMO). Ziel solcher Regularien ist in den meisten Fällen der Schutz der Umwelt. In den nächsten Jahren treten einige Gesetze und Vorgaben in Kraft, die die Entwicklung der Kreuzfahrtindustrie und der Häfen in Nord- und Mitteleuropa nachhaltig prägen werden.

14.1.1 Umweltauflagen für Schiffe und Auswirkungen auf die Fahrtgebiete

In Bezug auf die zukünftige Entwicklung der Fahrtgebiete Nord- und Ostsee weist Mucha (2015) auf einen rechtlichen Aspekt hin, der die Reviere nachhaltig verändern wird: Bereits vor einigen Jahren wurden diese Regionen von der IMO zu einem Sondergebiet erklärt. Diese Gebiete werden als besonders schützenswert eingestuft

https://doi.org/10.1515/9783110480665-014

und müssen demzufolge bestimmte Emissionsgrenzen einhalten. Unterschieden wird dabei in ECAs (Emission Control Areas) und SECAs (Sulphur oxide Emission Control Areas), in denen besondere Grenzwerte für den Schwefelausstoß gelten. Im Jahr 2020 werden die Emissionsgrenzwerte verschärft, mit der Folge, dass die meisten älteren Schiffe diese nicht mehr erfüllen können. Ab diesem Zeitpunkt dürfen dann diese Schiffe dort nicht mehr fahren. Wenn Reedereien weiterhin dieses Gebiet befahren wollen, müssen sie bis dahin ihre alten Schiffe durch Neubauten ersetzen.

14.1.2 European Clean Power Directive

In der Richtlinie 2014/94/EU über den Aufbau der Infrastruktur für alternative Kraftstoffe (European Clean Power Directive) vom Oktober 2014 verpflichten die EU-Kommission und das EU-Parlament die Mitgliedsstaaten der Europäischen Union, sich auf nationaler Ebene mit der derzeitigen Situation und den Potenzialen für die Versorgung mit alternativen Kraftstoffen zu beschäftigen. Bis November 2016 sollte jedes Land einen sogenannten nationalen Strategierahmen beschließen, in dem die Ziele und Maßnahmen für die weitere Entwicklung festgelegt sind. Der wesentliche Aspekt ist die Schaffung einer europaweiten, flächendeckenden Infrastruktur für die Versorgung mit alternativen Kraftstoffen für den Straßenverkehr, die Binnen- und die Seeschifffahrt. Im Bereich der Schiffs- und Hafenwirtschaft wird in erster Linie gefordert, bis Ende 2025 eine flächendeckende Infrastruktur von LNG[22]-Lagerstätten und Betankungsmöglichkeiten für LNG-betriebene Schiffe sicherzustellen. Dabei geht es nicht speziell um die Kreuzschifffahrt, sondern generell um alle Arten der Binnen- und Seeschifffahrt.

Konkret heißt es dort in Artikel 6 (1): „Mitgliedstaaten stellen durch ihre nationalen Strategierahmen sicher, dass bis 31. Dezember 2025 in Seehäfen eine angemessene Anzahl an LNG-Tankstellen eingerichtet wird, damit LNG-Binnenschiffe oder LNG-Seeschiffe im gesamten TEN-V-Kernnetz verkehren können. Die Mitgliedstaaten arbeiten erforderlichenfalls mit benachbarten Mitgliedsstaaten zusammen, um eine angemessene Abdeckung des TEN-V-Netzes sicherzustellen." (EU-Parlament 2014, Art. 6 (1))

TEN-V steht für Trans-European Transport Network und „umfasst Verkehrsinfrastrukturen (Straßen-, Eisenbahn- und Binnenwasserstraßennetze, Meeresautobahnen, Flughäfen, Netze für Kombinierte Verkehre) sowie die entsprechenden Verkehrsmanagement-, Ortungs- und Navigationssysteme. Im Vordergrund stehen Vorhaben, mit denen z. B. Verkehrsengpässe beseitigt und europäische Hauptverkehrsachsen vervollständigt werden oder die einen potenziellen sozioökonomischen Nutzen mit sich bringen." (Wolf 2015, S. 1)

22 Flüssigerdgas; Liquified Natural Gas

Im Bereich der Häfen unterscheidet das TEN-V in Core-Ports, d. h. besonders wichtige internationale Handels-, Logistik- und Mobilitätszentren, und Comprehensive Ports, die gewissermaßen eine Stufe niedriger angesetzt sind. Die Core-Ports bilden das bereits erwähnte Kernnetz. Die gesetzlichen Anforderungen, die an die Entwicklung dieser Häfen gestellt werden, sind wesentlich höher als bei Comprehensive Ports. Zum Kernnetz gehören insgesamt sechs deutsche Häfen: Bremen, Bremerhaven, Hamburg, Wilhelmshaven, Lübeck und Rostock. Kiel wurde als Comprehensive Port eingestuft (vgl. Europäische Kommission 2012, S. 1).

Aus dem deutschen Strategierahmen[23] geht nicht eindeutig hervor, welche der deutschen Seehäfen mit LNG-Terminals ausgestattet werden sollen, obwohl in der EU-Richtlinie eine solche Nominierung gefordert wurde (vgl. EU-Parlament 2014, Art. 6 (3)). Das Bundesverkehrsministerium schreibt in seinem Strategierahmen nur: „Die Zuständigkeit für die Hafenentwicklung liegt bei den Ländern. Ziel der Bundesregierung ist es, deren Aktivitäten zu unterstützen. [...] Den Aufbau einer entsprechenden Versorgungsinfrastruktur werden die Häfen gemeinsam mit der Industrie leisten müssen. [...] Durch die Förderung des Bundes soll insbesondere die Nachfrage nach diesem Treibstoff auf ein Maß gesteigert werden, dass Investitionen in die entsprechende Versorgungsinfrastruktur (Bunkerterminals, Bunkerschiffe, Verteilstationen etc.) wirtschaftlich interessant werden.“ (BMVI 2016, S. 39) Es bleibt also abzuwarten, wie die Entwicklung in diesem Bereich weitergeht.

14.1.3 HELCOM

Die HELCOM (Baltic Marine Environment Protection Commission – Helsinki Commission) ist eine zwischenstaatliche Kommission zum Schutz der Meeresumwelt im Ostseeraum. Sie wurde vor ca. vierzig Jahren mit dem Ziel gegründet, die Umwelt in der Ostsee vor allen Arten von Verschmutzung zu schützen. Inzwischen wurde sie von allen neun Ostsee-Anrainerstaaten sowie der Europäischen Union unterschrieben und arbeitet heute auf Grundlage der Helsinki-Konvention von 1992. Die Kommission spricht Empfehlungen aus, kann aber keine verbindlichen Beschlüsse oder Richtlinien verabschieden. Die erklärte Zukunftsvision der HELCOM ist es, durch ein gesundes Ökosystem in der Ostsee deren ökologischen Wert zu bewahren und sie für eine nachhaltige wirtschaftliche und soziale Nutzung zu erhalten (vgl. HELCOM 2017).

Unter anderem beschäftigt sich die HELCOM auch mit dem Thema Kreuzfahrt und der Frage, wie deren Auswirkungen auf das Ökosystem der Ostsee minimiert werden können. Dazu gehört auch das Thema Entsorgung von Schiffsabwässern während der Hafenliegezeiten. Hierfür hat die Kommission die benötigten Kapazitäten in allen relevanten Ostsee-Kreuzfahrthäfen ermittelt. Diese wurden aus der

23 Im Internet verfügbar; vgl. dazu BMVI (2016, S. 52).

Größe der Schiffe (bzw. der Anzahl von Passagieren und Besatzung) sowie der Anzahl der Tage berechnet, die durchschnittlich zwischen zwei Hafenanläufen mit der Möglichkeit zur Abgabe des Abwassers vergehen (vgl. HELCOM 2015, S. 9).

Nach dieser durchschnittlich produzierten Menge Abwasser richtet sich die Abnahme- bzw. Durchflusskapazität (in Kubikmeter pro Stunde), die ein Hafen bereitstellen muss, damit ein vollständiges Abpumpen der Schiffsabwässer während der Liegezeit möglich ist. Die Abnahme kann grundsätzlich entweder über eine feste Verbindung vom Kai zum öffentlichen Abwassernetz oder mobil mit Hilfe von Tankwagen oder Barges geschehen.

Anschließend hat die Kommission die benötigten Kapazitäten mit den vorhandenen verglichen. Das Ergebnis der Studie ist, dass derzeit nur Helsinki, St. Petersburg, Stockholm, Visby und Klaipėda über ausreichende Abnahmekapazitäten verfügen (vgl. HELCOM 2015, S. 9). Auf Basis dieser Analyse wurde eine Liste von acht Häfen erstellt, die als hochprioritär eingestuft werden, darunter Rostock. Konkret heißt es, die Ostseeanrainerstaaten sollten alle geeigneten Mittel ergreifen, um die Abnahmekapazität in diesen Häfen auf ein angemessenes Niveau zu erhöhen. Darüber hinaus wurde eine Liste von sekundärprioritären Häfen erstellt, in denen die Notwendigkeit einer Aufrüstung geprüft werden soll (vgl. HELCOM 2015, S. 9). Auch die Hafenbetreiber in Kiel erwarten, dass die Abgabemenge aufgrund der neuen HELCOM-Vorgaben in den nächsten Jahren stark steigen wird. Daher arbeitet Seehafen Kiel GmbH & Co. KG aktuell an einer Lösung für diese Thematik (vgl. Rosenberg 2016, S. 5).

14.1.4 EU-Port-Packages

Bereits seit dem Jahr 2002 versucht die EU-Kommission, den Wettbewerb sowohl zwischen den europäischen Seehäfen als auch hafenintern mit einem Gesetzgebungspaket zu fördern und den Markt für Hafenleistungen zu liberalisieren. Im Falle einer Beschlussfassung hätte dies auch Auswirkungen auf die Kreuzschifffahrt und die Strukturen in den Kreuzfahrthäfen. Die Gesetzesentwürfe beinhalteten in erster Linie folgendes: Mit einigen Ausnahmen sollten alle europäischen Seehäfen verpflichtet werden, die Hafenleistungen wie z. B. Schlepper- und Lotsendienste, aber auch den Betrieb der Terminals und die Logistik europaweit auszuschreiben. Alle neu geschlossenen Verträge sollten je nach Höhe der erforderlichen Investitionen auf acht, zwölf oder dreißig Jahre begrenzt werden. Danach müsste jeweils eine neue Ausschreibung erfolgen. Die ersten beiden Entwürfe (EU-Port-Package I und EU-Port-Package II) waren auf Seiten der Hafenbetreiber und der betroffenen Dienstleistungsunternehmen auf heftigen Widerstand gestoßen. Sogar die Reedereien, denen das Gesetz zunächst einen Vorteil durch geringere Kosten bringen sollte, plädierten gegen die Umsetzung der Pläne. Beide Entwürfe wurden letztlich vom EU-Parlament abgelehnt (vgl. Ilschner 2006, S. 7 ff.).

Seit dem Jahr 2010 arbeitet die EU-Kommission an einem neuen Gesetzentwurf: EU-Port-Package III. Sechs Jahre nach Beginn der Beratungen ist über den Inhalt und die Anpassungen gegenüber den beiden vorigen Entwürfen noch wenig bekannt. Ob eine Zustimmung zum Entwurf seitens der Abgeordneten des EU-Parlaments erfolgt, bleibt abzuwarten (vgl. Binder 2015, o.S.).

Einer der Hauptkritikpunkte an den alten Gesetzentwürfen war, dass den Unternehmen die Planungssicherheit genommen wird und große Investitionen, z. B. in die Terminalgebäude, mit einem hohen wirtschaftlichen Risiko verbunden sind. Wenn einem Unternehmen, das zum Zeitpunkt des Inkrafttretens des Gesetzes auf Basis von bereits geschlossenen Verträgen arbeitet, nach der ersten Ausschreibung der Auftrag entzogen wird, sollten sie vom neuen Anbieter für noch nicht amortisierte Investitionen finanziell entschädigt werden. Für spätere, ähnliche Fälle war jedoch keine Entschädigung vorgesehen. Dies stieß auf erhebliche Kritik. Des Weiteren wurde moniert, dass in den Häfen zahlreiche lokale Arbeitsplätze in Gefahr sind, wenn ausländische Unternehmen die Dienstleistungen übernehmen und diese mit eigenen Mitarbeitern durchführen (vgl. Binder 2015, o.S.).

Ein zusätzliches Risiko liegt in der Qualitätssicherung: Wenn sich einheimische und ausländische Unternehmen gegenseitig im Preis unterbieten, leidet darunter in der Regel langfristig die Qualität der angebotenen Leistungen. Dies könnte insbesondere dem Geschäft mit Kreuzfahrtreedereien schaden. Während der Gütertransport und der Fährverkehr auf ein bestimmtes Gebiet oder sogar bestimmte Häfen angewiesen sind, ist die Nachfrage nach Kreuzfahrten grundsätzlich räumlich flexibel. Von dem geplanten Gesetz sind nicht nur die hier betrachteten Häfen betroffen, sondern fast alle möglichen Destinationen für Kreuzfahrten in Nord- und Westeuropa. Und wenn Passagiere und Reedereien mit den Serviceleistungen in den Häfen kontinuierlich unzufriedener werden, besteht prinzipiell die Gefahr, dass die Nachfrage und das Angebot von Kreuzfahrten in diesen Fahrtgebieten zurückgehen oder sich das Marktwachstum zunehmend auf andere Fahrtgebiete konzentriert.

Abgesehen davon bringt eine solche Regulierung den Kreuzfahrthäfen noch einen weiteren Nachteil: Wenn diese sich ihre Hafendienstleister nicht mehr nach eigenem Ermessen und eigenen qualitativen Maßstäben aussuchen können, ist es kaum noch möglich, sich den Reedereien gegenüber durch besonders gute Serviceleistungen zu profilieren und sich so einen Wettbewerbsvorteil gegenüber konkurrierenden Häfen zu verschaffen.

14.2 Megatrend Nachhaltigkeit

„Nachhaltigkeit ist die Konzeption einer dauerhaften zukunftsfähigen Entwicklung der ökonomischen, ökologischen und sozialen Dimension menschlicher Existenz. Diese drei Säulen der Nachhaltigkeit stehen miteinander in Wechselwirkung und bedürfen langfristig einer ausgewogenen Koordination." (Enquete-Kommission „Schutz des Menschen und der Umwelt" 1998, S. 37) Das Konzept der Nachhaltigkeit „zielt auf die Zufriedenstellung der Bedürfnisse der heutigen Generation hin ohne Ressourcen aufs Spiel zu setzen, die für kommende Generationen verfügbar sein müssen." (Bieger 2006, S. 279)

In der Kreuzfahrtindustrie wird Nachhaltigkeit oftmals in den Kontext mit dem Thema Energie gestellt. Hierbei stehen die sparsame Nutzung, das Umschwenken auf regenerative Energien sowie die Nutzung und Förderung alternativer Energien im Vordergrund.

Nachfolgend wird auf die ökologischen und sozialen Dimensionen der Nachhaltigkeit fokussiert.

14.2.1 Ökologische Nachhaltigkeit – Alternative Energieversorgung

Die Nachhaltigkeit, etwa bei der Nutzung von umweltfreundlicheren Treibstoffen oder der Implementierung von Abgasreinigungssystemen, spielt auch in der Kreuzfahrtbranche eine bedeutsame Rolle. Bislang entwickelt sich die alternative Energieversorgung der Kreuzfahrtschiffe während der Hafenliegezeiten noch zögerlich. Die Landstromversorgung von Container- oder Fährschiffen hat sich hingegen bereits seit Längerem etabliert. Die Implementierung von Konzepten für eine externe Energieversorgung für die Kreuzfahrtbranche gestaltet sich deutlich komplexer und schwieriger als bei anderen Formen der Seeschifffahrt.

Die Gründe dafür sind vielfältig: Sie reichen von einem sehr hohen Energiebedarf der Kreuzfahrtschiffe über die große Zahl an unterschiedlichen Häfen, die ein einzelnes Schiff anläuft, bis hin zu sicherheitsrelevanten Aspekten für die Personenschifffahrt. Zudem befindet sich die Branche in einer schwierigen Situation: Es gibt verschiedene Lösungsansätze, doch bisher konnte sich kein Konzept zur alternativen Energieversorgung international durchsetzen. Doch nur eine europaweit oder am besten weltweit angebotene, funktionierende und akzeptierte Lösung würde einen ökologisch nachhaltigen Erfolg bringen und wäre auch aus betriebswirtschaftlicher Sicht sinnvoll.

Zahlreiche Reedereien, aber auch Hafenbetreiber scheuen bisher die Investitionen in eine Nachrüstung. Momentan führt dies zu einer unbefriedigenden Situation: Wenn eine Reederei in einen Landstromanschluss oder einen LNG-Antrieb auf dem Schiff investiert, kann sie diesen in der Regel nur in wenigen Häfen nutzen. Stellt ein Hafen die entsprechende Infrastruktur bereit, die Schiffe verfügen aber noch nicht über die benötigte Technik, können sie nicht an die neuen Systeme angeschlossen werden. So wird die neue Landstromanlage in Hamburg-Altona derzeit kaum ausgelastet. Als einziges Schiff, das für eine Landstromanlage ausgerüstet ist, lief die AIDAsol im Jahr 2016 das Terminal Altona vier Mal an; geplant waren 70 Nutzungstage pro Saison.

Landstrom

In der öffentlichen Diskussion um Umweltschutz und Emissionsreduktion in der Schifffahrt spielt das Konzept zur alternativen Energieversorgung mit Landstrom seit einigen Jahren eine zunehmende Rolle. Kreuzfahrt-Reedereien und -häfen fordern eine flächendeckende Einführung und Nutzung von Landstromanschlüssen, da dadurch die Schallemissionen im Hafen gesenkt und die klimaschädlichen Abgase limitiert würden. Weltweite Vorreiter in der Landstromversorgung für Kreuzfahrtschiffe sind Häfen an der Westküste der USA und in Kanada. Im europäischen Raum wurde die erste Landstromanlage im Juni 2016 in Hamburg-Altona in Betrieb genommen.

Das Konzept der Landstromversorgung stellt sich als sehr komplex dar. Die vielfältigen technischen, finanziellen, physikalischen und nicht zuletzt auch umweltrelevanten Probleme des Konzeptes werden nachfolgend erläutert.

Investitions- und Betriebskosten

Die Ausstattung mit einem Landstromanschluss ist mit hohen Investitionskosten verbunden, sowohl im Hafen als auch auf den Schiffen. So müssen beispielsweise die Stromnetze an Land und an Bord entsprechend nachgerüstet werden. Die Investitionskosten für die Errichtung einer Landstromanlage für Kreuzfahrtschiffe sind wesentlich höher als die vergleichbarer Anlagen für Fähr- oder Containerschiffe. Dies hat zwei Gründe: Erstens wird aufgrund des enormen Energiebedarfs der Schiffe eine direkte Verbindung zu einem Hauptstromkabel benötigt, auf der Hochspannung oder mittlere Spannung transportiert werden kann. Diese Verbindung muss in der Regel erst unterirdisch verlegt werden, wodurch höhere Baukosten entstehen. Zweitens müssen kostenintensive technische Systeme zwischen Land- und Bordnetz geschaltet werden, damit der Strom aus dem Landnetz an Bord genutzt werden kann.

Das Investitionsvolumen für eine Landstromanlage hängt stark von den örtlichen Gegebenheiten ab. Wichtige Kostenparameter sind außerdem die gewünschte maximale Leistung (in Hamburg-Altona beträgt sie zwölf Megawattstunden) und die Anzahl der Liegeplätze, die an die Anlage angeschlossen werden sollen.

Für die inzwischen fertig gestellte Landstromanlage am Hamburger Terminal Altona wurden im Vorfeld Gesamtkosten von ca. 8,8 Mio. € veranschlagt. Davon entfielen je etwa 10 % auf den Netzanschluss und die Baumaßnahmen und 80 % auf die notwendige Anlagentechnik (7,1 Mio. €). Die tatsächlichen Gesamtkosten lagen bei etwa 10 Mio. €. Da es sich um ein Pilotprojekt handelte, wurden etwa ein Drittel der Kosten von der Europäischen Union übernommen. In der Machbarkeitsstudie wurde eine Annuität von 800.000 € prognostiziert, inkl. der Kosten für Wartung, Reparaturen, Rücklagen und Personal (vgl. Schmitz-Aha 2011, S. 27 ff.). Zu den tatsächlichen Betriebskosten gibt es aufgrund der noch kurzen Laufzeit der Anlage seitens der Hamburg Port Authority keine Angaben.

In der Machbarkeitsstudie wurden ebenso die Kosten für die Errichtung einer Landstromanlage in der Hafencity ermittelt, die bislang jedoch nicht realisiert wurde. In diesem Szenario wurde kalkuliert, beide damals dort befindlichen Liegeplätze anzubinden und zwei große Schiffe zugleich mit Landstrom zu versorgen. Entsprechend sind die prognostizierten Kosten für diese Anlage wesentlich höher. Sie werden auf 22,6 Mio. € geschätzt. Ähnlich wie in Altona macht die Anlagentechnik etwa 75 % der Kosten aus (vgl. Schmitz-Aha 2011, S. 26).

Investitionskosten für die Reedereien

Bevor ein Kreuzfahrtschiff extern Strom beziehen kann, müssen auch an Bord einige Systeme nachgerüstet werden. Vor allem wird eine Hauptleitung zur vorgesehenen Verbindungsstelle an der Außenwand des Schiffes benötigt. Die Umbaukosten hängen stark von der Vorausrüstung des Schiffes ab und lassen sich nicht pauschal beziffern. Verschiedene Kostenschätzungen zeigen für die Nachrüstung eines älteren Schiffes eine Preisspanne von etwa 300.000 bis 2 Mio. €. Bei einem Neubau sind die Zusatzkosten wesentlich geringer: Sie liegen bei etwa 100.000 €.[24]

Energiekosten

Auch die laufenden Kosten für die Energieversorgung des Schiffes sind bei der Nutzung von Landstrom höher. In der Machbarkeitsstudie für Landstromanlagen in Hamburg aus dem Jahr 2011 werden die Kosten für an Bord erzeugten Strom während der Hafenliegezeiten auf etwa 7,4 bis 18,6 ct/kWh beziffert (unter Berücksichtigung der seit 2010 geltenden Schadstoffgrenzwerte für alle europäischen Häfen). Die enorme Preisspanne resultiert aus den Schwankungen des Treibstoffpreises (vgl. Schmitz-Aha 2011, S. 36).

Der Kostensatz für Landstrom hängt stark davon ab, ob die Investitionssumme über den Betrieb der Anlage refinanziert werden muss oder nur die Strombezugskosten an die Reederei weitergegeben werden. Ohne Refinanzierung der Investitionen wird der Preis für Landstrom für die Jahre 2010 und 2011 mit ca. 15 ct/kWh beziffert. Bei Umlage der Investitionskosten variiert der Preis entsprechend der Intensität der Nutzung. Die Studie nennt Preise zwischen 47 und 336 ct/kWh (basierend auf 50 bzw. 5 Anläufen pro Jahr) (vgl. Schmitz-Aha 2011, S. 97).

Bei einem Verbrauch von zehn Megawattstunden (was in etwa einem mittelgroßen Schiff entspricht) bedeutet ein Preisunterschied von zehn Cent für die Reederei 1.000 € Mehrkosten pro Stunde. Die hohen Investitions- und Betriebskosten machen die Nutzung von Landstrom aus betriebswirtschaftlicher Sicht unattraktiv. Al-

---

24 Für detaillierte Musterkalkulationen für verschiedene Nachrüstungsszenarien sowie ein Neubauszenario vgl. Schmitz-Aha (2011, S. 38).

lerdings versuchen die Politik und teilweise auch die Häfen hier gegenzusteuern und finanzielle Anreize für die Nutzung zu schaffen. So ist Landstrom steuerlich begünstigt: Der Stromsteuersatz für Landstrom ist gemäß StromStG § 9 Abs. 3 auf 50 Cent pro Megawattstunde reduziert. Die Hamburg Port Authority gewährt Nutzern der Landstromanlage in Altona Rabatte beim Liegegeld. Damit soll ein Anreiz für Reedereien geschaffen werden, in umweltfreundliche Technologien zu investieren (vgl. Presse- und Informationsamt der Bundesregierung 2016, o.S.).

In der bereits zitierten Studie wird berechnet, wie sich eine Umlage der Mehrkosten für Landstrom auf den Reisepreis auswirken würde. Dabei wird in zwei Szenarien unterschieden: die Preisgestaltung ohne Refinanzierung der Investitionen im Hafen und die Preise mit Refinanzierung. Demnach betragen die Mehrkosten pro Passagier und pro Anlauf mit Landstromnutzung ca. 2,30 € (ohne Refinanzierung) bzw. ca. 21,50 € (mit Refinanzierung). Für eine einwöchige Kreuzfahrt mit fünf Anläufen ergibt sich entsprechend ein Zuschlag von etwa 10 € (ohne Refinanzierung) bzw. 100 € (mit Refinanzierung). Bei steigenden Treibstoffkosten verändert sich das Kostenverhältnis zugunsten des Landstroms. Die den Reedereien entstehenden Kosten für die Umrüstung der Schiffe wurden nicht berücksichtigt (vgl. Schmitz-Aha 2011, S. 98 f.).

Grundsätzlich liegen beide Werte in einer Größenordnung, die die Mehrheit der Passagiere nicht von einer Kreuzfahrtbuchung abhalten werden. Allerdings erscheint eine Weitergabe der Mehrkosten an die Passagiere nur realisierbar, wenn möglichst in allen konkurrierenden Häfen und auf allen Schiffen die technischen Voraussetzungen für eine Landstromversorgung eingeführt würden. Ansonsten käme es für die betreffenden Reedereien zu Wettbewerbsnachteilen (vgl. Schmitz-Aha 2011, S. 99). Insellösungen einzelner Häfen sind insofern nicht praktikabel.

Belastung landseitiger Stromnetze

Der Strombedarf eines Kreuzfahrtschiffes ist aufgrund der hohen Passagierzahlen und der zahlreichen Bordeinrichtungen um ein Vielfaches höher als auf einem Frachtschiff gleicher Größenordnung. Je nach Größe und Ausstattung benötigt ein im Hafen liegendes Kreuzfahrtschiff durchschnittlich 9–12 Megawatt Strom pro Stunde, u. U. sogar deutlich mehr. Dies entspricht dem Strombedarf einer kleinen Stadt mit etwa 5.000–7.000 Haushalten (vgl. Policy Research Cooperation 2009, S. 40 ff.).

Da diese Belastung zusätzlich zur normalen Grundlast auf das öffentliche Stromnetz anfällt, müssen ggf. sogar neue, zusätzliche Kraftwerke gebaut werden, um den Strombedarf decken zu können. Das ist spätestens dann der Fall, wenn große Häfen wie Hamburg oder Warnemünde in der Hauptsaison von bis zu fünf Kreuzfahrtschiffen gleichzeitig angelaufen werden. Diese alle mit Landstrom versorgen zu wollen, würde implizieren, Kraftwerkskapazitäten für ein Äquivalent von fünf kleinen Städten einzurichten und zu betreiben, die dann aber den größten Teil des Jahres über nicht gebraucht werden (vgl. BMVI 2016, S. 59; Wiese 2011, S. 31).

Technische Herausforderungen: Frequenz- und Spannungsanpassung

Damit ein Schiff mit Strom aus landseitigem Stromnetz versorgt werden kann, ist eine Frequenz- und Spannungsanpassung notwendig. Denn während die öffentlichen Stromnetze in Europa mit einer Frequenz von 50 Hertz betrieben werden, arbeiten die Bordnetze von Kreuzfahrtschiffen in der Regel mit den in den USA üblichen 60 Hertz. Daher wird ein Frequenzwandler benötigt, um die Schiffe mit den europäischen Stromnetzen verbinden zu können. Diese Umwandlung kann prinzipiell sowohl an Land als auch an Bord erfolgen. Außerdem muss auch die Spannung transformiert werden, was allerdings ein in allen Bereichen der Stromversorgung üblicher und einfacher Vorgang ist. Die Landstromanlage in Hamburg-Altona verfügt dafür über ein Umformergebäude mit einem Frequenzwandler und vier Transformatoren, in denen die Spannung von 10 Kilovolt (kV) für kleine Schiffe auf 6,6 kV verringert oder für große Schiffe auf 11 kV erhöht wird (vgl. Policy Research Cooperation 2009, S. 40 f.; Cruise Gate Hamburg 2016a, o.S.).

Verlagerung von Emissionen

Ein weiteres Problem von Landstrom ist, dass die augenscheinlich eingesparten Schadstoffemissionen nicht vollständig vermieden, sondern zum Teil nur verlagert werden – von den Schiffen in die Kraftwerke. Wenn diese Kraftwerke außerhalb des Hafens oder der Stadt liegen, können die Schadstoffwerte damit zwar lokal verringert werden, und es kommt zu einer Verbesserung der örtlichen Luftqualität. Aus ökologischer Sicht ergibt die Umstellung auf Landstrom aber nur dann Sinn, wenn der von Land bezogene Strom aus erneuerbaren Energiequellen, Atomstrom oder zumindest aus Erdgas gewonnen wurde.

In der Europäischen Union wird allerdings immer noch etwa die Hälfte der benötigten Energie aus fossilen Energieträgern wie Erdöl oder Kohle erzeugt. Der Anteil der erneuerbaren Energiequellen wird für die Jahre 2020 bis 2030 auf 16–18 % geschätzt (vgl. Europäische Kommission 2010, o.S.). Insbesondere in Südeuropa sind noch zahlreiche alte Kohlekraftwerke in Betrieb. Strom aus diesen Kraftwerken für die Landstromversorgung zu nutzen, ist aus ökologischer Sicht kontraproduktiv, da sie mehr Schwefel, Feinstaub und andere Schadstoffe ausstoßen als ein moderner, mit Abgasreinigungssystemen ausgestatteter Schiffsmotor. Unter den gegebenen Umständen erscheint eine Landstromversorgung für Kreuzfahrtschiffe folglich höchstens in Nordeuropa ökologisch sinnvoll.

Allerdings ist das Mittelmeer in Europa das Hauptfahrtgebiet mit den wichtigsten Häfen. Von den fünfzehn größten europäischen Kreuzfahrthäfen (gemessen an der Passagierzahl) liegen nur drei[25] außerhalb dieser Region (vgl. vgl. CLIA Europe 2016a, S. 12). Für die Kreuzschifffahrt muss jedoch eine Lösung gefunden werden, die zumindest im europäischen Raum realisierbar ist. Denn wenn eine Reederei

25 Southampton (Platz 3), Kopenhagen (Platz 14) und Stockholm (Platz 16)

den Landstromanschluss an ihren Schiffen nur während der kurzen Sommersaison auf der Ostsee nutzen kann, rechnet sich diese Investition nicht. Wenn wiederum aus dem gleichen Grund nur ein geringer Teil der Schiffe, die einen Hafen anlaufen, den dort angebotenen Landstrom nutzen kann, deckt und rechtfertigt das die landseitigen Investitionen und die Kosten für den Betrieb der Anlagen nicht. Für Fährschiffe, die das gesamte Jahr über zwischen den gleichen Häfen verkehren, kann ein solches, regional wirksames Konzept jedoch etabliert werden.

EU-Direktive fordert Aufbau von Landstromversorgung

In der bereits erwähnten European Clean Power Directive fordern EU-Kommission und EU-Parlament die Mitgliedsstaaten u. a. auf, in ihren nationalen Strategierahmen die Potenziale einer Landstromversorgung in ihren Häfen zu untersuchen und ggf. deren Einrichtung voranzutreiben. In der Richtlinie heißt es dazu: „Diese landseitige Stromversorgung wird vorrangig in den Häfen des TEN-V Kernnetzes[26] und in anderen Häfen bis zum 31. Dezember 2025 eingerichtet, es sei denn, dass keine Nachfrage danach besteht und die Kosten im Vergleich zum Nutzen, einschließlich des Nutzens für die Umwelt, unverhältnismäßig sind.“ (EU-Parlament 2014, Art. 4 (5))

Das Bundesumweltministerium kommt in seinem als Reaktion auf die Richtlinie aufgestellten Nationalen Strategierahmen zu dem Schluss, dass „die landseitige Stromerzeugung grundsätzlich als vorteilhaft anzusehen [ist]. Aus betriebswirtschaftlicher Sicht kann allerdings unter den aktuellen Rahmenbedingungen eine Umsetzung nur in wenigen Einzelfällen tatsächlich erfolgen. Zu beachten sind insbesondere die Verfügbarkeit entsprechend großer Strommengen am Standort sowie der ggf. dafür notwendige Netzausbau für die erforderlichen Leistungen.“ (BMVI 2016, S. 59)

Anschließend weist das Ministerium darauf hin, dass für Infrastrukturmaßnahmen in Häfen nicht der Bund, sondern die Länder und der jeweilige Hafenbetreiber zuständig sind. Dementsprechend können nur die Länder Anreizprogramme für den Ausbau der Landstromversorgung in einem Hafen schaffen. Unabhängig davon unterstützt das Bundesumweltministerium, wie bereits erwähnt, einzelne Pilotprojekte wie die Landstromanlage in Hamburg-Altona finanziell (vgl. BMVI 2016, S. 59 f.).

Powerbarges – mobiler Landstrom

Eine Alternative zum normalen Landstrom ist die Stromversorgung der Schiffe mittels einer Powerbarge.[27] Diese kleinen, auf Schwimmpontons montierten Gaskraft-

---

26 Zur Erklärung dieses Begriffs vgl. auch Kap. 14.1.2.

27 auch LNG Hybrid Barges

werke können die Schiffe während der Liegezeiten im Hafen mit Strom versorgen. Das Gas verbrennt wesentlich emissionsärmer als die von den Schiffen verwendeten erdölbasierten Kraftstoffe. Der Vorteil von Landstrom, die Schallemissionen zu verringern, bleibt auch bei der Nutzung einer Powerbarge bestehen.

Pilotprojekt in Hamburg

In Hamburg wird seit dem Jahr 2015 das Pilotprojekt Powerbarge *Hummel* betrieben, die der Schiffszulieferer Becker Marine Systems in Kooperation mit AIDA Cruises entwickelt und gebaut hat. Das Herzstück der Barge ist ein kleines Blockheizkraftwerk, in dem in einer Gasturbine LNG verbrannt wird. Daran sind fünf Generatoren angeschlossen, die die freigesetzte Energie in Strom umwandeln. Die Powerbarge kann eine maximale Leistung von 7,5 Megawatt liefern, was für die Landstromversorgung eines kleinen oder mittelgroßen Kreuzfahrtschiffs ausreicht. Für die Zukunft plant der Hersteller größere Barges mit einer maximalen Leistung von 14 Megawatt. Damit können entweder ein sehr großes oder zwei kleinere Schiffe zugleich versorgt werden (vgl. Becker Marine Systems 2016, o.S.).

Bisher wird die Barge in Hamburg mit LNG aus Erdgas betrieben, es ist aber ein Testbetrieb mit Bio-LNG, d. h. aus Biomasse gewonnenem Flüssiggas, geplant (vgl. Griefahn 2016, S. 2). Dadurch würde die ohnehin relativ emissionsarme Gasturbine in der Barge noch deutlich umweltfreundlicher und weitestgehend klimaneutral arbeiten. Im Vergleich zu einer stationären Landstromanlage kann mit der Powerbarge eine wesentlich höhere Auslastungsrate realisiert werden, da sie auch für die Landstromversorgung anderer Schiffstypen eingesetzt werden kann. Außerhalb der Kreuzfahrtsaison kann die Barge stationär als Kleinkraftwerk genutzt werden. Sie erzeugt dann Strom und Fernwärme, die in die öffentlichen Netze eingespeist werden können.

Das Projekt wurde vom Schiffszulieferer Becker Marine Systems eigenfinanziert, der seitdem als Betreibergesellschaft agiert. Der Hamburger Senat hat das Projekt finanziell und organisatorisch unterstützt. Die Baukosten wurden im Vorfeld mit ca. fünfzehn Mio. € beziffert, letztlich musste das Unternehmen aber etwa drei Mio. € zusätzlich investieren, um die hohen Sicherheitsauflagen der Stadt zu erfüllen. Dazu gehörte die Errichtung eines zusätzlichen Hydranten in der Hafencity. Zudem muss während der Betriebszeiten neben der Barge, die selbst über keinen Antrieb verfügt, permanent ein Schlepper in Bereitschaft gehalten werden, um sie im Brandfall vom Liegeplatz des Kreuzfahrtschiffes wegzuziehen (zu den Risiken von LNG vgl. auch Kap. 14.2.1). Medienberichten zufolge hat das Unternehmen aufgrund dieser und anderer Auflagen und der damit verbundenen Unterhaltskosten von 4.000 € pro Betriebstag zwischenzeitlich in Erwägung gezogen, die Barge aus Hamburg abzuziehen und in einen anderen Hafen mit weniger komplizierten Genehmigungs- und Betriebsvorschriften zu verlegen (vgl. Norddeutscher Rundfunk 2016, o.S.).

Vorteile gegenüber stationären Landstromanlagen

Durch die Nutzung von Powerbarges anstelle von stationären Landstromanlagen können einige der im vorigen Kapitel genannten Probleme von Landstrom gelöst bzw. umgangen werden: Zunächst einmal erfolgt die Versorgung unabhängig von den landseitigen Stromnetzen, sodass diese durch die Stromversorgung der Schiffe nicht zusätzlich belastet werden. Diese Art der Energieversorgung kann folglich auch dort eingerichtet werden, wo eine klassische Landstromversorgung den Ausbau des bestehenden öffentlichen Stromnetzes oder sogar den Bau zusätzlicher Kraftwerke erfordern würde, die anschließend den größten Teil des Jahres nicht benötigt würden.

Darüber hinaus ist eine Landstromversorgung durch die Nutzung von Powerbarges auch in den Regionen ökologisch sinnvoll, in denen sie normalerweise aufgrund der veralteten Kraftwerksinfrastruktur kontraproduktiv wäre, also zum Beispiel in Südeuropa. So kann verhindert werden, dass die Landstromversorgung der Schiffe statt zu einer Emissionsvermeidung vor allem zu einer Emissionsverlagerung in die Kraftwerke an Land führt. Wird eine Powerbarge mit Bio-LNG betrieben, arbeitet diese sogar weitgehend emissionsfrei.

Gleichzeitig sind die Herstellungskosten für Strom aus Erdgas oder Biogas an Bord der Barge niedriger als für den Bezug von landseitig erzeugtem Ökostrom (vgl. Institut für Energiewirtschaft und Rationelle Energieanwendung 2010, S. 1). Durch die vielfältigen Einsatzmöglichkeiten der Barge kann zudem eine bessere Auslastung und somit Rentabilität erreicht werden. Dadurch ist es wesentlich einfacher, die Investitionskosten für den Bau zu refinanzieren, ohne dafür unverhältnismäßig hohe Abgabepreise ansetzen zu müssen.

Auch kann die technische Herausforderung der Stromfrequenzwandlung vermieden werden; folglich ist es nicht notwendig, einen teuren Frequenzwandler anzuschaffen. Für die Verwendung im Bordnetz der Schiffe kann der Strom stattdessen direkt in der benötigten 60-Hertz-Frequenz produziert werden. Soll dieser stattdessen in landseitige Stromnetze eingespeist werden, lässt sich die Stromfrequenz in den Generatoren auf den europäischen 50-Hertz-Standard umstellen (vgl. Becker Marine Systems 2016, o.S.). Zwar zeigt der beispielhafte Vergleich der Investitionssummen für die Powerbarge *Hummel* und die Altonaer Landstromanlage, dass die mobile Lösung im Bau teurer ist, jedoch erscheint diese Investition rentabler und nachhaltiger.

LNG

Im Gegensatz zu Landstrom bietet LNG ein weitaus größeres Nutzungspotenzial: Es kann nicht nur dazu verwendet werden, die Schiffe während der Liegezeiten im Hafen mit Energie zu versorgen, sondern stellt grundsätzlich auch eine interessante, umweltschonende Alternative für den Antrieb der Schiffe während der Fahrt dar.

Nutzung

LNG ist ein Gemisch aus verschiedenen Kohlenwasserstoffen und besteht überwiegend aus Methan. Das verflüssigte Gas wird auf –162 °C heruntergekühlt, den Siedepunkt von Erdgas. Dadurch sinkt das Volumen auf ein Sechshundertstel des Volumens von nicht-komprimiertem Erdgas. Es kann entweder in speziellen Monofuel-Motoren (Otto-Motoren) oder in Dual-fuel-Motoren genutzt werden, die sowohl mit LNG als auch mit Marinediesel betrieben werden können – dies entweder im Wechsel oder mit einem Treibstoffgemisch (vgl. Risc et al. 2015, 6; Moirangthem und Baxter 2016, S. 19).

Die Nutzung von LNG anstelle von Marinediesel bietet verschiedene Vorteile, vor allem unter dem Gesichtspunkt des Umweltschutzes. Bei der Verbrennung von Erdgas werden wesentlich weniger klimaschädliche Treibhausgase emittiert als bei der Verbrennung von erdöl-basierten Kraftstoffen wie Schweröl oder Marinediesel. So reduziert sich der Ausstoß von Stickoxiden (NOx) bei der Verwendung von LNG anstatt von Schweröl oder Marinediesel um 85–90 %. Die Emission von Schwefeloxiden (SOx) und Promethium (PM) kann sogar um 100 % reduziert, d. h. vollständig vermieden werden. Auch der CO^2-Ausstoß verringert sich, allerdings um vergleichsweise geringe 20–30 % (vgl. Griefahn 2016, S. 2; Risc et al. 2015, S. 7).

Bio-LNG

Eine signifikante Verbesserung der CO^2-Bilanz wird nur erreicht, wenn statt fossilem LNG Bio-LNG (auch Biomethan genannt) verwendet wird, welches durch chemische Prozesse aus Bio-Gas oder direkt aus Biomasse gewonnen werden kann.[28]

Bio-LNG kann genauso transportiert, gelagert und verbrannt werden wie das derzeit noch dominierende fossile LNG. Zusätzliche Investitionen seitens der Reedereien oder Häfen sind nicht erforderlich. Problematisch ist, dass es noch kein europäisches Zertifizierungsverfahren für Biogas gibt. Daher ist es bisher nicht erlaubt, in lokalen Bio-Gas-Anlagen erzeugtes Gas in die zentralen LNG-Terminals einzuspeisen. Dies führt dazu, dass nicht ausreichend Bio-LNG verfügbar ist, um den Marktbedarf zu decken, obwohl es in der EU im Jahr 2014 bereits über 300 Biogasanlagen gab (vgl. Moirangthem und Baxter 2016, S. 21).

Risiken und Herausforderungen

Generell ist LNG ein sicherer Brennstoff. Er unterscheidet sich nicht wesentlich von dem Erdgas, das in Privathäusern, Bürogebäuden und öffentlichen Einrichtungen zum Heizen verwendet wird und das Haushalte zum Kochen, Backen oder Grillen nutzen. Dennoch hat Gas als Brennstoff in der öffentlichen Wahrnehmung ein eher schlechtes Image und gilt als gefährlich. Zwar kann wie bei allen Brennstoffen ein

---

28 Für genauere Informationen dazu vgl. Moirangthem und Baxter (2016, S. 21).

gewisses Unfallrisiko nie ganz ausgeschlossen werden, doch bei professioneller Handhabung und Beachtung der Vorsichtsmaßnahmen lässt sich dieses Risiko auf ein Minimum reduzieren.

Erdgas hat eine Zündtemperatur von 537 °C, d. h. erst bei einer Erhitzung des Gases auf diese Temperatur entzündet es sich von selbst, ohne Einwirkung einer Zündquelle. Diesel entflammt hingegen schon bei 250–300 °C von selbst. Der Flammpunkt, also die Mindesttemperatur, bei der ein Stoff ein zündfähiges Dampf-Luftgemisch bilden kann, liegt bei Erdgas mit knapp 55 °C etwas niedriger als bei Marinediesel mit 60 °C (vgl. Risc et al. 2015, S. 16). Dies bedeutet, dass von korrekt gelagertem LNG keine Brandgefahr ausgeht, da die Lagertemperatur von –162 °C weit unterhalb des Flammpunktes und der Zündtemperatur liegt. In dieser Hinsicht ist die Lagerung von Erdgas bzw. LNG folglich sicherer als die von Diesel.

Gefährlich wird es dann, wenn das LNG während der Lagerung oder bei der Verladung/Bebunkerung durch ein Leck oder eine undichte Verbindungsstelle unkontrolliert austritt. In diesem Fall besteht Brand- oder sogar Explosionsgefahr. Zudem kann für Menschen vom ausströmenden LNG eine akute Gesundheitsgefahr ausgehen. Als potenzielle Risiken, ihre Ursachen und präventive Gegenmaßnahmen können genannt werden:

Kyro-Effekte: LNG-Lagertanks sind so konstruiert, dass das LNG normalerweise nicht mit der inneren oder äußeren Hülle in Berührung kommen kann. Kyro-Effekte treten auf, wenn das gekühlte LNG durch einen Unfall unkontrolliert austritt und mit Oberflächen in Kontakt kommt, die nicht für derart niedrige Temperaturen (Kyro-Temperaturen) ausgelegt sind. Dies kann zu Sprödbrüchen des Materials führen. Um das zu verhindern, ist in den internationalen Regeln zur Schiffskonstruktion festgelegt, dass alle Bereiche, in denen das LNG theoretisch austreten kann, den Kyro-Temperaturen standhalten müssen (vgl. Risc et al. 2015, S. 33 f.).

Wenn das Gas kurzfristig oder dauerhaft austritt, besteht zudem Brandgefahr. Dabei ist zu unterscheiden, ob das Gas bei Umgebungsdruck oder unter Druck stehend gelagert wird. Es gibt verschiedene Arten von Gasbränden:

Lachenbrand: Wenn das verdampfende Gas aus einer LNG-Lache durch eine Zündquelle in Brand gesetzt wird, brennt die Lache unter hoher Wärmeentwicklung ab (vgl. Risc et al. 2015, S. 31).

Rückschlagsbrand: Dieser entsteht, wenn die Dämpfe mit dem Wind zu einer Zündquelle treiben und sich dort entzünden. Sofern die Gaskonzentration in der Luft zwischen der unteren und oberen Explosionsgrenze liegt, breitet sich das Feuer innerhalb der Dampfwolke aus. Dies wird als Rückschlagsbrand bezeichnet, da das Feuer zur Quelle zurückschlägt, also zur LNG-Lache oder dem Austrittspunkt (vgl. Risc et al. 2015, S. 32). Wird das LNG unter Umgebungsdruck gelagert, brennt anschließend nur das austretende Gas an der Austrittsquelle ab, das Feuer dringt aber nicht in den Tank bzw. die Leitung ein.

Strahlbrand: Wird das LNG unter erhöhtem Druck gelagert, kann ein Rückschlagsbrand in einen Strahlbrand übergehen: Bedingt durch den Überdruck tritt das Gas mit hoher Geschwindigkeit aus. Durch die Entzündung entsteht ein großer Feuerstrahl mit einer sehr hohen Wärmeintensität. Sind die umliegenden Tanks und Rohre nicht ausreichend isoliert, können diese schmelzen, was eine weitere Eskalation der Situation zur Folge hat (vgl. Risc et al. 2015, S. 32).

BLEVE: Kommt es an einem unter Druck stehenden LNG-Tank zu einem Strahlbrand und ist der Tank zudem nicht ausreichend isoliert, kann in der Folge eine sogenannte BLEVE entstehen. BLEVE steht für Boiling Liquid Expanding Vapour Explosion, d. h. eine Dampfexplosion einer expandierenden siedenden Flüssigkeit. Zerstört die Hitze des Brandes oder eine mechanische Stoßbelastung die Hülle des Tankmantels, wird eine riesige Dampfwolke freigesetzt und der Druck im Inneren des Tanks fällt schlagartig ab. Dieser Druckabfall und die Entzündung der Gaswolke führen zu einer Explosion, der BLEVE, die sich oft als Feuerball ausbreitet. Dieses Risiko besteht vor allem dann, wenn statt eines doppelwandigen, nur ein einwandiger Tank verwendet und das LNG unter erhöhtem Druck gelagert wird (vgl. Risc et al. 2015, S. 33).

Schneller Phasenübergang: Wird das LNG auf Wasser freigesetzt, kann neben den zuvor erläuterten Effekten ein sogenannter schneller Phasenübergang (Rapid Phase Transition; RPT) eintreten. Vereinfacht gesagt handelt es sich dabei um eine kleine Explosion, die durch den Kontakt von siedendem LNG mit warmem Wasser ausgelöst wird. Bei dieser Explosion entsteht jedoch keine große Druckwelle, sodass für Mensch und Material in der Regel keine Gefahr besteht (vgl. Risc et al. 2015, S. 31 ff.).

Explosion: Bei einem unkontrollierten Austritt von LNG bildet sich rasch eine brennbare Dampfwolke. Befindet sich diese Wolke in einem geschlossenen Raum oder Gefäß und erfolgt die Entzündung mit Verzögerung, breiten sich die Flammen so schnell aus, dass es zu einer Explosion kommt (vgl. Risc et al. 2015, S. 32).

Um den Austritt von LNG zu verhindern und damit das Brand- und Explosionsrisiko zu minimieren, verlangen die Sicherheitsbestimmungen besondere vorbeugende Sicherheitsmaßnahmen, etwa Rohre mit doppelten Wänden und Gasmeldesysteme in den Maschinenräumen.

Gesundheitliche Risiken bei Kontakt mit LNG: Neben den zuvor beschriebenen Risiken kann unkontrolliert ausströmendes LNG für Menschen akut gesundheits- oder sogar lebensgefährlich werden. Grundsätzlich ist das Gas nicht giftig, aber das enthaltene Methan kann bei einer Freisetzung den Sauerstoff der Luft verdrängen. Tritt dies in geschlossenen Räumen auf, führt es bei Menschen zu einem langsamen Ersticken. Kommt der menschliche Körper mit dem kalten Gas in Berührung, können Erfrierungen an den betroffenen Körperteilen auftreten. Zudem droht eine Hypothermie (Unterkühlung) des ganzen Körpers. Wird Kryo-Gas eingeatmet, können die Atemwege, auch die Lunge, Erfrierungen erleiden (vgl. Risc et al. 2015, S. 66).

Weitere Herausforderungen bei der Nutzung von LNG: Zu den Herausforderungen bei der Nutzung von LNG gehört, dass die permanente Kühlung auf –162 °C gewährleistet sein muss, da das Gas ansonsten verdampfen und sich ausdehnen würde. Diese Kühlung bedarf viel Energie. Soll das Schiff auch unterwegs mit LNG angetrieben werden, gibt es ein weiteres Problem: Die (volumetrische) Energiedichte von LNG ist 40 % niedriger als die von Diesel. Dementsprechend ist der Verbrauch, gemessen am Volumen deutlich höher, sodass für die Lagerung mehr Platz benötigt wird. Wird das Gas in flüssiger Form als LNG gelagert, ist der Platzbedarf für die Tanks doppelt so groß. Soll das Gas als CNG (Compressed Natural Gas) gelagert werden, erfordert die Lagerung sogar bis zu fünf Mal so viel Raum wie Diesel (vgl. Moirangthem und Baxter 2016, S. 19 f.).

Kosten

Die Kosten für den Einbau einer Gasturbine oder eines Dual-fuel Motors, die LNG-Tanks, die speziellen Rohre usw. erhöhen die Baukosten der Schiffe erheblich. In einer von der EU-Kommission in Auftrag gegebenen Studie heißt es dazu, dass die Gesamtbaukosten für ein neues Schiff um bis zu 30 % steigen können, wenn statt eines konventionellen Motors ein LNG-Antrieb eingebaut wird. Diese Berechnung bezieht sich allerdings auf Containerschiffe. Bei Kreuzfahrtschiffen ist davon auszugehen, dass die Preissteigerung aufgrund der sehr hohen Kosten für die Schiffsausstattung prozentual geringer ausfällt. Dennoch ist die Kostensteigerung auch hier signifikant (vgl. Moirangthem und Baxter 2016, S. 19 f.). Die Nachrüstung eines LNG-Antriebs bei einem bestehenden Schiff nimmt einen Zeitraum von mehreren Monaten in Anspruch, währenddessen das Schiff außer Dienst gestellt werden muss. Die daraus resultierenden wirtschaftlichen Verluste erhöhen die Kosten eines Einbaus nochmals.

Gleichzeitig senkt ein LNG-Antrieb die Betriebskosten, da das Gas günstiger ist als andere schwefelarme Kraftstoffe. Zudem benötigen LNG-Motoren keine aufwendige Abgasreinigung, etwa durch sogenannte Scrubber. Abhängig vom Kraftstoffpreis werden sich die Mehrkosten für den Einbau von LNG-Motoren daher zumindest mittelfristig amortisieren (vgl. BMVI 2016, S. 10).

Eine Nachrüstung auf einen LNG-Antrieb erfordert erhebliche Umbauten. Dies gestaltet sich bei bereits im Markt befindlichen Kreuzfahrtschiffen als problematisch, da der vorhandene Raum mit Bordeinrichtungen wie etwa Kabinen komplett ausgebaut ist. Damit ist eine Umrüstung wirtschaftlich selten rentabel (vgl. Moirangthem und Baxter 2016, S. 20).

Norwegen ist Vorreiter bei LNG

Vorreiter in der Nutzung und Erprobung der LNG-Technologie ist Norwegen, sowohl bei LNG-betriebenen Schiffen als auch bei der Versorgungsinfrastruktur in den Häfen. Das hat im Wesentlichen drei Gründe: Erdgas ist dort schnell und einfach verfügbar, die Industrie ist sehr aufgeschlossen gegenüber neuen und innovativen Lösungen und der Staat bietet eine umfangreiche finanzielle Unterstützung

(Norwegian NOx Fund). Mit dem NOx Fund werden Unternehmen unterstützt, die Maßnahmen zur Reduzierung der Stickoxid-Emissionen (NOx) ergreifen. Diese finanzielle Unterstützung beschleunigte die Entwicklung und Erprobung der LNG-Technologie erheblich. Dadurch hat sich die Rentabilität von LNG auch in anderen Teilen der Welt deutlich verbessert (vgl. Moirangthem und Baxter 2016, S. 20 f.).

Handlungsbedarf in den Häfen

Eine im Auftrag der EU-Kommission erstellte Studie aus dem Jahr 2016 kommt zu dem Ergebnis, dass LNG in den nächsten fünf bis zehn Jahren massiv an Bedeutung gewinnen und zunächst auf relativ kleinen Schiffen Einzug halten wird. Auch werden demnach 15–20 % aller zwischen 2012 und 2020 gebauten Schiffe (unabhängig vom Schiffstyp) mit LNG-fähigen Motoren ausgestattet sein (vgl. Moirangthem und Baxter 2016, S. 21).

Der Trend hin zu LNG-betriebenen Schiffen zeichnet sich ab, obwohl die Eigner von Containerschiffen aufgrund der weltweiten Schifffahrtskrise langfristig ausgelegten Investitionen eher ablehnend gegenüberstehen. Daher kann davon ausgegangen werden, dass die Kreuzschifffahrt auf diesem Gebiet noch stärker als bisher eine Pionierrolle einnehmen wird.

Damit dies gelingt, muss die landseitige Infrastruktur für die Versorgung mit LNG weiter ausgebaut werden. Verteilt auf Europa existieren bereits einige große LNG-Import-Terminals, vor allem in Norwegen, den Niederlanden, Großbritannien, Belgien, Schweden und Dänemark. Manche dieser Anlagen verfügen auch über Export-Vorrichtungen oder es ist zumindest eine entsprechende Nachrüstung geplant. Dies ist auch notwendig, um ein flächendeckendes Netz von kleinen LNG-Tankstationen aufbauen zu können (vgl. Moirangthem und Baxter 2016, S. 21).

Bebunkerungskonzepte

Nachdem deutlich wurde, welche Häfen für eine LNG-Versorgung ausgerüstet werden sollen, stellt sich die Frage, wie die Betankung der Schiffe erfolgen soll. Dafür gibt es im Wesentlichen drei unterschiedliche Bebunkerungskonzepte:
1. Truck-to-Ship
2. Ship-to-Ship
3. Shore-to-Ship/Pipeline-to-Ship

Truck-to-Ship: Bei dieser Methode wird das zu bebunkernde Schiff per LKW mit LNG versorgt. Dies ist eine Art Einstiegsvariante, die zum Einsatz kommt, wenn keine andere Möglichkeit zur Bebunkerung der Schiffe vorhanden ist. Diese Variante wird seit Mai 2016 in Hamburg erfolgreich praktiziert. Dort wird die einmal wöchentlich im Hafen anlaufende AIDAprima während der Liegezeiten von einem LKW aus mit LNG versorgt. Allerdings dient dies nur dem Antrieb während der Hafenliegezeiten.

Die Vorteile der Truck-to-Ship-Bebunkerung sind die niedrigen Investitionskosten, die maximale räumliche Flexibilität und die einfache Logistik. Nachteile sind die geringe Tankkapazität – es werden mehrere Tankwagen benötigt, um ein großes Schiff zu betanken – und die hohen Transportkosten (vgl. BMVI 2016, S. 53).

Ship-to-Ship: Hierbei erfolgt die Versorgung mit LNG mittels eines LNG-Bunkerschiffs. Dies ist nicht zu verwechseln mit einer Powerbarge, bei der innerhalb der Barge LNG verbrannt und daraus Strom erzeugt wird. Das erste europäische Bunkerschiff *Seagas* wurde 2013 in Stockholm in Betrieb genommen. Es wird dort für die Betankung der Viking Grace verwendet. Auch in Rotterdam und Zeebrugge sind inzwischen solche Bunkerschiffe im Einsatz (vgl. BMVI 2016, S. 53).

Ebenso wie die Truck-to-Ship-Methode gewährt auch diese Lösung eine große räumliche Flexibilität. Zudem ist es u. U. möglich, die Betankung des Schiffs mit der Frischwasser-Versorgung und der Abwasser-Entsorgung zu kombinieren. Allerdings muss zunächst in die Anschaffung der Bunkerbarge investiert werden (vgl. Norddeutscher Rundfunk 2016, o.S.). Diese Kosten sind in Hamburg aufgrund der strengen deutschen Sicherheitsbestimmungen höher als im europäischen Ausland.

Shore-to-Ship/Pipeline-to-Ship: Bei dieser Methode wird das Schiff über einen Direktzugang zu einem LNG-Tank bzw. einer Pipeline betankt. Solche stationären Bunkerstationen existieren bereits in mehreren europäischen Seehäfen, z. B. in Risavika/Stavanger. In Deutschland wurden bisher noch keine solchen Anlagen errichtet, obwohl es immer wieder entsprechende Pläne für verschiedene Häfen gibt.

Die Vorteile der Direktbetankung sind die große (bei einer Pipelineverbindung theoretisch nahezu unbegrenzte) Tankkapazität und die hohe Durchflussrate, welche die Bebunkerung beschleunigt. Bei der Anlage in Stavanger werden bis zu 300 m^3/Std. realisiert. Allerdings hat diese Methode vor allem im Kreuzfahrtgeschäft zwei wesentliche Nachteile. Zunächst die mangelnde Flexibilität: Da die Schiffe während der Liegezeiten nicht ihren Liegeplatz verlassen und zur Tankstelle fahren können, muss für jeden anzubindenden Schiffsliegeplatz ein eigener fester Zugang gelegt werden. Dies verstärkt zusätzlich den zweiten Nachteil: Die ohnehin schon sehr hohen Investitionskosten (vgl. BMVI 2016, S. 54).

Nach Einschätzung von Branchenexperten ist die Errichtung von stationären Anlagen (Shore-to-Ship) in Deutschland aktuell nicht wirtschaftlich. Dies gilt für alle Formen der See- und Binnenschifffahrt, für Kreuzfahrtschiffe umso mehr. Für kleinere Schiffe ist die Truck-to-Ship-Versorgung die wirtschaftlichste Variante, für größere Schiffe bietet sich die Ship-to-Ship-Betankung an (vgl. BMVI 2016, S. 54 f.).

Wasserstoff

Eine weitere mögliche Alternative für die Stromversorgung von im Hafen liegenden Schiffen und auch für den Antrieb der Schiffsmotoren ist die Verbrennung von Wasserstoff. Prinzipiell kann Wasserstoff in herkömmlichen Verbrennungsmotoren verbrannt werden. Meist werden jedoch Brennstoffzellen verwendet, in denen die Umwandlung chemischer Energie in Elektrizität erfolgt. Der so erzeugte Strom treibt anschließend einen Elektromotor an oder wird in das Bordnetz des Schiffes eingespeist. Unter Zuhilfenahme eines Reformers, d. h. einer Art Katalysator, lassen sich solche Brennstoffzellen auch mit anderen Kraftstoffen wie Erdgas oder Methanol betreiben (vgl. Moirangthem und Baxter 2016, S. 24 f.).

Grundsätzlich stellt Wasserstoff einen umweltfreundlichen Alternativkraftstoff für die Schifffahrt dar, sowohl für die Energieversorgung im Hafen als auch – auf längere Sicht – für den Antrieb der Schiffe. Der Wasserstoffantrieb ist der umweltfreundlichste aller bisher bekannten Antriebsarten, da Wasserstoff gänzlich emissionsfrei verbrennt. So kann nicht nur der Ausstoß von Schadstoffen wie Stick- und Schwefeloxiden sowie Feinstaub (PM) auf null reduziert werden, sondern es werden bei der Verbrennung auch keine anderen Treibhausgase wie CO^2 emittiert.

Derzeit laufen mehrere Pilotprojekte, bei denen Brennstoffzellen-Antriebe für kleinere Passagier- und Handelsschiffe getestet werden. Dazu gehört die Barkasse *FCS Alsterwasser* mit einer Kapazität von 100 Passagieren, die seit August 2008 in Hamburg für Alsterrundfahrten im Einsatz ist. Die ersten Erfahrungen mit diesem System sind positiv. Dennoch wird noch weitere Forschungs- und Entwicklungsarbeit notwendig sein, bevor Brennstoffzellen im Bereich der Schiffsantriebe Marktreife erlangen und möglicherweise auch für große Schiffe einsetzbar werden.

Abgesehen von der derzeit noch unzureichenden Erfahrung steht dem Einsatz von Wasserstoff als Schiffsbrennstoff ein viel größeres Hindernis im Weg: Das Hauptproblem von Wasserstoff ähnelt dem von LNG. Die volumetrische Energiedichte von Wasserstoff ist sehr gering. Im gasförmigen Zustand benötigt komprimierter Wasserstoff für die Lagerung eine sechs bis sieben Mal höhere Raumkapazität als Schweröl. Es wird geschätzt, dass die Tanks abhängig vom Gasdruck etwa zehn bis fünfzehn Mal so groß sein müssen wie bei der Verwendung von konventionellen Schweröl-Motoren.

Flüssiger Wasserstoff hat zwar ein kleineres Volumen, muss für die Lagerung allerdings permanent auf –253 °C oder 20K gekühlt werden. Dies führt zu hohen Energieverlusten für die Kühlung und erfordert zudem gut isolierte Tanks.

Ein weiteres Problem bei Wasserstoff ist die geringe Energieeffizienz. Die gängigste Methode, Wasserstoff herzustellen, ist Wasser mittels Elektrolyse in Wasserstoff und Sauerstoff aufzuspalten. Die Effizienz beträgt dabei nur rund 65 %. Zusätzlich muss selbst bei modernen Brennstoffzellen immer noch mit Energieverlusten von mindestens 30–35 % gerechnet werden (vgl. Moirangthem und Baxter 2016, S. 25). Daraus folgt, dass am Ende dieses Prozesses nur noch ca. 45 % der ursprünglich investierten elektrischen Energie übrig bleibt. Werden stattdessen Akkus aufgeladen und verwendet, beträgt der Energieverlust nur ca. 5–10 %.

Die hohen Kosten für die Brennstoffzellen und den Wasserstoff in Kombination mit den Herausforderungen in Bezug auf Lagerung und Sicherheit machen Wasserstoffantriebe für die Schifffahrt generell unattraktiv. Die Studie der EU-Kommission kommt daher zu dem Schluss, dass Wasserstoff als Antrieb in der internationalen Seeschifffahrt in den nächsten zehn bis zwanzig Jahren keine große Bedeutung zukommen wird (vgl. Moirangthem und Baxter 2016, S. 25).

14.2.2 Soziale Nachhaltigkeit – Overcrowding

Ist eine Destination massiven Touristenströmen ausgesetzt, kann dies zu erheblichen Problemen führen. Dies betrifft vor allem die Umwelt, die Verkehrsbelastung auf den Zufahrtsstraßen und in der Stadt sowie kulturhistorische Stätten von besonderer Anziehungskraft. Früher oder später tritt die Frage nach der Tragfähigkeit der Destination bzw. einzelner Attraktionen vor Ort auf: Da die meisten Städte keine reinen Kreuzfahrtdestinationen sind, sondern Reiseziele für verschiedene Urlaubertypen darstellen, ist dies ein Aspekt, mit der sich die örtlichen DMO's, die Hafenverwaltungen und ggf. auch die Kommunen auseinandersetzen müssen. Eine wesentliche Fragestellung ist, wie viele Touristen die Stadt verträgt und welche negativen Folgen zu erwarten sind, wenn die Grenze der Tragfähigkeit überschritten wird. Die Auswirkungen können unterschiedlicher Art sein, stehen aber oftmals in unmittelbarem Zusammenhang:

- Durch die Besuchermassen können Destinationen ihre Authentizität und ihren touristischen Reiz verlieren oder es droht eine Überfremdung sowie ein Verlust der lokalen Identität (vgl. Parodi et al. 2010, S. 246).
- Durch die Vielzahl an Touristen entstehen für die Einheimischen Unannehmlichkeiten oder gar Einschränkungen bei der Teilhabe am öffentlichen Leben (z. B. Verkehrskollaps). Im Ergebnis kann dadurch unter den Bewohnern der Stadt eine generelle Abneigung gegenüber Touristen und gegenüber allen, die sich für den Tourismus vor Ort engagieren, entstehen, wie es in Barcelona der Fall ist. Dies belastet die allgemeine Stimmung in der Stadt und senkt die Lebensqualität der Bewohner.
- Der Massentourismus kann Auswirkungen auf das Preisniveau von Gütern, Dienstleistungen und Immobilien vor Ort und damit auf die einheimische Bevölkerung haben (vgl. Parodi et al. 2010, S. 247).
- Durch die zunehmenden Besuchermassen kann sich ein „unerwünschter" Tourismus entwickeln: So geschehen in der Partydestination Palma de Mallorca, deren örtliche DMO seit Jahren bemüht ist, dieses Imageproblem zu überwinden. Als mögliche Folge bleiben die Touristen der Stadt fern, was mit erheblichen Einbußen für die lokale Wirtschaft verbunden ist.
- Das erhöhte Verkehrsaufkommen und die damit einhergehenden Emissionen und der zunehmende Lärm führen zu einer Beeinträchtigung der Lebensqualität der Einwohner, wie beispielsweise in Venedig (vgl. Parodi et al. 2010, S. 246 f.).
- Darüber hinaus besteht die Gefahr der Verdrängung der einheimischen Bevölkerung, wie sie zum Beispiel auf Sylt seit Langem zu beobachten ist (auch wenn sie hier nicht dem Kreuzfahrttourismus anzulasten ist).

Diese potenziellen negativen Auswirkungen stellen ein generelles Problem des Massentourismus dar und sind per se nicht spezifisch für Kreuzfahrten. Einige o.g. Auswirkungen treten jedoch in Destinationen mit einem hohen Anteil an Kreuzfahrtpassagieren auf.

Prinzipiell verstärkt sich die Problematik durch das gleichzeitige Aufeinandertreffen von verschiedenen Urlaubertypen, wie beispielsweise Städtereisenden, Kulturtouristen und Kreuzfahrtgästen vor Ort. Die Nachfrage der unterschiedlichen Zielgruppen nach Sehenswürdigkeiten zum selben Zeitpunkt führt dann zu Engpässen in der jeweiligen Attraktion vor Ort.

Die Implementierung von Besucherlenkungssystemen kann hier ein Lösungsansatz sein. Häufig konzentrieren sich Besucherströme nur auf einzelne bzw. wenige Attraktionen innerhalb einer Stadt. Kernprobleme eines zu hohen Besucheraufkommens sind der daraus resultierende Verkehr (u. a. An- und Abreise der Besucher) sowie die räumliche und zeitliche Konzentration. Folglich muss versucht werden, nur noch eine bestimmte, für die Attraktion verträgliche Anzahl an Besuchern (gleichzeitig) zuzulassen. Den übrigen muss der Zugang entweder verwehrt bzw. diese müssen umgelenkt werden.

Nach Deibler in Steinecke (2007, S. 49) umfasst die Besucherlenkung alle Maßnahmen zur Beeinflussung von Besuchern in Bezug auf ihre räumliche und quantitative Verteilung sowie ihre Verhaltensweisen.

Besucherlenkende Maßnahmen werden in direkte und indirekte Maßnahmen unterschieden: Direkte Maßnahmen wie Besucherzahllimitierungen oder Ge- und Verbote beschränken die Entscheidungsfreiheit der Besucher. Indirekte Maßnahmen, wie die Schaffung von attraktiven Infrastrukturangeboten lenken das Verhalten unbewusst. Direkte Maßnahmen sollten nur dann erfolgen, wenn indirekte Maßnahmen ohne Erfolgsaussicht sind, insgesamt der Besucherdruck zu groß ist oder eine akute Gefahr für die Attraktionen besteht. Sie wirken oftmals kurzzeitig, bedürfen auf Grund ihres einschränkenden Charakters jedoch eines hohen Rechtfertigungsaufwands. Mit indirekten Maßnahmen wird das Verhalten der Besucher langfristig beeinflusst (vgl. Wolf 2013, S. 195).

Auch die Verlängerung der Saison, wie im Ostseeraum in den vergangenen zwei Jahrzehnten sukzessive erfolgt, stellt eine geeignete Maßnahme dar. Vordergründiges Ziel einer solchen Ausdehnung ist zwar die Erhöhung von Anläufen und Passagierzahlen, sie kann jedoch im Idealfall zu einer gleichmäßigeren zeitlichen Verteilung der Besucherströme führen.

Bei einem zu hohen Verkehrsaufkommen mit regelmäßigem Verkehrskollaps, wie etwa in Rom, kann durch den (weiteren) Ausbau des öffentlichen Nahverkehrs Abhilfe geschaffen werden.

Von einer Überlastung durch eine zu hohe Anzahl an Touristen sind am ehesten Häfen mit einer hohen Turnaround-Quote wie Kiel und Hamburg betroffen. Da die meisten Reedereien ihre Reisewechsel am Wochenende durchführen, ist an diesen Tagen die Auslastung der Anlagen und die Zahl der Passagiere in der Stadt sehr hoch (zusätzlich zu den Städtereisenden, Kurzurlaubern etc.). In den Tagen von Montag bis Donnerstag ist die Nachfrage dagegen sehr gering und die Anlagen bleiben oft ungenutzt (vgl. Heinisch 2015).

Da in Warnemünde der Anteil der Stopover-Anläufe deutlich höher liegt als in den anderen Häfen, verteilen sich die Anläufe hier etwas gleichmäßiger über die Wochentage. Daher sind Overcrowding-Effekte nur an den seltenen Tagen mit drei gleichzeitigen Kreuzfahrtschiffsanläufen zu beobachten. Dennoch sehen Martin und Boekhoff (2015) mit den derzeit knapp 200 Anläufen pro Jahr die maximale Kapazität des Seebades erreicht.

14.3 Megatrend Demografischer Wandel

Der demografische Wandel und die damit einhergehenden Veränderungen in der Altersstruktur zeichnen sich durch ein signifikantes Wachstum und eine zunehmende Reiseintensität bei der älteren Generation aus. Die durchschnittliche Lebenserwartung steigt weiter an. Die Reisegewöhnung dieser Generation, ihr gesichertes Einkommen und die ausreichend zur Verfügung stehende Zeit bewirken ein hohes Maß an Reiselust, Mobilität und Konsumbereitschaft. Zugleich nehmen Dienstleistungsansprüche und Erwartungen im Alter zu (vgl. Zukunftsinstitut GmbH 2016b, o.S.; Forschungsgemeinschaft Urlaub und Reisen e.V. 2007).

Der Kreuzfahrtmarkt ist trotz zunehmender Verjüngung im Zeitverlauf noch immer stark von älteren Passagieren geprägt. Das Durchschnittsalter der deutschen Kreuzfahrtpassagiere lag 2016 bei 49,1 Jahren (vgl. CLIA Deutschland und DRV 2017).

Für die Häfen bzw. deren Terminals bedeutet dies eine vermehrte Konzentration auf „High Convenience" und Service, und damit verbunden, einen weiteren Ausbau der Infrastruktur. Je mehr Service und Unterstützung die Reisenden in Anspruch nehmen können, desto zufriedener sind diese. Der Kunde möchte so individuell wie möglich behandelt werden (vgl. Zukunftsinstitut GmbH 2016a, o.S.).

14.4 Megatrend Individualisierung

Der Megatrend der Individualisierung führt zu einer Ausdifferenzierung von Lebenskonzepten, Karrieren und Marktnischen. Die Individualisierung der Gesellschaft und die damit verbundenen steigenden Lebensoptionen und Wahlmöglichkeiten des Einzelnen spiegeln sich in immer stärker differenzierten Kundenwünschen, dem Verlangen nach multioptionalen Angeboten und der steigenden Erlebnisorientierung wider. Zunehmend werden einfache Reisemotive und einzelne Urlaubsaktivitäten durch komplexe Motiv- und Aktivitätsbündel ersetzt (vgl. Forschungsgemeinschaft Urlaub und Reisen e.V. 2007). „Auf ökonomischer Ebene geht der Trend zur Individualisierung mit einer zunehmenden Ausdifferenzierung der Märkte einher, an deren Ende das personalisierte Produkt [...] steht." (Zukunftsinstitut GmbH 2016a, o.S.)

14.4.1 Themenkreuzfahrten

Die Urlaubsplanung findet immer häufiger differenziert nach Lebenssituation, Geschlecht, Themeninteresse u.ä. statt. Bei Themenkreuzfahrten bieten sich den Reedereien im Wesentlichen zwei Möglichkeiten, den Markt zu segmentieren: entweder nach sozio-demografischen Merkmalen oder nach Interessen der Urlauber. Zur ersten Gruppe gehören beispielsweise Kreuzfahrten für Singles oder für die Zielgruppe der LGBT (Lesben, Schwule, Bisexuelle und Transgender). Darüber hinaus liegen Mehrgenerationen-Kreuzfahrten im Trend, bei denen folglich die Wünsche und Bedürfnisse aller Altersgruppe, d. h. vom Kleinkind bis zu den Großeltern im Mittelpunkt stehen (vgl. DRV 2015, o.S.). In die zweite Kategorie fallen alle Themenkreuzfahrten, die sich explizit an Urlauber mit einem bestimmten Hobby oder Interesse richten, also z. B. Golfkreuzfahrten oder Heavy-Metal-Cruises (vgl. Ahrens 2007). Abb. 14.1 zeigt die beiden Ansätze für die Marktsegmentierung und inwiefern sie Profilierungspotenziale für die Häfen eines Zielgebietes bieten.

Themenkreuzfahrten, die eine bestimmte sozio-demografische Zielgruppe ansprechen sollen, bieten einzelnen Häfen oder Hafenverbänden in der Regel nur geringe Möglichkeiten, sich als besonders geeignet zu positionieren. Hier ist eher der umgekehrte Fall denkbar, dass ein Hafen oder Fahrtgebiet als gänzlich unge-

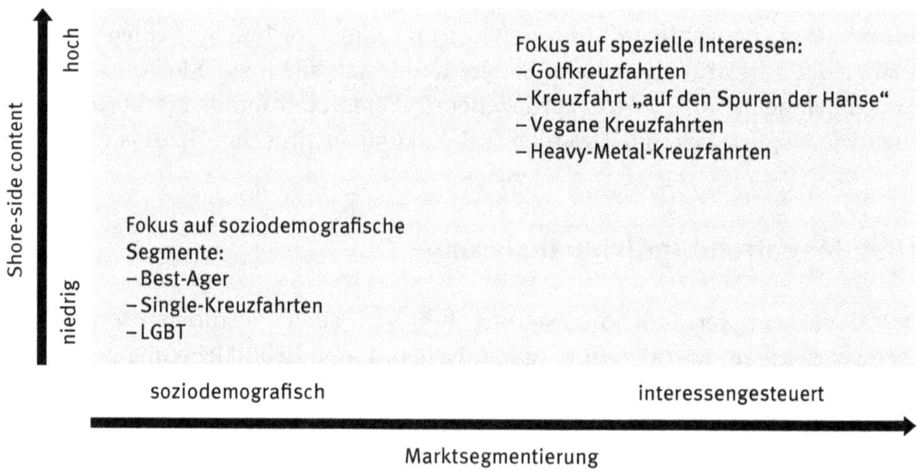

Abb. 14.1: Ansätze zur Marktsegmentierung bei Themenkreuzfahrten (Quelle: Eigene Darstellung in Anlehnung an Ahrens 2007).

eignet für diese Art von Reisen angesehen wird. So sind beispielweise LGBT-Kreuzfahrten im Arabischen Golf als problematisch anzusehen.

Die zweite Art von Themenkreuzfahrten bietet hingegen in Abhängigkeit von der Thematik deutlich mehr Anknüpfungspunkte für die Häfen. Beispielsweise kann eine Region mit einer Vielzahl an Golfplätzen sich als Zielgebiet für Golfkreuzfahrten etablieren. Mit solchen Nischensegmenten können sich die Häfen eines Fahrtgebietes neue Zielgruppen erschließen. Wenn eine innovative Themenidee erfolgreich ist, wird sie relativ rasch auch von anderen Reedereien adaptiert; diese bieten dann ein ähnliches oder leicht abgewandeltes Me-too-Produkt an. Hat sich ein bestimmtes Fahrtgebiet zu diesem Zeitpunkt bereits bewährt, ist die Wahrscheinlichkeit hoch, dass weitere Reedereien ihre Kreuzfahrten zu diesem Thema auch in diesem Revier durchführen. Besonders gut eignen sich Themen, die in der spezifischen Geschichte, Kultur oder Natur eines Fahrtgebiets verwurzelt sind. Diese Themen bilden folglich ein Alleinstellungsmerkmal dieser Region, d. h. die entsprechenden Themenreisen können nur dort durchgeführt werden.

Anhand der Golfkreuzfahrten ist ersichtlich, dass diese Entwicklungsstrategie nicht von einem einzelnen Hafen im Alleingang verfolgt werden kann. Sie eignet sich für Hafenkooperationen wie z. B. Cruise Baltic. So können einzelne Destinationen oder Hafenverbände Ideen zu thematischen Reisen entwickeln, die es in dieser Form noch nicht im Markt gibt, um sich so eine gute Wettbewerbsposition zu verschaffen. Für die Destinationen bzw. Häfen bedeutet dies, dass sie den Reedereien nicht mehr nur das Produkt Kreuzfahrthafen anbieten können, sondern eine komplette Reiselösung.

Ahrens (2007) schlägt vor, dass die Häfen und Hafenkooperationen statt *Produkten* (also einem Kreuzfahrthafen) *Lösungen* verkaufen sollten, d. h. ausgearbeitete thematische Routen. So können die DMOs direkt mit den Endkunden in Kontakt treten und dort eine entsprechende Nachfrage nach Kreuzfahrten in dieser Region erzeugen.

Die Geschichte des Ostseeraumes bietet einige Ansatzpunkte für die Entwicklung von Themenkreuzfahrten, allen voran die Hansezeit, von deren wirtschaftlichem Aufschwung viele Anrainerdestinationen bis heute profitieren. Ein weiterer möglicher Ansatz sind die vielfältigen Landschafts- und Küstenformen im Baltikum und in Skandinavien: die norwegischen Fjorde, die Schären entlang der schwedischen Küsten, die Kurische Nehrung und die Haffküste zwischen Danzig und Klaipėda. Darüber hinaus bieten sich ebenso die Kreidefelsen von Rügen und der Fehmarnbelt an.

Auch eignen sich kulturelle Feierlichkeiten für die Vermarktung in Form von Themenkreuzfahrten. So gibt es auf der Ostsee bereits Kreuzfahrten zur Mittsommernacht in Skandinavien oder Kreuzfahrten zu den bekannten deutschen oder skandinavischen Weihnachtsmärkten in der Vorweihnachtszeit, wie sie etwa von der norwegisch-britischen Reederei Fred. Olsen Cruise Lines angeboten werden (vgl. Fred. Olsen Cruise Lines 2017).

Auch die steigende Nachfrage nach Luxusreisen, verknüpft beispielsweise mit dem Thema Kulinarik, spielt eine zunehmende Rolle in der Kreuzfahrtindustrie (vgl. DRV 2015, o.S.). Neben den Reisen mit Gourmetköchen oder Sommeliers[29], finden Häfen bzw. Destinationen insofern Berücksichtigung, indem landes- bzw. regionsspezifische Spezialitäten vor Ort eingebunden werden (vgl. DRV 2015, o.S.).

14.4.2 Zunahme der Kapazitäten

Laut CLIA und DRV werden die Anzahl der Schiffe und deren Kapazitäten steigen. Im Jahr 2016 sollen 27 neue Hochsee-, Fluss- und Spezialkreuzfahrtschiffe in den Kreuzfahrtmarkt hinzukommen (DRV 2015, o.S.). Demzufolge müssen nach Heinisch (2015), Martin und Boekhoff (2015) die Häfen für größere Schiffe und mehr Passagiere ausgerüstet werden. Laut Mucha (2015) hängt das Marktpotenzial größerer Schiffe von der jeweiligen Reederei ab. Die Fahrten müssen einen gewissen Auslastungsgrad aufweisen, um wirtschaftlich rentabel zu sein: Internationale Reedereien wie Costa Crociere oder MSC Cruises haben verschiedene Quellmärkte, daher können sie auch größere Kapazitäten auslasten. Gibt es in einem Quellmarkt Absatzprobleme, können diese über andere Quellmärkte ausgeglichen werden. Für Marken, die sich nur auf einen nationalen Markt fokussieren, ist es generell schwieriger, größere Schiffskapazitäten auszulasten.

14.4.3 „Destination Schiff“

Dienten Kreuzfahrtschiffe früher als Transportmittel, um zu einem gewünschten Ziel zu gelangen, stellen sie heute für zahlreiche Passagiere das eigentliche Ziel der Reise dar (vgl. DRV 2015, o.S.). Untersuchungen zeigen, dass im internationalen Markt Passagiere immer häufiger das Schiff und weniger die angelaufenen Häfen als Destination ihrer Reise ansehen und das Schiff bei den Anläufen gar nicht mehr verlassen (vgl. Kasszian 2015, S. 60 ff.). Dies hängt mit der Ausstattung an Bord zusammen: Die Schiffe bieten den Passagieren besondere Erlebnisse und Annehmlichkeiten an Bord – „von Broadway-Produktionen und Designer-Geschäften bis hin zu besonderen Wasserrutschen und Autoscootern“ (DRV 2015, o.S.). Für den deutschen Markt liegen diesbezüglich keine Erkenntnisse vor.

Für die vier hier analysierten Häfen wird diese Entwicklung als irrelevant eingestuft. Nach Heinisch (2015) wird Kiel vor allem als Turnaround-Destination genutzt und ist damit von den Auswirkungen dieses Trends kaum betroffen. Dieser Aspekt gilt noch stärker für Hamburg und Bremerhaven. Martin und Boekhoff

29 So beispielsweise die Reise mit dem Sommelier Torsten Junker auf der MS Europa 2 im Juni 2016.

(2015) führen an, dass auf den meisten Ostseekreuzfahrten die kulturellen Höhepunkte der Anrainerstaaten im Mittelpunkt stehen und dieser Trend daher kaum Auswirkungen auf dieses Marktsegment haben wird. Zudem gewinnen Overnight-Stays als gegenläufiger Trend an Bedeutung. „Viele Kreuzfahrtunternehmen bieten Übernachtungen in bestimmten Häfen an, um den Kreuzfahrtpassagieren eine Möglichkeit zu geben, die Eindrücke, die eine Stadt bietet, auf sich wirken zu lassen." (DRV 2015, o.S.)

14.5 Kreuzfahrthäfen als Erlebniswelten – eine analoge Entwicklung zu Flughäfen?

Flughäfen erleben seit den 1970er-Jahren eine kontinuierliche Funktionsausweitung. Diese wird vom Ausbau und der Optimierung der einzelnen Leistungen begleitet. Sie entwickeln sich immer stärker zu umfassenden Dienstleistungszentren mit Flugbetrieb. Neben Reisebedarf und Duty-free/Travel Value bieten Flughäfen meist zahlreiche Geschäfte des kurz- bis langfristigen Bedarfs sowie vielfältige Dienstleistungen und gastronomische Angebote (vgl. Korn 2006, S. 56 ff.). Somit haben zahlreiche Flughäfen „aus dem früheren Mangel an Serviceleistungen mittlerweile eine Einkaufs- und Erlebniswelt geschaffen, die sowohl Reisende als auch Konsumenten und Bewohner anzieht." (Oechsle 2005, S. 113)

Der Ausbau der Non-Aviation-Aktivitäten stellt eine zusätzliche attraktive Einnahmequelle für Flughäfen dar. Die Ausdehnung des Serviceangebots führte zu erheblichen Umsatzsteigerungen. So generierten zahlreiche internationale Flughäfen bereits in den 1990er-Jahren mehr als die Hälfte ihrer Einnahmen aus Non-Aviation-Aktivitäten, vor allem Mieten, Umsatz- und Konzessionsabgaben (vgl. Freathy und O'Connell 1998, S. 248; Korn 2006, S. 56). Für die Zukunft werden weitere Zuwächse prognostiziert, der Non-Aviation-Bereich gilt als wichtigster Wachstumsmotor des Flughafengeschäfts. Wachsende Umsätze sorgen dafür, „dass die kommerziellen Interessen in zunehmendem Maße die baulichen und organisatorischen Strukturen der Flughäfen beeinflussen" (Freathy und O'Connell 1998, S. 249).

Ist eine solche Entwicklung auch für Kreuzfahrthäfen denkbar?

Eine besondere Herausforderung für die Gestaltung des Serviceangebots in den Kreuzfahrthäfen stellen die unterschiedlichen Personengruppen (Passagiere, Schiffscrews, ggf. Besucher von Aussichtsplattformen etc.) dar. Deren Bedürfnisse und Konsumverhalten im Terminal fallen sehr heterogen aus und bedürfen spezifischer Vermarktungskonzepte. Da die Passagiere primär aufgrund der Verkehrsfunktion vor Ort sind, muss ihr Interesse am Konsum häufig erst geweckt werden.

Aufgrund der Reisesituation (z. B. Zeitnot versus längere Aufenthaltszeiten) zeigen Passagiere oft ein anormales Kaufverhalten. Auch spielen die Art des

Schiffsanlaufs (Turnaround- oder Stopover-Anlauf) und die Nationalität eine Rolle. Ladengestaltung und Wegeführung, Produktauswahl und -präsentation, Service und Öffnungszeiten sind folglich auf die Reisenden abzustimmen.

Das vorhandene Serviceangebot in den Kreuzfahrtterminals hat sich zwar im Laufe der Zeit durch den vermehrten Ausbau der Terminals vergrößert, ist allerdings eher als minimalistisch zu bezeichnen. Das Angebot in den Terminals der analysierten Häfen beschränkt sich derzeit auf Informationsstellen, gastronomische Angebote in Form von Bistros/Restaurants, (Internet-)Cafés sowie Souvenirshops.

Der Ausbau der Kreuzfahrthäfen zu einem Erlebnis- und Freizeitraum[30] stellt für die Kreuzfahrtindustrie zwar noch einen Zukunftsmarkt dar, ist aber bei dem weiter anhaltenden Boom der Kreuzfahrt und den immer größer werdenden Schiffen mit bis zu 10.000 Menschen an Bord auch für Hafenareale ein denkbares Szenario. So könnte das natürliche Erlebnispotenzial der Kreuzfahrthäfen durch passende Unterhaltungsangebote sowie durch Themengastronomie abgerundet werden. Neben der Erlebnisinszenierung wird insbesondere der Freizeitaspekt eine wichtige Rolle spielen, der den Kreuzfahrthäfen Entwicklungspotenziale eröffnet. Zusatznutzungen wie Diskotheken, Kinos, Wellness- oder Fitnesseinrichtungen können dann neben den Beschäftigten und Passagieren auch für Bewohner aus dem Kreuzfahrthafenumfeld von Relevanz sein.

30 analog zur Entwicklung der Flughäfen

Literaturverzeichnis

Ahrens, Sebastian (2007): Theme Cruises and Baltic Opportunities. In: Breitzmann, K.H. (Hg.): Cruise and Ferry Passenger Shipping: growth potential, ports, regional marketing and economic effects in the Baltic Sea Region. International Conference on Cruise and Ferry Passenger Shipping. Rostock: Ostseeinstitut für Marketing, Verkehr und Tourismus an der Universität Rostock.

Araceli, Wright (2001): The economic impact of cruise ports: The case of Miami. Verfügbar unter: http://unctad.org/en/Docs/ship49417_en.pdf [Abgerufen am 04.04.2017].

Atlantic Alliance (2017): Atlantic Alliance – Member ports. Verfügbar unter: www.atlanticalliance.eu/app/port-maps [Abgerufen am 10.04.2017].

Balken, Søren (2007): The turn-around-function of cruise ports. Operator's requirements and regional effects. In: Breitzmann, K.H. (Hg.): Cruise and Ferry Passenger Shipping: growth potential, ports, regional marketing and economic effects in the Baltic Sea Region. International Conference on Cruise and Ferry Passenger Shipping. Rostock: Ostseeinstitut für Marketing, Verkehr und Tourismus an der Universität Rostock.

Bauermeister, Ulrich; Benkenstein, Martin (2007): Cruise and passenger shipping in Rostock. Development and regional effects. In: Breitzmann, K.H. (Hg.): Cruise and Ferry Passenger Shipping: growth potential, ports, regional marketing and economic effects in the Baltic Sea Region. International Conference on Cruise and Ferry Passenger Shipping. Rostock: Ostseeinstitut für Marketing, Verkehr und Tourismus an der Universität Rostock.

Bayazit, Seyma; Sune, Albert; Kirval, Levent (2015): Main factors to select a cruise homeport in the Mediterranean region: A perspective from the cruise industry agents. In: Zhang, Z.; Zhang, R. et al. (Hg.): 2015 International Conference on Logistics, Informatics and Service Sciences (LISS). Barcelona, 27.–29. Juli, Piscataway, New Jersey: IEEE, S. 1–5.

Becker Marine Systems (Hg.) (2016): Hybrid Port Energy – clean & mobile shore power. Verfügbar unter: http://lng-hybrid.de/2_about_hpe/about_hpe.html#barge [Abgerufen am 04.01.2017].

Behling, Frank (2001): Drehscheiben im Mittelmeer. Kreuzfahrthäfen von Genua bis Venedig im Aufwind. In: *fvw* 35 (13), S. 79.

Benkenstein, Martin; Werner, Kathrin (2011): Zufriedenheit und Ausgaben der Kreuzfahrtpassagiere und der Crew im Kreuzfahrthafen Rostock-Warnemünde. In: Breitzmann, K.H. (Hg.): Hafenverbundene Industrie in Mecklenburg-Vorpommern: Zufriedenheit und Ausgaben der Kreuzfahrtpassagiere in Rostock-Warnemünde. 10. Jahrestagung des Ostseeinstituts, Januar 2011, Rostock: Ostseeinstitut für Marketing, Verkehr und Tourismus an der Universität Rostock, S. 95–162.

Biebig, Peter; Althof, Wolfgang; Wagener, Norbert (1980): Hafenwirtschaft. Berlin: Transpress VEB Verlag für Verkehrswesen.

Biebig, Peter; Althof, Wolfgang; Wagener, Norbert (2008): Seeverkehrswirtschaft. Kompendium. 4. Aufl., München: Oldenbourg.

Bieger, Thomas (2006): Tourismuslehre. Ein Grundriss. 2. Aufl., Bern, Stuttgart, Wien: UTB.

Bieger, Thomas (2013): Management von Destinationen. München: Oldenbourg.

Binder, Frank (2015): EP fragt nach Port Package III. In: *Täglicher Hafenbericht* (41). Verfügbar unter: www.wiso-net.de/document/THBE__041pk-ZDS-2182752-new [Abgerufen am 08.04.2015].

BMVI vom 17.11.2016: Nationaler Strategierahmen über den Aufbau der Infrastruktur für alternative Kraftstoffe. Verfügbar unter: www.bmvi.de/SharedDocs/DE/Anlage/VerkehrUndMobilitaet/nationaler-strategierahmen-ueber-den-aufbau-infrastruktur-alternative-rohstoffe.pdf?__blob=publicationFile [Abgerufen am 26.12.2016].

Brahms, Susanne; Herold, Michaela (2015): Geheimnisvolle Orte (1): Bremerhavens Auswandererkai – Die Columbuskaje. Verfügbar unter: www.ardmediathek.de/tv/Reportage-

https://doi.org/10.1515/9783110480665-015

Dokumentation/Geheimnisvolle-Orte-1-Bremerhavens-Au/Das-Erste/Video?documentId=26694980&bcastId=799280 [Abgerufen am 04.02.2016].

Bratl, Hubert; Schmidt, Franz (1998): Destination-Management: Ein Weg für starke Tourismusregionen mit dem Mut, wie "ein Unternehmen" zu werden. Wien: Invent.

Breitzmann, Karl-Heinz (2010): Entwicklungschancen des maritimen Tourismus in Mecklenburg-Vorpommern. Rostock: Ostseeinstitut für Marketing, Verkehr und Tourismus an der Universität Rostock.

Bremen Airport (Hg.) (2017): Flugziele ab Bremen – Sommer 2017. Verfügbar unter: www.bremen-airport.com/fluginfo/fluege/gesamtflugplan/ [Abgerufen am 10.04.2017].

Bremenports (Hg.) (2016): Hafengebührenordnung für die Bremischen Häfen in Bremen und Bremerhaven. Verfügbar unter: www.bremenports.de/misc/filePush.php?id=3284&name=Hafengeb%C3%BChrenordnung+2017+neu [Abgerufen am 28.02.2017].

Butler, Manuel (2003): Worldwide cruise ship activity. Madrid: World Tourism Organization.

Butler, Richard W. (1980): The concept of a tourist area cycle of evolution: Implications for Management of resources. In: *The Canadian Geographer/Le Géographe canadien* 24, S. 5–12.

CLIA Deutschland (Hg.) (2016): CLIA Deutschland – Über uns. Verfügbar unter: www.cliadeutschland.de/clia-deutschland/ueber-uns/ [Abgerufen am 10.04.2017].

CLIA Deutschland; DRV (Hg.) (2014): Der Hochsee-Kreuzfahrtmarkt Deutschland 2013. Hamburg.

CLIA Deutschland; DRV (Hg.) (2017): Der Hochsee-Kreuzfahrtmarkt Deutschland 2016. Hamburg.

CLIA Europe (2013): The cruise industry. Contribution of cruise tourism to the economies of Europe 2013 Edition. Verfügbar unter: www.cruise-norway.no/viewfile.aspx?id=3824 [Abgerufen am 13.01.2016].

CLIA Europe (2014): The cruise industry. Contribution of cruise tourism to the economies of Europe 2014 Edition. Verfügbar unter: www.cliaeurope.eu/images/downloads/reports/CLIA_2014.pdf [Abgerufen am 13.01.2016].

CLIA Europe (Hg.) (2015): The cruise industry. Contribution of cruise tourism to the economies of Europe 2015 Edition. Verfügbar unter: www.cliaeurope.eu/images/downloads/reports/CLIA_Europe_Economic_Contribution_Report_2015.pdf [Abgerufen am 12.01.2016].

CLIA Europe (Hg.) (2016a): Contribution of Cruise Tourism to the Economies of Europe 2015. Verfügbar unter: www.cliadeutschland.de/wissenswertes/CLIA-Report_ContributionofCruiseTourismtotheEconomiesofEurope2015_final.pdf [Abgerufen am 03.01.2017].

CLIA Europe (Hg.) (2016b): Contribution of Cruise Tourism to the Economies of Europe 2015. Published in 2016. Verfügbar unter: www.cliaeurope.eu/images/downloads/reports/Contribution_Cruise_Tourism_to_Economies_of_Europe_2015.pdf [Abgerufen am 21.02.2017].

CLIA Global (Hg.) (2015): The global economic contribution of cruise tourism 2014. Verfügbar unter: www.cruising.org/docs/default-source/market-research/clia_2014eis_global.pdf [Abgerufen am 13.01.2016].

CLIA Global (Hg.) (2016a): About CLIA. Verfügbar unter: www.cruising.org/about-the-industry/about-clia [Abgerufen am 10.04.2017].

CLIA Global (Hg.) (2016b): Current Executive Partner Members. Verfügbar unter: www.cruising.org/about-the-industry/executive-partner-program/current-executive-partner-members [Abgerufen am 10.04.2017].

Columbus Cruise Center (Hg.) (o.J.): Das Terminal in Kürze und Übersicht. Verfügbar unter: www.cruiseport.de/index.php?id=21 [Abgerufen am 31.07.2016].

Columbus Cruise Center (Hg.) (2016a): Columbus Cruise Center Bremerhaven stellt sich auf größere Schiffseinheiten ein. Verfügbar unter: www.cruiseport.de/index.php?id=51 [Abgerufen am 18.07.2016].

Columbus Cruise Center (Hg.) (2016b): Infos von A–Z. Verfügbar unter: www.cruiseport.de/index.php?id=6&L=1A%3D0 [Abgerufen am 24.07.2016].

Columbus Cruise Center (Hg.) (2017): Fahrplan Bremerhaven. Verfügbar unter: http://cruiseport.de/index.php?id=5 [Abgerufen am 13.02.2017].

Costa Crociere (Hg.) (2015): Slow Cruise Konzept: Lernen Sie Slow Cruising kennen. Verfügbar unter: http://slowcruising.de/slow-cruises-konzept/, zuletzt aktualisiert am 05.02.2016 [Abgerufen am 05.02.2016].

Cruise Baltic (Hg.) (2014): Why Cruise Baltic? Verfügbar unter: www.cruisebaltic.com/why-cruise-baltic.aspx [Abgerufen am 18.01.2016].

Cruise Baltic (Hg.) (2017a): Baltic passengers, calls and turn-arounds per destination 2000–2017. Verfügbar unter: www.cruisebaltic.com/media/351263/cruise-passengers-calls-turnarounds-2000–17-overview.pdf [Abgerufen am 07.04.2017].

Cruise Baltic (Hg.) (2017b): Cruise Baltic Homepage. Verfügbar unter: www.cruisebaltic.com [Abgerufen am 19.02.2017].

Cruise Europe (Hg.) (2015a): About Cruise Europe. Verfügbar unter: www.cruiseeurope.com/content/about-cruise-europe [Abgerufen am 19.01.2016].

Cruise Europe (Hg.) (2015b): Mitgliedshäfen. Verfügbar unter: www.cruiseeurope.com/maps [Abgerufen am 10.04.2017].

Cruise Europe (Hg.) (2017a): Amsterdam | cruiseeurope.com. Verfügbar unter: www.cruiseeurope.com/port/amsterdam [Abgerufen am 07.04.2017].

Cruise Europe (Hg.) (2017b): Cruise Destinations: Bremerhaven. Verfügbar unter: www.cruiseeurope.com/port/bremerhaven [Abgerufen am 23.02.2017].

Cruise Europe (Hg.) (2017c): Cruise Destinations: Hamburg. Verfügbar unter: www.cruiseeurope.com/port/hamburg [Abgerufen am 23.02.2017].

Cruise Gate Hamburg (Hg.) (2014): Neuorganisation des Kreuzfahrtgeschäfts: Sacha Rougier wird Geschäftsführerin der Terminalbetriebsgesellschaft Cruise Gate Hamburg | Cruise Gate Hamburg. Verfügbar unter: www.cruisegate-hamburg.de/de/news/neuorganisation-des-kreuzfahrtgesch%C3 %A4fts-sacha-rougier-wird-gesch%C3 %A4ftsf%C3 %BChrerin-der [Abgerufen am 23.07.2016].

Cruise Gate Hamburg (Hg.) (2016a): Einweihung der Landstromanlage am Terminal Altona: AIDAsol geht an die Steckdose. Verfügbar unter: www.cruisegate-hamburg.de/de/news/einweihung-der-landstromanlage-am-terminal-altona-aidasol-geht-die-steckdose [Abgerufen am 02.01.2017].

Cruise Gate Hamburg (Hg.) (2016b): Preisliste – gültig ab 01.01.2017. Verfügbar unter: www.cruisegate-hamburg.de/sites/default/files/170130_preisliste_cgh_2017_agbs_deutsch_engl.pdf [Abgerufen am 28.02.2017].

Cruise Gate Hamburg (Hg.) (2017): Anpassung Einfahrt Vorhafen fertiggestellt. Verfügbar unter: www.cruisegate-hamburg.de/de/news/anpassung-einfahrt-vorhafen-fertiggestellt [Abgerufen am 01.03.2017].

DRV (2015): CLIA: Weiteres Wachstum der Kreuzfahrtbranche im Jahr 2016 erwartet. Verfügbar unter: www.drv.de/fachthemen/schiff/detail/clia-weiteres-wachstum-der-kreuzfahrtbranche-im-jahr-2016-erwartet.html [Abgerufen am 13.04.2017].

Eisenstein, Bernd; Ammon, Thomas; Bonertz, Tina (2014): Grundlagen des Destinationsmanagements. 2. Aufl., München: Oldenbourg.

Enquete-Kommission „Schutz des Menschen und der Umwelt“ (Hg.) (1998): Konzept Nachhaltigkeit. Vom Leitbild zur Umsetzung. Verfügbar unter: http://dipbt.bundestag.de/doc/btd/13/112/1311200.pdf [Abgerufen am 07.04.2017].

EU-Parlament vom 22.10.2014: Richtlinie 2014/94/EU des europäischen Parlaments und des Rates vom 22. Oktober 2014 über den Aufbau der Infrastruktur für alternative Kraftstoffe. Verfügbar unter: http://eur-lex.europa.eu/legal-content/DE/TXT/PDF/?uri=CELEX:32014L0094&from=EN [Abgerufen am 26.12.2016].

Europäische Kommission (Hg.) (2010): Anteil der Energiequellen am Energieverbrauch in der EU-27 | Prognose. Verfügbar unter: https://de.statista.com/statistik/daten/studie/172671/

umfrage/prognose-zum-anteil-der-energiequellen-am-energieverbrauch-in-der-eu-27/ [Abgerufen am 03.01.2017].
Europäische Kommission (2012): Comprehensive and core networks: Inland waterways and ports. Verfügbar unter: http://ec.europa.eu/transport/infrastructure/tentec/tentec-portal/site/maps_upload/tent_modes/EU_A0Landscape_iwws.pdf [Abgerufen am 26.12.2016].
European Cruise Council (Hg.) (2012): The Cruise Industry. Contribution of cruise tourism to the economies of Europe 2012 Edition. Verfügbar unter: www.ashcroftandassociates.com/downloads/ECC-Report-2012–2013.pdf [Abgerufen am 13.01.2016].
Forschungsgemeinschaft Urlaub und Reisen e.V. (Hg.) (2007): Seniorenreisen mit Zukunft: Aktuelle Daten und Trends zum Urlaubsmarkt der Best Ager. Kiel.
Forschungsgemeinschaft Urlaub und Reisen e.V. (Hg.) (2017): Reiseanalyse 2017. Kiel.
Freathy, Paul; O'Connell, Frank (1998): The role of the buying function in airport retailing. In: *International Journal of Retail & Distribution Management* 26 (6), S. 247–256.
Fred. Olsen Cruise Lines (Hg.) (2016): German Waterways. Verfügbar unter: www.fredolsencruises.com/places-we-visit/cruise-holiday/german-waterways-m1717 [Abgerufen am 23.07.2016].
Fred. Olsen Cruise Lines (2017): Christmas Markets & Rivers of Germany – Fred. Olsen Cruise Lines. Verfügbar unter: www.fredolsencruises.com/places-we-visit/cruise-holiday/christmas-markets-and-rivers-of-germany-w1724 [Abgerufen am 07.04.2017].
Freyer, Walter (2015): Tourismus. Einführung in die Fremdenverkehrsökonomie. 11. Aufl., München: De Gruyter Oldenbourg.
Fröhling, Thomas (2015): Nord-Ostsee-Kanal. Von Brunsbüttel bis Kiel. 2. Aufl., Hamburg: Koehler.
Garbrecht, Günter (2010): Ein Streifzug durch die Geschichte Bremens. Verfügbar unter: www.user.uni-bremen.de/~bremhist/Bremen-19Jahrhundert.html [Abgerufen am 04.02.2016].
Griefahn, Monika (2016): LNG – Alternativkraftstoff für die Schifffahrt. In: Management Forum der Verlagsgruppe Handeslblatt (Hg.): 6. Kreuzfahrt Kongress 2016 Hamburg, S. 1–6.
Grube, Michael (2014): Der alte St. Pauli Elbtunnel in Hamburg. Verfügbar unter: www.geschichtsspuren.de/artikel/verkehrsgeschichte/59-stpauli-alter-elbtunnel.html [Abgerufen am 07.07.2016].
Grützmacher, Bernd (2008): Elbaufwärts. Wie kommen Seeschiffe in den Hamburger Hafen und in die Docks von Blohm & Voss? 2. Aufl., Hamburg: Koehler.
Haahti, Antti; Pekkala, Satu; Luković, Tihomir; Božić, Kastela; Papathanassis, Alexis (2013): Nautical Tourism Market Suppliers in the Baltic and Arctic Regions. In: Luković, T. (Hg.): Nautical tourismOxfordshire: CABI, S. 107–139.
Haedrich, Günther (1998): Tourismus-Management und Tourismus-Marketing. In: Haedrich, G.; Kaspar, C. et al. (Hg.): Tourismus-Management. Tourismus-Marketing und Fremdenverkehrsplanung. 3. Aufl., Berlin: Walter de Gruyter, S. 33–44.
Hafen Hamburg Marketing e.V. (2016): Kreuzfahrtorganisationen in Hamburg. Verfügbar unter: www.hafen-hamburg.de/de/kreuzfahrt [Abgerufen am 31.01.2016].
Hall, Derek (2004): Ocean cruising. Market dynamics, product responses and onshore impacts. In: Pinder, D.; Slack, B. (Hg.): Shipping and ports in the twenty-first century globalisation, technological change and the environment. London, New York: Routledge, S. 99–115.
Hamburg Airport (Hg.) (2017): Streckennetz Hamburg Aiport. Verfügbar unter: http://ham.fltmaps.com/de [Abgerufen am 10.04.2017].
Hamburg Cruise Center (2016): Hamburg Cruise Center Aktivitäten. Verfügbar unter: www.hamburgcruisecenter.eu/de/hamburg-cruise-center-aktivit%C3 %A4ten [Abgerufen am 02.02.2016].
Hamburg Cruise Center (Hg.) (2017): Kreuzfahrten Hamburg. Anläufe 2017. Verfügbar unter: www.hamburgcruisecenter.eu/sites/default/files/miniguide_final2_de-2017.pdf [Abgerufen am 13.02.2017].

Hamburg Port Authority (Hg.) (o.J.): Hamburg Port Authority: Philosophie. Verfügbar unter: www.hamburg-port-authority.de/de/hamburg-port-authority/philosophie/Seiten/default.aspx [Abgerufen am 10.04.2017].

Hamburg Port Authority (Hg.) (2014): Allgemeine Geschäftsbedingungen für privatrechtliche Vereinbarungen über die Nutzung des Hamburger Hafens. Verfügbar unter: www.hamburg-port-authority.de/de/Documents/AGB%202014.pdf [Abgerufen am 01.03.2017].

Hamburg Port Authority (Hg.) (2017a): Flächennutzungs-Strategie Hamburger Hafen. Verfügbar unter: www.ebp.de/de/pdf/generate/node/1495 [Abgerufen am 09.04.2017].

Hamburg Port Authority (Hg.) (2017b): Preisliste Hafennutzungsentgelte zu Allgemeinen Geschäftsbedingungen für privatrechtliche Vereinbarungen des Hamburger Hafens. Verfügbar unter: www.hamburg-port-authority.de/de/hafenkunden/reederundagenten/Documents/2016/Hamburger%20Hafen%20AGB%20Preisliste%202017.pdf [Abgerufen am 28.02.2017].

hamburg.de GmbH & Co. KG (Hg.) (2016): FHH Beteiligungsbericht. Verfügbar unter: http://beteiligungsbericht.fb.hamburg.de/Unternehmen.html [Abgerufen am 24.07.2016].

Handelskammer Hamburg (Hg.) (2013): Wertschöpfung der Kreuzschifffahrt in Hamburg. Verfügbar unter: www.hk24.de/blob/hhihk24/produktmarken/branchen-cluster-netzwerke/branchen/tourismus/downloads/1151492/dda5a241d9a6a587c310c6575363dd36/wertschoepfungsberechnung-data.pdf [Abgerufen am 13.04.2017].

HCC (2016a): Hamburg Cruise Center: Terminal Altona. Verfügbar unter: www.hamburgcruisecenter.eu/de/terminal-cll/hamburg-cruise-center-altona [Abgerufen am 11.07.2016].

HCC (2016b): Hamburg Cruise Center: Terminal Hafencity. Verfügbar unter: www.hamburgcruisecenter.eu/de/terminal-cll/hamburg-cruise-center-hafencity [Abgerufen am 11.07.2016].

HELCOM (Hg.) (2015): Baltic Sea Sewage Port Reception Facilities. Verfügbar unter: http://helcom.fi/Lists/Publications/Baltic%20Sea%20Sewage%20Port%20Reception%20Facilities.%20HELCOM%20Overview%202014.pdf#search=cruise%20ships%20water [Abgerufen am 01.03.2017].

HELCOM (Hg.) (2017): About Us – HELCOM. Verfügbar unter: www.helcom.fi/about-us [Abgerufen am 01.03.2017].

Hertel, Michael (2013): Kreuzfahren. Verfügbar unter: http://quartier-magazin.com/quartier21/kreuzfahren [Abgerufen am 02.02.2016].

Hildebrandt, Klaus; Lassmann, Magdalena (2017): Wie Felix Eichhorn erstmals eine Million Gäste für AIDA gewinnen will. In: *fvw* 50 (4), S. 26–29.

Hildebrandt, Klaus; Pilar, Christiane von; Kasszian, Nadine (2015): Wo Felix Eichhorn für AIDA noch Potenzial sieht und warum ihn zusätzliche Kapazität nicht schreckt. In: *fvw* 49 (26), S. 28–31.

Ilschner, Burkhard (2006): "Port Package II" versenkt. Europas Hafenarbeiter besiegen erneut die EU-Kommission. In: *Waterkant* (1), S. 7–9.

Institut für Energiewirtschaft und Rationelle Energieanwendung (2010): Kosten der Stromerzeugung nach Energieträger. In: *Focus* (20), S. 106. Verfügbar unter: https://de.statista.com/statistik/daten/studie/187238/umfrage/kosten-der-stromerzeugung-nach-energietraeger [Abgerufen am 04.01.2017].

Kasszian, Nadine (2015): Technik erobert die See. In: *fvw.de* 49 (10), S. 60–62.

Kasszian, Nadine; Lettl-Schröder, Maria (2014): NCL (Update): Eklat in Tunesien. In: *fvw*. Verfügbar unter: www.fvw.de/ncl-update-eklat-in-tunesien/393/129553/11179 [Abgerufen am 03.12.2016].

Käufer, Tobias (2016): Kreuzberg auf Brasilianisch. Rio de Janeiros berühmtes Strandviertel Copacabana soll keine Schmuddelmeile mehr sein. Der Bürgermeister will, dass künftig statt Sextouristen lieber Hipster und junge Familien kommen. In: *Welt am Sonntag* 67 (2), 10.01.2016, S. 8.

Korn, Juliane (2006): Transiträume als Orte des Konsums – eine Analyse des Standorttyps unter besonderer Berücksichtigung der Bahnhöfe. Berlin. Verfügbar unter: http://edoc.hu-berlin.de/dissertationen/korn-juliane-2006–06–13/PDF/korn.pdf [Abgerufen am 13.04.2017].

Künstner, Christiane (2008): Kreuzfahrthäfen in der Ostsee. Eine Analyse der Angebots- und Nachfrageentwicklung. Saarbrücken: VDM Verlag Dr. Müller.

Langen, P. W. de (2004): Analysing seaport cluster performance. In: Pinder, D.; Slack, B. (Hg.): Shipping and ports in the twenty-first century globalisation, technological change and the environment. London, New York: Routledge, S. 86–98.

Larsen, Bo (2009): Cruise trends in the Baltic Sea as an attractive destination. In: Breitzmann, K.H. (Hg.): Cruise and ferry passenger shipping on the Baltic Sea: mass tourism and or product differentiation? Rostock: Ostseeinstitut für Marketing, Verkehr und Tourismus an der Universität Rostock, S. 95–109.

Lekakou, Maria B.; Pallis, Athanasios A.; Vaggelas, George K. (2009): Which homeport in Europe: The cruise industry's selection criteria. In: *Tourismos – An International Multidisciplinary Journal of Tourism* 4 (4), S. 215–240. Verfügbar unter: www.chios.aegean.gr/tourism/vol4no4.pdf [Abgerufen am 02.04.2017].

Levitt, Theodore (1965): Exploit the product life cycle. In: *Harvard Business Review* 43 (6), S. 81–94. Verfügbar unter: http://web.a.ebscohost.com/ehost/detail/detail?vid=5&sid=9357d76a-b03b-40d0-b3b3-a87de446ea85 %40sessionmgr4002&hid=4214&bdata= JnNpdGU9ZWhvc3QtbGl2ZQ%3d%3d#AN=3866434&db=buh [Abgerufen am 12.01.2016].

Lewerenz, Maxim (2016): Bleibt Hamburg auf der Erfolgswelle? In: *fvw* 49 (14), S. 30.

Lubatschowski, Rona (2000): Kreuzfahrthäfen im Ostseeraum und ihre touristischen Angebote. In: Breitzmann, K.H. (Hg.): Wirtschaft, Seeverkehr und Tourismus im Ostseeraum. Beiträge, Studien und Informationen. Rostock: Ostseeinstitut für Marketing, Verkehr und Tourismus an der Universität Rostock, S. 189–196.

Mellwig, Wibke (2011): Infrastrukturfinanzierung in Häfen und europäisches Beihilferecht. Münster: LIT-Verlag.

Mersch, Sarah (2015): Tunesien wirbt verzweifelt um Touristen. In: *Welt.de*. Verfügbar unter: www.welt.de/politik/ausland/article139591768/Tunesien-wirbt-verzweifelt-um-Touristen.html [Abgerufen am 23.05.2015].

Metropolregion Hamburg (Hg.) (2015): Träger der Metropolregion Hamburg. Verfügbar unter: http://metropolregion.hamburg.de/traeger/ [Abgerufen am 07.02.2016].

Moirangthem, Kamaljit; Baxter, David (2016): Alternative fuels for marine and inland waterways. An exploratory study. Verfügbar unter: https://bookshop.europa.eu/en/alternative-fuels-for-marine-and-inland-waterways-pbLDNA27770/ [Abgerufen am 08.06.2017].

Mundt, Jörn W. (2011): Reiseveranstaltung. Lehr- und Handbuch. 7. Aufl., München: Oldenbourg.

Mundt, Jörn W. (2013): Tourismus. 4. Aufl., München: Oldenbourg.

Namuth, Michaela (2011): Geld gegen Kulisse. In: *werben & verkaufen* (36), S. 26. Verfügbar unter: www.wiso-net.de:443/document/WUV__A50099795 [Abgerufen am 11.01.2016].

Napp, Alexander (2007): Cruise ports und terminals – future challenges and perspectives. In: Breitzmann, K.H. (Hg.): Cruise and Ferry Passenger Shipping: growth potential, ports, regional marketing and economic effects in the Baltic Sea Region. International Conference on Cruise and Ferry Passenger Shipping. Rostock: Ostseeinstitut für Marketing, Verkehr und Tourismus an der Universität Rostock.

Norddeutscher Rundfunk (Hg.) (2016): Teure Vorgaben: Aus für schwimmendes Kraftwerk? Verfügbar unter: www.ndr.de/nachrichten/hamburg/Teure-Vorgaben-Aus-fuer-schwimmendes-Kraftwerk,barge124.html [Abgerufen am 04.01.2017].

Norwegian Cruise Line (2015): Landausflüge ab Warnemünde (Berlin). Verfügbar unter: www.ncl.de/landausfluege/landausfluege/mittelmeer-und-ostsee/berlin-warnemuende-/ [Abgerufen am 23.06.2015].

Nuhn, Helmut (1997): Hansestadt Rostock. Vom maritimen Tor zur Welt zum Regionalhafen für die Ostsee. In: *Europa regional: Zeitschrift des Leibniz-Instituts für Länderkunde* 5 (2), S. 8–22.

Oechsle, Michael (2005): Erweiterung von Geschäftsfeldern im Non-Aviation-Bereich an europäischen Flughäfen unter besonderer Berücksichtigung des Standorts München. München: Utz.

OpenSeaMap (Hg.) (2016): OpenSeaMap – die freie Seekarte. Verfügbar unter: http://map.openseamap.org/ [Abgerufen am 07.07.2016].

OpenStreetMap (2015): OpenStreetMap Deutschland: Karte. Verfügbar unter: www.openstreetmap.de/karte.html?zoom=8&lat=54.27639&lon=10.64608&layers=B000TF [Abgerufen am 06.02.2016].

Parodi, Oliver; Banse, Gerhard; Schaffer, Axel (2010): Wechselspiele: Kultur und Nachhaltigkeit. Annäherungen an ein Spannungsfeld. Berlin: ed. sigma.

Policy Research Cooperation (Hg.) (2009): Tourist facilities in ports. The environment factor. Verfügbar unter: https://ec.europa.eu/maritimeaffairs/sites/maritimeaffairs/files/docs/body/environment_factor_en.pdf [Abgerufen am 02.01.2017].

Port of Kiel (Hg.) (o.J.b): Häfen und Terminals. Verfügbar unter: www.portofkiel.com/haefen-terminals.html [Abgerufen am 20.06.2015].

Port of Kiel (Hg.) (o.J.c): Kieler Förde_Liegeplätze. Verfügbar unter: www.portofkiel.com/tl_files/port-of-kiel/user_uploads/1%20PORT%20OF%20KIEL/Haefen&Terminals/Kieler%20Foerde_Liegeplaetze.pdf [Abgerufen am 19.06.2015].

Port of Kiel (Hg.) (o.J.a): Port of Kiel Cruise. Verfügbar unter: www.portofkiel.com/cruise-services-de.html [Abgerufen am 24.06.2015].

Port of Kiel (Hg.) (o.J.b): Wir über uns. Verfügbar unter: www.portofkiel.com/wir-ueber-uns.html [Abgerufen am 02.06.2015].

Port of Kiel (Hg.) (2014): Die blaue Linie. Verfügbar unter: www.portofkiel.com/tl_files/port-of-kiel/user_uploads/2%20Cruise-Ferry/Kreuzfahrt/Blaue-Linie-Web%20kl.pdf [Abgerufen am 11.06.2015].

Port of Kiel (Hg.) (2015a): Kieler Hafen- und Kaitarif 2015. Verfügbar unter: www.portofkiel.com/tl_files/port-of-kiel/user_uploads/1%20PORT%20OF%20KIEL/Tarife/Hafentarif%202015.pdf [Abgerufen am 12.06.2015].

Port of Kiel (Hg.) (2015b): Kreuzfahrerliste Kiel 2015. Verfügbar unter: www.portofkiel.com/tl_files/port-of-kiel/user_uploads/kreuzfahrerliste/kreuzfahrerliste.pdf [Abgerufen am 15.05.2015].

Port of Kiel (Hg.) (2016): Kreuzfahrerliste Kiel 2016. Verfügbar unter: www.portofkiel.com/tl_files/port-of-kiel/user_uploads/kreuzfahrerliste/kreuzfahrerliste.pdf [Abgerufen am 10.06.2016].

Port of Kiel (Hg.) (2017a): Kieler Hafen- und Kaitarif. Stand Januar 2017. Verfügbar unter: www.portofkiel.com/tl_files/port-of-kiel/user_uploads/1%20PORT%20OF%20KIEL/Tarife/Hafentarif%202017.pdf [Abgerufen am 28.02.2017].

Port of Kiel (Hg.) (2017b): Kreuzfahrerliste Kiel 2017. Verfügbar unter: www.portofkiel.com/tl_files/port-of-kiel/user_uploads/kreuzfahrerliste/kreuzfahrerliste.pdf [Abgerufen am 13.02.2017].

Presse- und Informationsamt der Bundesregierung (Hg.) (2016): Umweltschutz ist mit an Bord. Verfügbar unter: https://m.bundesregierung.de/Content/DE/Artikel/2016/08/2016-08-05-kreuzfahrten.html [Abgerufen am 08.08.2016].

Rehrmann, Marc-Oliver (2014): Was bringt die Elbvertiefung? Verfügbar unter: www.ndr.de/nachrichten/hamburg/hafen/verstehen/Was-bringt-die-Elbvertiefung,hafenelbvertiefung2.html [Abgerufen am 07.07.2016].

Rehrmann, Marc-Oliver (2015): Hamburg bringt mehr Schlick in die Nordsee. NDR. Verfügbar unter: www.ndr.de/nachrichten/hamburg/Hamburg-bringt-mehr-Schlick-in-die-Nordsee,hafenschlick124.html [Abgerufen am 08.07.2016].

Risc, Falck; Ramsden, Niall; Ceng, Roger Roue; Mo-Ajok, Brian; Langerak, Gert-Jan; Watkins, Steve; Peeters, Ronald (2015): Das TEN-T-Programm der Europäischen Union zur Unterstützung des Rahmenplans Flüssigerdgas für Rhein-Main-Donau. Technische Erkenntnisse, Sicherheit und Risikobewertung. Verfügbar unter: www.portofrotterdam.com/de/file/5263/download?token=2wwYWvFk [Abgerufen am 02.01.2017].

Rosenberg, Timo (2016): „HELCOM" – Sind wir darauf vorbereitet? In: Management Forum der Verlagsgruppe Handelsblatt (Hg.): 6. Kreuzfahrt Kongress 2016. Hamburg, S. 1–14.

Rostock Port (Hg.): Bestimmungen und Entgelte 2015. Für die Benutzung des dem öffentlichen Verkehr zugänglichen Hafens der Hafen-Entwicklungsgesellschaft Rostock mbH und des Passagierkais in Warnemünde/Neuer Strom. Verfügbar unter: www.rostock-port.de/fileadmin/user_upload/pdf/entgelte/2015_01_01_Hafenentgelte2015Deu.pdf [Abgerufen am 19.05.2015].

Rostock Port (Hg.): Hafen-Entwicklungsgesellschaft Rostock mbH. Verfügbar unter: www.rostock-port.de/hafen-rostock/hero.html [Abgerufen am 08.04.2015].

Rostock Port (Hg.) (2016): 2017 Regulations and charges. Verfügbar unter: www.rostock-port.de/fileadmin/user_upload/pdf/entgelte_eng/2016_12_21_Regulations_and_Charges_2017_Cruise.pdf [Abgerufen am 28.02.2017].

Rostock Port (Hg.) (2017a): Kreuzfahrtschiffsanläufe 2017. Verfügbar unter: www.rostock-port.de/kreuzschifffahrt/anlaeufe/anlaeufe-2017.html [Abgerufen am 13.02.2017].

Rostock Port (Hg.) (2017b): Kreuzschifffahrt Rostock-Warnemünde. Verfügbar unter: www.rostock-port.de/kreuzschifffahrt.html [Abgerufen am 13.04.2017].

Schäfer, Christian (1998): Kreuzfahrten. Die touristische Eroberung der Ozeane. Nürnberg: Wirtschafts- und Sozialgeographisches Institut der Friedrich-Alexander-Universität.

Schlennstedt, Jobst (2004): Wirtschaftsraum Ostsee. Wettbewerbsperspektiven deutscher Ostseefährhäfen unter besonderer Berücksichtigung der Entwicklung im osteuropäischen Markt. Bayreuth: Lehrstuhl Wirtschaftsgeographie und Regionalplanung.

Schmidt, Oliver (2015): Dreipunktlandung. Hamburgs Kreuzfahrtterminals. In: Schmidt, O. (Hg.): Koehlers Guide Kreuzfahrt 2016. Hamburg: Koehler, S. 182–184.

Schmitz-Aha, Ingrid (2011): Realisierbarkeit von Landstromanlagen an den Hamburger Kreuzfahrtterminals HafenCity und Altona. Verfügbar unter: www.hamburg.de/contentblob/3126186/c80e1d9001b98cc58f423bfa38e69184/data/gutachten-landstrom.pdf [Abgerufen am 03.01.2017].

Schulz, Axel; Auer, Josef (2010): Kreuzfahrten und Schiffsverkehr im Tourismus. München: Oldenbourg.

Stapel, Helmut (2009): Unsere Stadtgeschichte –Seestadt Bremerhaven. Verfügbar unter: www.bremerhaven-tourism.de/bremerhaven-historisch/stadtgeschichte.html?navid=1 [Abgerufen am 04.02.2016].

Statistikamt Nord (Hg.) (2014): Bevölkerung der Gemeinden in Schleswig-Holstein 4. Quartal 2013. Verfügbar unter: www.statistik-nord.de/uploads/tx_standocuments/A_I_2_vj134_Zensus_SH.xlsx [Abgerufen am 19.06.2015].

Statistisches Amt Mecklenburg-Vorpommern (Hg.) (2015): Statistisches Jahrbuch Mecklenburg-Vorpommern 2015. Verfügbar unter: www.statistik-mv.de/cms2/STAM_prod/STAM/_downloads/Veroeffentlichungen/12._Gesamtausgabe(2015).pdf [Abgerufen am 07.02.2016].

Statistisches Bundesamt (Hg.) (2014): Statistisches Jahrbuch 2015. Verfügbar unter: www.destatis.de/DE/Publikationen/StatistischesJahrbuch/GastgewerbeTourismus.pdf?__blob=publicationFile [Abgerufen am 16.07.2016].

Statistisches Landesamt Bremen (Hg.) (2015): Bevölkerungsstand und Bevölkerungsbewegung. Verfügbar unter: www.statistik.bremen.de/sixcms/media.php/13/06_Juni_pdfa.10974.pdf [Abgerufen am 07.02.2016].

Steinecke, Albrecht (2007): Kulturtourismus. Marktstrukturen – Fallstudien – Perspektiven. München: Oldenbourg.

Steinecke, Albrecht (2013): Destinationsmanagement. Konstanz, München: UVK/Lucius.
TUI Cruises (Hg.) (2016): TUI Cruises Katalog 2016/2017. April 2016–April 2017. Verfügbar unter: https://tuicruises.com/kreuzfahrt-katalog-bestellen/ [Abgerufen am 15.06.2016].
Waters, Mark E. (o.J.a): Port of Kiel: Review and History. Verfügbar unter: www.worldportsource.com/ports/review/DEU_Port_of_Kiel_356.php [Abgerufen am 10.06.2015].
Waters, Mark E. (o.J.b): Port of Livorno. Verfügbar unter: www.worldportsource.com/ports/review/ITA_Port_of_Livorno_1070.php [Abgerufen am 22.06.2015].
Werner, Kathrin (2015): Wettbewerbsfaktoren von Kreuzfahrthäfen untersucht am Fahrtgebiet Nordeuropa. Rostock. Verfügbar unter: http://rosdok.uni-rostock.de/file/rosdok_disshab_0000001721/rosdok_derivate_0000037056/Dissertation_Werner_2017.pdf [Abgerufen am 19.06.2017].
Wiese, Eigel (2011): Kreuzfahrtstadt Hamburg. Die Metropole der Traumschiffe. Hamburg: Koehler.
Wolf, Antje (2013): Besucherlenkungsmaßnahmen in Welterbestätten – das Beispiel Schloss und Park Schönbrunn. In: Thimm, T. (Hg.): Tourismus und Grenzen. Mannheim: MetaGIS-Verlag, S. 193–204.
Wolf, Katharina (2015): Transeuropäische Netze (TEN). In: Bergmann, J. M. (Hg.): Handlexikon der Europäischen Union. 5. Aufl., Baden-Baden, Wien, Basel: Nomos; facultas; Helbing Lichtenhahn Verlag, S. 1–4.
World Bank (2006): Port reform toolkit effective decision support for policy makers and practitioners. 2. Aufl., Washington DC: World Bank Public-Private Infrastructure Advisory Facility.
Zukunftsinstitut GmbH (Hg.) (2016a): Die Individualisierung der Welt. Verfügbar unter: www.zukunftsinstitut.de/artikel/die-individualisierung-der-welt [Abgerufen am 07.04.2017].
Zukunftsinstitut GmbH (Hg.) (2016b): Silver Society: Die neue Alterskultur. Verfügbar unter: www.zukunftsinstitut.de/artikel/silver-society-die-neue-alterskultur [Abgerufen am 07.04.2017].

Expertengespräche

Expertengespräch mit Nicole Heinisch, Marketing/Cruise Director, Seehafen Kiel GmbH & Co. KG. Telefongespräch vom 18.05.2015.

Expertengespräch mit Heinz-Herbert Hey, Gründer und ehem. Geschäftsführer, Delphin Kreuzfahrten GmbH. Gespräch vom 17.02.2016 in Hamburg.

Expertengespräch mit Andrea Kamjunke-Weber, Prokuristin, Columbus Cruise Center Bremerhaven GmbH. Gespräch vom 19.07.2016 in Bremerhaven.

Expertengespräch mit Helmut Martin; Lena Boekhoff, Unternehmenskommunikation und Kreuzschifffahrt, Rostock Port GmbH. Gespräch vom 27.05.2015 in Hamburg.

Expertengespräch mit Philipp Mucha, Junior Port Operations Manager, TUI Cruises GmbH. Gespräch vom 28.05.2015 in Hamburg.

Expertengespräch mit Ellen Rüdiger, Assistentin der Geschäftsstelle, Hamburg Cruise Center e.V. Gespräch vom 28.06.2016 in Hamburg.

Expertengespräch mit Jürgen Stille, Director Sales Kontinentaleuropa, Norwegian Cruise Line Ltd. Gespräch vom 23.04.2015 in Hamburg.

https://doi.org/10.1515/9783110480665-016

Register

https://doi.org/10.1515/9783110480665-017

www.ingramcontent.com/pod-product-compliance
Lightning Source LLC
LaVergne TN
LVHW060623300926
849162LV00008B/1696
* 9 7 8 3 1 1 0 4 7 7 9 5 5 *